制胜之道
换个视角看战争

传奇舰长们的海战

决战大洋

任志江 等著

江苏凤凰文艺出版社

图书在版编目（CIP）数据

决战大洋：传奇舰长们的海战 / 任志江等著. -- 南京：
江苏凤凰文艺出版社，2019.12（2023.3重印）
（制胜之道：换个视角看战争）
ISBN 978-7-5594-4290-1

Ⅰ.①决… Ⅱ.①任… Ⅲ.①海战–史料–世界 Ⅳ.
①E19

中国版本图书馆 CIP 数据核字 (2019) 第 272540 号

决战大洋：传奇舰长们的海战

任志江等 著

出 版 人	张在健
责 任 编 辑	张恩东 汪 旭
装 帧 设 计	观止堂_未 氓
责 任 印 制	刘 巍
出版社地址	南京市中央路165号，邮编：210009
出版社网址	http://www.jswenyi.com
印 刷	江苏凤凰通达印刷有限公司
开 本	718×1000 毫米 1/16
印 张	16.5
字 数	255千字
版 次	2019年12月第1版 2023年3月第2次印刷
标 准 书 号	ISBN 978-7-5594-4290-1
定 价	498.00元（全七册）

（江苏凤凰文艺版图书凡印刷、装订错误可随时向承印厂调换）

《决战大洋》撰写组

主　笔：任志江
副主笔：杨　珑　李　享　王　峰

撰写者：（以下按姓氏笔画排名）
马家平　牛会东　张乃千　张达迎　张卫东
陈伟杰　管小天

总　　序
TOTAL PREFACE

让青年人爱军事

在新中国成立 70 周年来临之际，江苏凤凰文艺出版社送来了一群年轻人创作的军事丛书《制胜之道：换个视角看战争》，想约我为新书写篇序言。手抚其卷之余，我欣喜地看到，在市场经济与信息时代的浪潮中，共和国 80 后、90 后不仅没有成为"垮掉的一代"，反而更加关心国防、关注军事、关切战争，正在成为国防和军队现代化建设的主力军。

在这个年轻的创作团队中，既有机关参谋、军校教员、基层军官等现役军人，也有地方高校老师、军刊编辑等军事专家。尽管大家天各一方、职业不同，却出于对国防的共同热爱，从五湖四海走到一起来，一手拿笔、一手执枪，重返战场、追思战史、复盘战例、推敲战法，充分体现了当代中国青年一代直面现代战场、打赢未来战争的勇气和胆识。作为一个从军几十年的共和国老兵，特意为这套丛书写几句发自肺腑的推荐语。

军事本来就很精彩，值得悉心品味。自近现代以来，战争与工业文明紧密结合在一起，军事逐渐成为一门科学，战法逐渐成为一门艺术。这套丛书用讲故事的方式，从名将战法、空中作战、传奇海战、武器迭代、战场环境、军队服饰、装备命名等剖面入手，生动呈现了人与战的关系、铁与火的洗礼、生与死的考验、胜与负的转换、钢与硅的结合……绘就了一幅浓墨重彩的战争画卷，把军事斗争的矛盾性、对抗性、科学性、艺术性生动地呈现在读者面前。

军事本来就很传奇，时常引人入胜。《孙子兵法》开篇一句："兵者，国之大事，死生之地，存亡之道，不可不察也。"古往今来，为了打赢战争、消灭敌人，世界各国军人无不在战争中迸发出了最高智慧和最大力量。这套丛书纵横陆海空战场，精心遴选大众普遍关心而又了解不深的交叉选题，写活了出奇制胜的战法技术，解析了涤荡起伏的战局转折，再现了超越极限的战史传奇，还原了经典战例的神韵色彩，是不可多得的精品力作。

军事本来就很有趣，令人忍俊不止。《战争论》的作者克劳塞维茨指出："战争是不确定性的王国。"在与战争有关的军事领域，什么阴差阳错的事情也可能发生，时而充满苦涩，时而可笑无奈。这套丛书跳出了传统军事科普堆砌资料、数字的窠臼，在不失严肃准确的同时，大胆采用启发式行文结构、网络化叙事方式、趣味性语言风格，把幽默风趣的军事素材挖掘出来、让"正襟危坐"的军事叙事轻松活泼起来，努力成就大众喜闻乐见的轻松阅读体验，吸引读者想看、爱看、真正钻进去看。

梁启超先生昔日曾言："少年强则国强；少年雄于地球，则国雄于地球。"当今时代，天下虽安、忘战必危。中华民族要实现伟大复兴，中国军队要成为一流军队，离不开全民国防的支撑，离不开青年人对军事、对战争的关注和热爱。希望更多的青年人通过这套丛书，关心国家安全，支持国防和军队建设，以更多热情擎起父辈的旗帜，推动新时代强军之路，拥抱明天的星辰大海。这也正是这套丛书的创作初衷和价值所在。

是为序。

中国人民解放军国防大学教授　马骏
二〇一九年六月于京

开篇词
OPENINGWORD

角逐大洋的血战

自人类掌握船只，可以在江河湖海上航行时，战争也随之扩展到水域中。随着地理大发现的到来，世界各地区人与人、组织与组织、国与国之间的联系加深，海洋成为联结世界各地人们的通道，也成为人类展开激烈竞争的舞台，海战也成为研究战争的重要方向。

人类的海战发展历程，从动力方面看，经历了人力、风力、蒸汽机、内燃机至核动力；从武器方面看，经历了冷兵器、热兵器；从范围上看，经历了沿海地区海战、远洋海战，等等。但无论是海战刚刚出现的人类文明社会早期，还是未来的信息化海战，人都是最重要的因素。洞悉海战奥妙，掌握海战规律的人，可以弥补装备上的不足，以精妙的指挥，以力挽狂澜的战术，一举反转战局。名不副实、才能平庸之人，也能使己方的装备优势一瞬间化为乌有。而这其中，最重要的人，就是指挥每一艘舰艇的舰长，指挥每一支舰队的指挥官，指挥每一支海军的司令。

古人云：居安思危，忘战必危。本书挑选了世界海战史著名的数十位舰长、舰队司令及海军高级指挥员以及他们策划、指挥的海战故事。他们中既有指挥舰队大败敌军，保卫国家安全的壮士，也有指挥座舰，孤身杀入敌阵，牵制消耗敌方，力挽狂澜的孤胆英雄；既有率领属下在战场杀敌，身先士卒的将领，也有身居幕后，推动改革发展，力促本国海军发展壮大的海军高官。

希望本书的内容可以受到读者，特别是青少年读者的喜爱，通过一个个世界著名海军人物的故事，提高海洋意识，加强国防意识。在本书的写作过程，对笔者来说，也是一个不断学习的过程。笔者就发现很多世界海军史上的著名人物，在青少年时期都对海洋、海军产生了浓厚的兴趣，在兴趣的驱使下加入海军，成为了本国海军中的传奇人物。国家的未来属于青少年读者，望他们能从本书中学到一些知识，产生对海洋和海军的兴趣，将来肩负起建设国家、保卫国家，复兴中华的历史重任。

本书题目虽然是《传奇舰长》，但介绍的世界著名海军人物并不局限于舰长这一岗位，他们中有的人确实是在担任舰长时取得功绩的，而有的则是在其他岗位上取得的，但他们都有一个共同点，那就是都有过担任舰长的经历，而这对于他们后来的发展是有很大影响的。将帅必起于卒伍，这些人物即使身居高位，舰长这一岗位也是他们事业的基础。

本书第 1 章 ~ 8 章由任志江撰写，第 9、10 章由杨珑撰写，第 11、13 章由李享撰写，第 14、15 章由王峰撰写，第 12、17 章由张达迎撰写，第 16、18 章由管小天撰写，第 19 章由牛会东撰写，第 20 章由张卫东撰写，第 21 章由陈伟杰撰写，第 22 章由马家平撰写，第 23 章由张乃千撰写。

衷心希望我们的这本小书，能给各位读者带来愉悦和欢乐。唯愿岁月静好，我们伴您继续前行。

本书撰写组

二〇一九年六月

目 录
CONTENTS

01 **奠定雅典海上霸权**

　　——特米斯托克利与萨拉米湾海战　　002

02 **力挽狂澜**

　　——福密俄与帕特拉斯海战　　016

03 **一战结束伯罗奔尼撒战争**

　　——莱山德与羊河战役　　028

04 **"海盗巅峰"**

　　——德雷克与格拉沃利讷海战　　040

05 **单舰战英军**

　　——约翰·保罗·琼斯在英国海域的海上游击战　　050

06 **"英格兰期望每个人尽到他的责任"**

　　——纳尔逊与特拉法加海战　　060

07 **俄黑海舰队成立后最体面的胜利**

　　——纳西莫夫与锡诺普海战　　070

08 **鱼雷击沉军舰首个战例**

　　——马卡洛夫击沉土耳其战舰　　080

09 **无一人阵亡全歼西班牙舰队**

　　——乔治·杜威与马尼拉海战　　090

10 "东方纳尔逊"
——东乡平八郎的对马海峡海战　　　　　　　　　　100

11 确保海上优势
——约翰·阿巴斯诺特·费舍尔与英国皇家海军改革　　110

12 "永远的提尔皮茨"
——阿尔弗雷德·冯·提尔皮茨与德国大洋舰队　　　120

13 德意志第二帝国东亚分舰队的绝唱
——斯佩伯爵与福克兰群岛海战东亚支队的建立　　130

14 战列巡洋舰的对决
——戴维·贝蒂与多格尔沙洲海战　　　　　　　　140

15 胜利从手中划过
——约翰·杰利科与日德兰海战　　　　　　　　　150

16 开舰载机空袭军港之先河的"ABC 将军"
——安德鲁·布朗·坎宁安与夜袭塔兰托港　　　　162

17 击沉"胡德"号
——吕特晏斯与丹麦海峡海战　　　　　　　　　　172

18 真实的"猎杀 U-571"
——克雷斯维尔与缴获恩尼格玛密码机　　　　　　186

19	**第一次航空母舰会战**	
	——尼米兹、弗莱彻与珊瑚海海战	196
20	**"海军甲事件"**	
	——哈尔西与空中"斩首"山本五十六	208
21	**干净利落的"三比零"**	
	——"31节伯克"与圣乔治角海战	220
22	**"马里亚纳猎火鸡大赛"**	
	——斯普鲁恩斯与马里亚纳海战	230
23	**特立独行的王牌艇长**	
	——亚历山大·马连尼斯科和他的两大战果	240

01

奠定雅典海上霸权
特米斯托克利与萨拉米湾海战

2007年曾有一部名为《斯巴达300勇士》的电影票房大卖。这部电影讲述了2000多年前，斯巴达国王列奥尼达斯率300名斯巴达勇士坚守温泉关以抵挡波斯入侵，最终全部战死的故事。

时隔7年后的2014年，这部电影的续集《300勇士：帝国崛起》上映，背景同样是波斯入侵希腊，但故事主要发生在海上。那就是"雅典海军之父"特米斯托克利率领希腊舰队，在萨拉米湾以少胜多击败波斯舰队的历史。萨拉米湾海战是人类有文字记载以来世界首次海军大海战，同时也是世界上第一次大规模桨船队之间的较量。在西方历史学家、军事学家眼中，这场海战对西方文明的发展延续具有重大意义。

出身平民的政治家

雅典的政治领袖人物，大部分出身于名门望族，也许只有特米斯托克利是少数。他的父亲是一位商人，虽然富有，但家庭出身并不显赫，只是雅典一个小镇的居民，母亲则是异族人。

由于并非出身贵族家庭，小时候的特米斯托克利常常受到贵族子弟们的歧视，但他并没有因此消沉，反而更加努力提高自身能力。特米斯托克利能言善辩、工于心计，同时注意锻炼身体、修习武艺。特米斯托克利曾下决心，"振兴这个湮没无闻的小城，使它变得光辉伟大"。这些特点，在未来特米斯托克利着力发展海军，策划组织萨拉米湾海战的过程中都有所体现。幼年的雄心壮志、持续的努力，为将来的力挽狂澜奠定了基础。同时，特米斯托克利还有特立独行的一面，对于他不喜欢的课程，向来毫不上心，丝毫不在乎成绩。后来的特米斯托克利甚至还与父亲断绝了关系。

> 特米斯托克利

特米斯托克利的老师一直在观察这个奇特的孩子，对他做出了如下的评论：无论善与恶，这个孩子都注定成为伟大的人物。事实证明，特米斯托克利确实成为了伟大人物，虽然他也做过恶事，但对雅典、希腊，还是功大于过的。

造战船，造更多的战船

特米斯托克利虽然没有显赫的家世，但另辟蹊径，借助雅典民主制度的发展趋势，拉拢民意，提高声望，在民众的支持下当上了执政官，自此成为雅典政界重要的领导者之一。

历史记载，公元前494年，特米斯托克利赞助了一部悲剧《占领米利斯》，一时名声大噪，向进入政界迈出了第一步。在今天看来，赞助一部戏剧对从政有帮助，是非常"无厘头"的，但在当时的雅典，戏剧是民众接受教育、提高素质的重要渠道，戏剧是雅典市民生活中的重要内容，为城邦民主政治服务。特米斯托克利认识到民众是他唯一可以依靠的力量，所以通过赞助戏剧，被民众认识并接受，在第二年也就是公元前493年，特米斯托克利当选执政官。虽然只当了1年执政官，但特米斯托克利自此成为雅典的重要政治人物。

无论是在担任执政官期间，还是卸任后，特米斯托克利一直将推动雅典海军的发展作为始终不变的目标。历史证明，他的做法是极具战略眼光的。

波斯第一次入侵希腊，最终因希腊在马拉松战役中击败波斯军队而告终。在大部分希腊人正在欢庆胜利，以为波斯不会再来侵扰希腊时，特米斯托克利坚持认为实力并未受到削弱的波斯仍是希腊诸城邦的最大威胁，还会卷土重来。为了应对波斯的下一次入侵，必须建造更多的战船，加强雅典的海军力量。

同时，更强大的海军力量能够保护雅典的商业活动，促进雅典手工业的发展，为雅典军事实力和整体实力的发展提供支持。海军规模的扩大需要更多的兵员，这就为第四等级的公民提供了更多就业机会，不仅缓和了雅典城邦内部的矛盾，对于并没有显赫家世的特米斯托克利本人来说，这也能够为他争取民心，以巩固其在雅典城邦中的政治地位。

就在特米斯托克利推动雅典大建海军之时，雅典此时"不早不晚"地发现了一处银矿，被称为修尼阿姆银矿。为何说"不早不晚"，雅典政府已决定将银矿的利润定期分配给民众，但特米斯托克利的海军建设计划需要大量资金，银矿成为最好的财源。但民众特别是底层民众肯定不会同意停止向民众分配利润，转而用于建战船的。

特米斯托克利对这件事的处理，展现了他的权谋、工于心计，以及对于人心的把握。

为了获得民众的支持，将修尼阿姆银矿用于建造战船，特米斯托克利宣称建造战船将使雅典在与世仇埃吉那的战争中获得优势，这一下子获得了民众的支持。埃吉那也是希腊城邦之一，曾与雅典因制作神像的橄榄树木材，以及埃吉那不宣而战进攻雅典港口等问题而长期争斗，积怨颇深。对于为温饱忙碌的底层民众来说，埃吉那这样的现实威胁以及世仇，显然比波斯和雅典未来的长远发展更具说服力，更易引起他们的共鸣。利用修尼阿姆银矿，特米斯托克利推动雅典建造了100艘战船，成为日后萨拉米湾海战中希腊海军的主力，而这100艘战船也成为日后雅典建立海上霸权的基础。

萨拉米湾：神的启示

在电影《300勇士：帝国崛起》中，特米斯托克利因在马拉松战役中杀死波斯国王大流士而被其子、继承波斯王位的薛西斯视为眼中钉、肉中刺。真实的历史中，特米斯托克利确实参加过马拉松战役，但并没有杀死大流士，薛西斯对特米斯托克利也并没有"杀父之仇"这样的个人恩怨。

在波斯第二次入侵希腊的战争中，薛西斯和特米斯托克利虽无个人恩怨，但都希望通过一场决战，彻底击败对方，赢得胜利，而双方最终碰撞的地点，就在萨拉米湾。

这里之所以成为希波海军的决战地点，靠的是特米斯托克利的筹划、权谋，在筹划决战过程中，特米斯托克利不仅要考虑波斯方面的因素，还要稳住那些想要逃跑、投降的盟友，维持希腊联盟的团结。

公元前480年，薛西斯号称率领百万大军及千艘船只进攻希腊。波斯军队沿着色雷斯海岸水陆并进，一路向南杀向巴尔干半岛。虽然波斯军队的兵力肯定没有百万，战船也未必有千艘之多，但相比希腊诸城邦还是有很大的兵力优势的，北希腊、中希腊相继沦陷，一些城邦闻风丧胆，向波斯投降。雅典、斯巴达等有实力的城邦组成了联军，准备抵抗波斯入侵，但内部也是矛盾重重，各城邦对于是战是降，分歧严重。

在薛西斯即将入侵希腊之时，希腊城邦国家组织了一个"泛希腊会议"，讨论抵御波斯进攻的问题。与会各城邦都认为防守科林斯地岬是防御的重中之重，而由于希腊陆海军数量较少，所以陆军和海军都应该在狭窄地域、海域布防，与波斯军队作战。斯巴达国王列奥尼达斯防守的温泉关、滕比谷地对于陆军是非常理想的战场，而萨拉米湾和欧波亚海峡则是适合海军作战的海域。

在那个年代，人类对世界的认识相比现在还是很有限的，所以在大战将临之时，一种"封建迷信"活动——神谕成为作出决策的重要依据。当时的雅典人得到了如下神谕：

这个木墙会保护你和你的孩子的安全。

不要等候马的蹄声，或是步兵的步伐声。

在陆上，转过背来对着敌人，你可以撤退。

可是有一天来到了，你将会与他交战。

神圣的萨拉米斯，他可以毁灭女人的后代。

那里人播种，或是那里人收获。

这样一段云里雾里的神谕，提到了"木墙"和"萨拉米斯"，"木墙"被解释为战船，整个神谕都在暗示雅典人在陆上撤退，而将决战的战场指向了萨拉米斯岛。但神谕如此精确，不知真的是上天有所启示，还是祭师接受了特米斯托克利等政客的暗示，毕竟神谕也是由祭师这种凡人来解释的，至于神给他们说了什么，谁也不知道。

在得到神谕后，雅典人首先想到的是当时希腊最强大政权——叙古拉的吉罗。但当时吉罗被迦太基的入侵所牵制，历史资料证明波斯入侵希腊与迦太基进攻叙古拉是协同配合的行动。

在求援无果的情况下，"泛希腊会议"决定由斯巴达国王列奥尼达斯率领一支陆军部队坚守温泉关，希腊舰队则前往阿提密喜安。希腊人设想在温泉关挡住波斯人在陆上的进攻，意图迫使波斯人将主战场移到海上。

在阿提密喜安，希腊舰队与波斯舰队进行了两次交战，不分胜负。此时又传来温泉关失守、列奥尼达斯阵亡的消息，失去陆地掩护的希腊人只得在夜色掩护下向萨拉米斯岛撤退。

既然陆上已无法抵挡波斯人的进攻，希腊人只剩下海军这唯一一张王牌。特米斯托克利总结了阿提密喜安海战中的经验教训，认为希腊海军不能在数量处于劣势的情况下，与数量庞大的波斯舰队在开阔海域作战，那么狭窄的萨拉米湾就进入了特米斯托克利的视线之中。

一封"一石二鸟"的密信

萨拉米斯岛位于艾琉西斯湾南面，东西两端与大陆都形成了海峡。西端海峡在萨拉米斯岛与麦格拉之间，东端海峡在赛罗苏拉角与皮拉斯河河口之间，东端海峡又被普西塔利亚岛分割为两个小海峡。

为了将波斯舰队引诱至狭小海域决战，特米斯托克利完全放弃了西端海

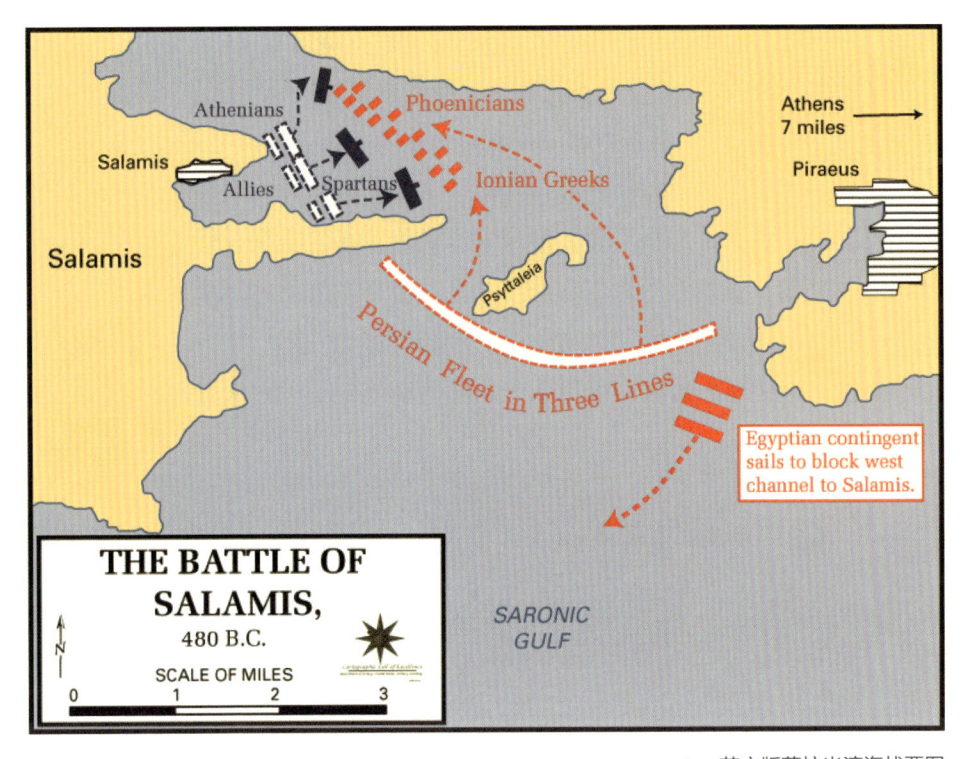

> 英文版萨拉米湾海战要图

峡的防御。据说，他将所有366艘3层桨架战船和7艘50桨座战船集中在西端海峡。但此时一个噩耗严重打击了希腊舰队乃至整个同盟的士气。

由于温泉关失守，薛西斯进而攻陷了雅典，经过一番苦战攻克了雅典卫城，屠杀了守城者。这使希腊舰队上下惊慌失措，水手们要求召开战争会议，而一些战船船长在会议没有投票决定的情况下，就慌忙登船、升起风帆准备溜之大吉，就连希腊舰队的统帅、斯巴达人欧利拜德斯也登上了自己的战船，随时准备逃跑。

特米斯托克利此时表现出非凡的气魄。他先是说服欧利拜德斯下船上岸，这一做法首先稳住了军心。然后，重新召集各战船船长开会讨论。在会上，特米斯托克利竭力说服与会者同意他在萨拉米湾与波斯海军决战的计划。但科林斯人阿德曼塔斯反对特米斯托克利的计划。

孤注一掷的特米斯托克利只好以将所有雅典战船撤出联合舰队、雅典人全部撤往意大利为威胁，才促使欧利拜德斯转而支持他的计划。

特米斯托克利的威胁并非毫无根据，而是在充分了解希腊舰队组成结构、雅典人在其中的地位以及舰队统帅欧利拜德斯个人因素等情况下做出的。

欧利拜德斯并不懂海军作战，希腊舰队的实际领导权掌握在特米斯托克利手中，但欧利拜德斯也不傻，他深知雅典舰队是希腊联合舰队的主要组成部分，也是最有战斗力的组成部分，一旦精通于海战的特米斯托克利和雅典舰队离开，剩下的希腊舰队根本不是波斯海军的对手。

而就在希腊舰队这次会议后不久，薛西斯收到了一封来自希腊方面的密信，内容如下：

> 等候到夜幕将垂的时候，
> 希腊人不会再坚持下去，
> 他们将乘着黑暗的掩护，
> 各自飞奔逃命。

这封密信显然是在告诉薛西斯，希腊人将在夜晚逃走，作者则是上面坚持在萨拉米湾与波斯舰队决战的特米斯托克利。

这封密信可以说是特米斯托克利在萨拉米湾海战筹划过程中最精彩的一笔，起到了一石二鸟的作用。那么这俩"鸟"都是谁呢？

一只"鸟"显然是波斯人。虽然欧利拜德斯决定在萨拉米湾与波斯舰队决战，但希腊舰队中的大部分人还是反对这一计划的。据说在公元前480年的9月22日上午，希腊舰队又召开了一次会议，继续讨论老问题。特米斯托克利在发现这帮人还是想要投票反对他的计划时，偷偷从会场溜了出去向他的仆人吩咐一番，命他乘商船前往波斯舰队中的米底人舰队，给薛西斯带去了上面的那些话。

薛西斯本来就从间谍那里得知希腊舰队内部分歧严重，特米斯托克利的密信印证了这一情报。同时，薛西斯也面临着压力，希望尽快通过一场决战彻底击溃希腊武装力量，征服希腊、班师回朝，而密信是他内心最希望得到的消息。薛西斯本已经下令舰队出海，接到密信后则撤销了命令，决定在夜幕降临后采取行动。

为了将希腊舰队封死在海峡里，薛西斯派埃及舰队的200艘战船前往封锁萨拉米斯岛西端海峡，这一调动分散了波斯舰队的力量，为之后希腊舰队在萨拉米湾的战斗减轻了部分压力。波斯舰队主力则封锁东端海峡，并占领了普西塔利亚岛。

据历史记载，特米斯托克利的仆人当时还根据特米斯托克利的命令，以密信所提供的情报从薛西斯那里换来了报答，即波斯征服整个希腊后赦免雅典。这一情况如果属实的话，特米斯托克利确实对盟友不太地道，不过作为一个实用主义者，他如此做法也并不奇怪，况且这还为雅典留下了后路，即使最终希腊被波斯征服，特米斯托克利也能够保全雅典，算是忠于自己的城邦。

"另一只鸟"则是特米斯托克利和雅典的盟友——联盟中的其他希腊城邦舰队。就在希腊各城邦的大小将领们还在为后面怎么办而争吵时，特米斯托克利的政敌，被他放逐的阿里斯提德斯赶来，告诉特米斯托克利希腊舰队已被波斯舰队围困的情况。心知肚明的特米斯托克利则让他直接向与会者通报这一情况。起初，他们还不相信，直到一艘从波斯阵营逃过来的提尼亚人船只带回同样的情报，他们才相信。

自此，希腊将领们争吵的问题已经被波斯人的封锁所解决，无路可逃的希腊舰队只得匆忙开始备战。

特米斯托克利的密信虽然迫使盟友横下心与波斯舰队决战，但在其为雅典留好后路的情况下，将退路堵死，多少还是有些阴险恶毒的。不过，话说回来，即使希腊舰队能够从萨拉米斯岛转移，那么整个希腊很可能都会沦陷，到时候失去陆地依托的希腊舰队也难以幸免。特米斯托克利的权谋虽然有些阴险，但迫使整个希腊舰队破釜沉舟，以命相搏，反倒为希腊的未来打开了局面。

在萨拉米湾海战前，特米斯托克利还试图用计分化波斯阵营。他派遣航速快的船只赶在波斯人到达前，在有饮用水的岸边石头上刻下文字，大意是希望已经臣服于波斯的希腊爱奥尼亚人弃暗投明回到希腊阵营中，如果实在为难，至少在与希腊舰队作战时不要全力以赴。这一招，一方面可以拉拢爱奥尼亚人，减少希腊舰队的压力，另一方面如果薛西斯看到了这些文字，有可能会失去对爱奥尼亚人的信任，不委以重任，或者将其撤出与希腊舰队的作战序列，这对希腊舰队来说都是有利的。但历史表明，特米斯托克利的离间计似乎并没有起到作用。

决战萨拉米湾

由于这一海战发生的时间过于久远，双方战船的数量至今也没有确定的数字。据估计，希腊战船的数量在371艘至378艘之间，7艘的数量差对于战斗的结果影响不大。

对波斯舰队战船的数量则有多种观点，希罗多德认为在900艘至1207艘，希罗多德所处时代距海战发生时并不远，似乎很有说服力，但近现代史学界认为这一数字明显夸张。他们认为，波斯战船的数量在600艘至800艘之间，也有认为在400艘至700艘之间的。估计数量差别明显，倒也无可厚非，波斯舰队组成复杂，既有波斯本土的战船，也有被征服国家和投降国家的战船，运输船只也有可能被算作战船，再加上风暴、叛逃等原因，数量肯定有所出入。

希腊舰队分成三个部分，右翼由欧利拜德斯亲自率领16艘战船，左翼则为希腊舰队的主力——雅典舰队，由特米斯托克利亲自指挥，有180艘战船，希腊舰队中部则为其他联盟城邦的战船。

波斯舰队分成三列，列阵在海峡外，但在进入萨拉米湾时，由于海峡过于狭窄，波斯舰队由三列改为两路纵队进入，而这一变阵造成了波斯舰队的混乱。

当时的波斯舰队面临三大问题：战船数量过多、水手不够熟练、海上波浪较大。这三个问题的其中之一或共同作用造成了波斯舰队在即将与希腊舰队交战时发生了混乱。超出队形的波斯战船又减速退回本阵，这又导致波斯舰队的进一步混乱。

希腊舰队的表现也不光彩。据希罗多德在其著作《历史》中的记载，希腊舰队刚刚起锚出发，就看到波斯舰队迎面而来。虽然波斯舰队阵型乱糟糟的，但庞大的数量还是很吓人的，大多数希腊战船开始倒划，想要退回港口。这时，一位雅典战船船长，来自帕列涅德莫的阿美尼亚斯率领自己的战船继续冲向敌人，与一艘波斯战船缠斗在一起。其他正在逃跑的希腊战船倒也没有抛弃自己的战友，转而停止后撤前去支援阿美尼亚斯，双方的海战算是"正式"打响。希罗多德指出，这是雅典人对萨拉米湾海战开始的记载。而埃吉那人认为是他们的战船率先与波斯人交战的。

在科学不发达的当时，战争也离不开封建迷信。据传说，正在倒划撤退的希腊水手们突然看到一个妇人模样的幻影，只听这个幻影向希腊人高声发话，激励他们投入战斗，声音响彻整个希腊舰队的上空。她这样斥责他们："喂！你们这是发的什么疯？你们究竟还要倒划多久啊？"

不管怎样，希腊舰队还是鼓起勇气与波斯舰队打了起来。在那个时代的海战中，舰队指挥官的作用反倒不如每艘战船船长的作用大。萨拉米湾海战的具体记载极为模糊，据历史学家研究，希腊舰队的左翼，也就是特米斯托克利指挥的雅典舰队首先获得了主动，但希腊舰右翼的进展更快。不善海战的斯巴达人在海上依旧展现出凶悍的一面。在雅典战船和埃吉那战船向波斯舰队中部迂回，威胁其后方时，波斯舰队开始崩溃，胜利很快从希腊舰队的左翼向右翼传导。最终波斯舰队撤退，整个战斗持续约7至8个小时。希腊舰队虽然取得了胜利，但也似乎无力追击，双方各自返回驻泊地。

作为萨拉米湾海战筹划者特米斯托克利，在战斗中更多的也是扮演所乘战船船长的角色。有意思的是，特米斯托克利在海战期间还有过一段"非凡经历"，他被人骂了，骂他的人不是敌人，而是盟友。

战斗中，特米斯托克利正在指挥所乘战船追击一艘波斯战船，途中遇到了埃吉那人克琉斯的儿子伯里克里图斯所指挥的埃吉那战船。伯里克里图斯看到雅典战船上的海军统帅标志，知道特米斯托克利就在这艘船上，便向特米斯托克利高声责骂，指责他此前诬陷埃吉那人站在波斯人一边。

如果仅就萨拉米湾海战本身来看，希腊人并未取得太大的胜利，但在战略上却给予薛西斯沉重一击。

薛西斯征服整个希腊的计划需要陆海军配合完成，如今海军被希腊海军击败，整个计划有失败的风险。同时，波斯海军也损失了200艘战船，希腊方面则损失20艘。对于家大业大的波斯帝国来说，损失200艘战船并非什么伤筋动骨的伤害，致命的是波斯帝国及薛西斯本人的威望在这场海战中受损。

> 以萨拉米湾海战为主题的油画

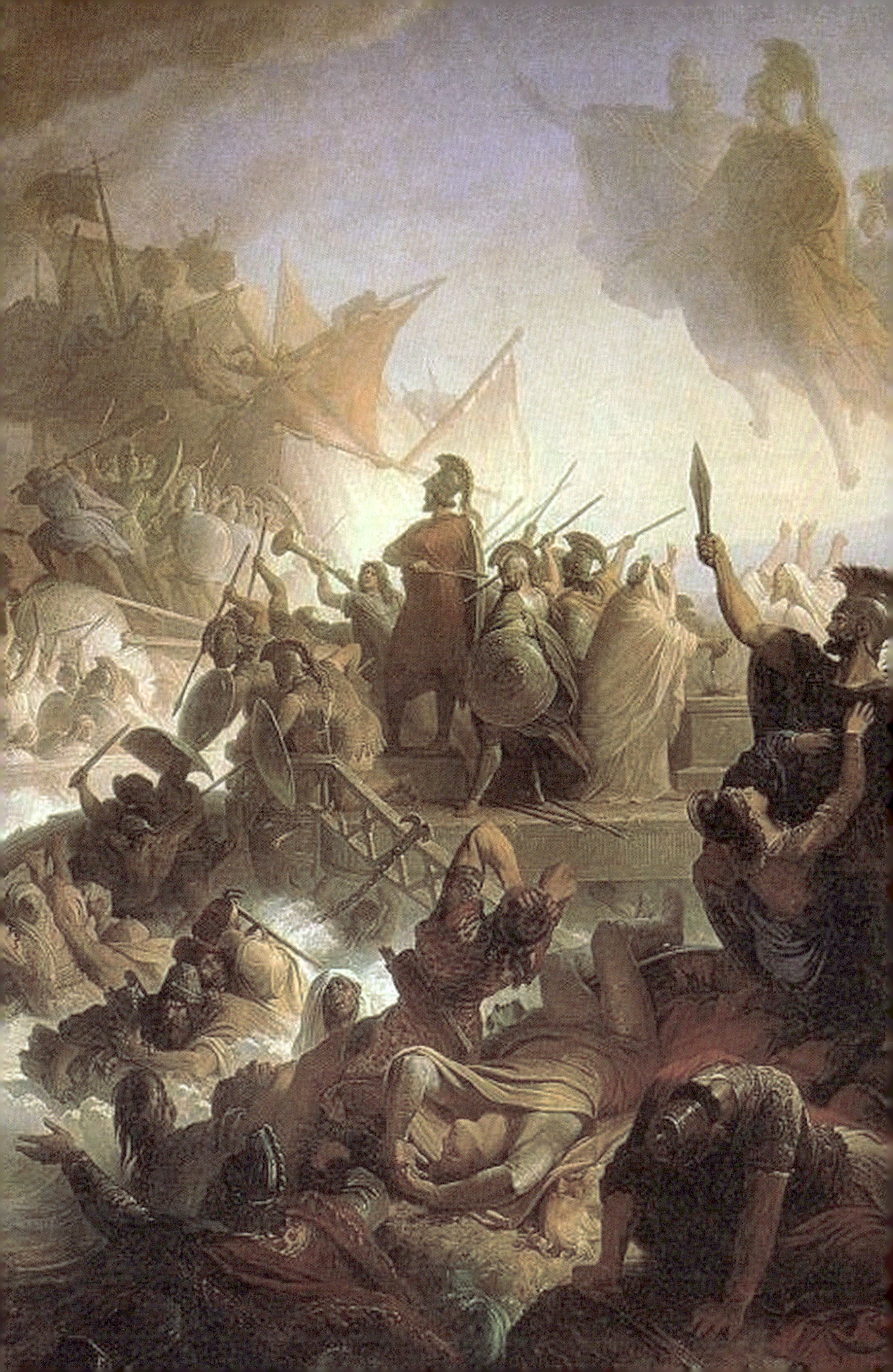

> 刻有特米斯托克利名字的陶片

波斯入侵希腊的大军之中，除了波斯帝国本土军队外，还裹挟了一批投降臣服国家的军队和战船，当然也包括一批希腊城邦国家。如今波斯舰队被希腊舰队击败，这些臣服的城邦有可能离开波斯阵营，转投希腊阵营。此外，波斯也失去了对爱琴海的制海权，失去了海运的支持，波斯难以在希腊维持大规模的军队作战行动。

萨拉米湾海战后，波斯失去了原有优势。薛西斯留下号称30万的大军在希腊继续同诸城邦作战，而自己则率领剩余部队返回亚洲。此后，经过普拉蒂亚之战，希腊最终将波斯军队彻底赶走。

客死在昔日敌人国土

特米斯托克利可以说是萨拉米湾海战的主要组织者，同时也是使希腊得以转危为安的重要人物。特米斯托克利的重要贡献，在于清醒认识到敌我优势、劣势，以精妙的计谋将波斯舰队引诱入希腊海军的理想战场，同时采取措施稳固希腊联盟，而这与特米斯托克利对人性的把握是分不开的。同时，特米斯托克利目光长远，不仅帮助希腊打败了波斯，也奠定了雅典之后一个世纪之久的海上霸权。

尽管特米斯托克利为雅典考虑了很多，为雅典留下了一支强大的舰队，为雅典的长远发展奠定了基础，但最终却客死他乡。击败波斯人后，特米斯托克利的声望一时无两，这遭到雅典贵族的嫉恨。特米斯托克利多少也有些得意忘形，聚敛财物落下口实，最终被放逐。起初特米斯托克利住在阿尔戈斯。不久后，有人举报特米斯托克利在战争中与波斯有秘密联系，为波斯王族留出逃生道路，雅典因此判处其叛国罪，在全希腊进行通缉。特米斯托克利只得逃离希腊，前往昔日的敌人——波斯帝国境内躲避。

波斯国王对特米斯托克利不薄，专门划分给他领地，供他生活。当然，波斯国王也有利用其声望和影响的考虑。据希罗多德的资料记载，特米斯托克利最终客死在波斯，属自然死亡。但还有一种说法认为，特米斯托克利是自杀身亡的。在雅典进攻波斯时，波斯国王要求特米斯托克利领兵与雅典军队作战，不愿与祖国兵戎相见的特米斯托克利，最终饮毒药自杀。如果这一情况是真实的话，那么特米斯托克利还是对得起他的祖国的。

02

力挽狂澜
福密俄与帕特拉斯海战

卷帙浩繁的历史资料中，总有一些人突然出现，又突然消失，人们至今也不知道他们的详细生平。类似情况在公元前后的历史中更为多见，但这并不妨碍他们的丰功伟绩被历史所记录，雅典著名海军将领福密俄就是这样一个人。历史资料中对于其生前身后事记录不多，只有寥寥数语，但其指挥的帕特拉斯海战，不仅在当时提振了雅典的士气，也成为海战史上的著名战例。

急需一场胜利的雅典

在击败波斯对希腊的第二次入侵，彻底打消其入侵念头后，雅典因在战争中其海军的的出色表现，以及战后手工业、商业的迅速发展而崛起，与斯巴达成为希腊城邦中最为强大的两个城邦。以雅典为首的自由城邦组成了"提洛同盟"，斯巴达则与伯罗奔尼撒半岛上的邻邦成立了"伯罗奔尼撒联盟"。两个同盟后来因政治、经济等方面的矛盾不断扩大而爆发了战争，史称"伯罗奔尼撒战争"。

雅典在海上拥有很大优势，而斯巴达则在陆军方面强出很多。但在战争爆发的第二年，雅典遇到了很大困

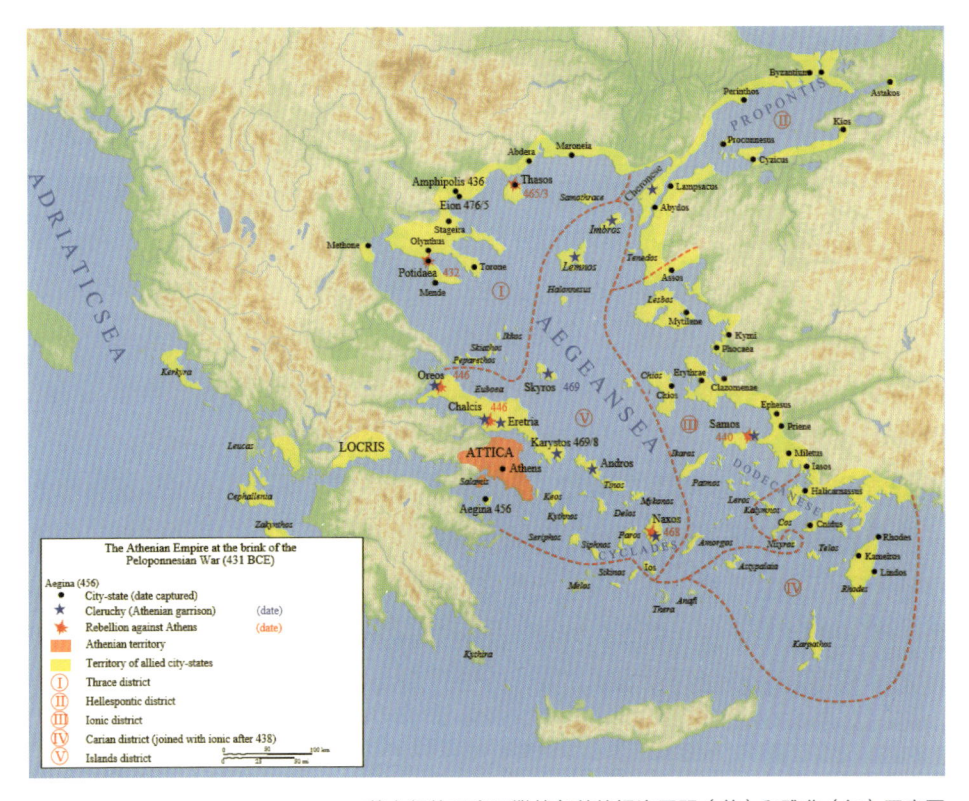

> 英文版伯罗奔尼撒战争前的提洛同盟（黄）和雅典（红）示意图

难。一方面，由于雅典城市中的人口过于稠密，自今天埃塞俄比亚一带传播来的瘟疫在雅典扩散，造成人员死亡和违法活动的猖獗，而"伯罗奔尼撒联盟"方面却未受影响。另一方面，雅典在"提洛同盟"中作风过于霸道，甚至动用同盟共同资金来为自身谋取私利，导致盟友极大不满。

在希腊著名历史学家修昔底德所著的《伯罗奔尼撒战争史》中，对这种瘟疫有着详细的记载：

健康状况良好的人都是突然地头部发高烧；眼睛发红，发炎；口腔内喉咙或舌头往外渗血；呼吸不自然、不舒服。在这些症状出现后，便是打喷嚏，嗓子嘶哑；接着就是胸部疼痛，剧烈的咳嗽；之后，腹部疼痛，呕吐出医生都有定名的各种胆汁，整个发病过程都是很痛苦的。大多数的患者接下去便是干呕，产生强烈痉挛；有些人抽搐很快就停止了，有些人则持续很久。皮肤表面的热度不是很高，从外表上看，也没有出现苍白色，皮肤呈红色，青黑色，突然出现小脓疱或溃疡。但是身体内部高热难耐，以致患者连身着最薄的亚麻布衣都难以忍受，所以他们就脱掉全部衣服。他们最喜欢纵身跳入冷水中。事实上，一些没人照顾的病人就是这样做的，他们跳进雨水池中，以消除他们不可抑制的干燥。但无论他们喝多少水，症状都是一样的。另外，长时间的失眠和焦躁不安也一直困扰着他们。当这种疾病达到最严重的程度时，病人的身体非但没有衰弱，反而有惊人的力量，能够抵御一切痛苦；因此，大多数病人都是在第7天或第8天由于内部的高热而死亡，这时他们尚有些气力。但是如果患者度过这个时期，病痛便进入肠道，出现严重的溃烂，并且伴有严重的腹泻，由此使病人气力衰竭，通常都是这样死去了。因为这种疾病从头部发起，进而传遍身体各部位，一个人的四肢即使侥幸未被染病，其四肢也都留有它的痕迹。这种疾病蔓延至生殖器、手指和脚趾，许多人丧失了这些器官的功能，有些人还丧失了视力。还有一些人，在他们开始康复的时候，完全丧失了记忆力，他们不知道自己是谁，也不认识自己的朋友了。

据修昔底德记载，这种可怕的瘟疫还能传染给动物。一种鸟类在吃了瘟疫死者的尸体后，也在雅典周围销声匿迹了。雅典的医生也没有找到合适的药物来治疗这种疾病，不过感染过这种瘟疫而幸存的人不会二次感染。没有完善的卫生防疫系统更是使这种瘟疫的破坏放大。

在瘟疫发生期间，伯罗奔尼撒的军队还第二次攻入安提卡。在战争和瘟疫的双重压力下，雅典民众产生不满情绪，对执政官伯里克利产生了质疑，希望停止战争的呼声越来越高。虽然伯里克利凭借口才、说理再一次说服民众坚持与"伯罗奔尼撒联盟"的战争，但在内外部压力都很大的情况下，雅典需要一场胜利来提振士气。

智破圆环阵

在可怕瘟疫肆虐的同时，雅典仍在海上进行游击作战，利用其海上优势，接连袭击"伯罗奔尼撒联盟"的沿海地区。伯里克利组织了150艘战船，其中50艘由盟友提供。随战船行动的还有4000名雅典重装步兵和300名骑兵。在那个没有火器等远距离投送武器的时代，舰队想要攻击敌方陆上目标，只能依靠登陆部队上岸采取行动。

这支舰队袭击了伯罗奔尼撒的沿海城镇，还攻破了部分城镇，进行了劫掠，然后返回了雅典。虽然"伯罗奔尼撒联盟"在陆上对雅典及其盟友造成了一定程度的打击，但雅典这种神出鬼没的海上游击战术，确实让他们没有什么好的办法来加以回击，只能发展自己的海军来应对。就在雅典派出新的舰队准备继续对"伯罗奔尼撒联盟"沿海地区进行打击时，斯巴达也在和盟友组织建设其海军舰队。不过这次雅典的优势并不大，由于瘟疫等原因，雅典无力派出更多的战船和人员，只派出了20艘战船组成的舰队，由福密俄指挥，继续围绕伯罗奔尼撒航行，寻机袭击敌方沿海地区。福密俄本人驻扎在诺帕克图斯，可以阻止"伯罗奔尼撒联盟"的船只在科林斯湾和克里赛湾的进出。

第二年夏季，"伯罗奔尼撒联盟"决定采取行动回击雅典海军的游击战。安布拉基亚人和考尼亚人说服拉栖代梦人，利用联盟的资源组建一支舰队。由这支舰队运输1000名重装步兵征服阿卡纳尼亚地区。征服阿卡纳尼亚地区，可谓一石二鸟之举，一方面可以迫使阿卡纳尼亚脱离雅典，削弱"替洛同盟"的实力，另一方面，征服阿卡纳尼亚后，"伯罗奔尼撒联盟"可以继续征服扎金苏斯和基法伦尼亚，这两地的地理位置可以限制雅典海军环绕伯罗奔尼撒半岛的袭击行动。

拉栖代梦人决定海陆并进，采取联合行动，使滨海地区和内地的阿卡纳尼亚人无法互相支援。拉栖代梦的海军大将克涅姆斯统帅大军，除拉栖代梦自己的1000名重装步兵外，安布拉基亚、科林斯、西基昂、琉卡斯等城邦派出了军队和战船，考尼亚和泰斯普罗提斯等部族也派出了部分部队。浩浩荡荡的几千人杀向阿卡纳尼亚。阿卡纳尼亚人在陆地遭到进攻时，曾向福密俄求援，但福密俄以需要防守诺克帕图斯为由加以拒绝。不过，话说回来，即使福密俄出兵援助，以其羸弱的兵力也不会起到太大的作用。

在拉栖代梦联军陆上进展顺利的同时，其海上的行动却不顺利。联军的舰队由科林斯和克里赛湾各盟邦的战船组成。他们本想对阿卡纳尼亚的滨海地区进行攻击，却被福密俄所率领的雅典舰队发现。在他们沿己方控制海岸航行时，福密俄舰队则排成纵队与他们平行航行，对其进行监视。正当联军舰队准备横渡阿凯亚的帕特莱进攻阿卡纳尼亚时，雅典舰队从卡尔基斯和爱文努斯河冲出。联军舰队还想趁夜逃走，但仍被雅典舰队发觉。在这样的情况下，联军不得不与雅典舰队交战。

联军舰队拥有47艘船只，但大部分是运输船，有5艘速度快的战船，不过运输船也有一定的战斗力。雅典舰队则为20艘战船，每艘有170名桨手和30名士兵。

虽然联军船只数量占优，但能作战的战船不多，所以他们效仿斯巴达人在陆地上的战术，将运输船船头向外，船尾朝内，围成一个圆环阵，圆环尽可能地大，各运输船之间缝隙很小。5艘航速快、装备好的战船留在圆环阵内，雅典舰队攻击圆环阵任何一点，这5艘战船都可以迅速支援。

联军的圆环阵，外层基本防御稳固，阵内有机动兵力随时支援受攻击的位置，看起来似乎无懈可击，就像面对食肉猛兽时的刺猬一样，缩成一个球，将有刺的身体部位朝外，让食肉动物无从下口。

但雅典舰队并非毫无办法，在福密俄的指挥下，雅典舰队就像食肉动物

> 雅典战船及结构图

那样不断试探联军圆环阵，试图发现破绽。福密俄命令雅典舰队以单纵队围绕圆环阵航行，其间不时擦过联军的船只，佯装要进行攻击，促使联军阵型出现混乱，以缩小圆环。这样的佯攻，不仅隐蔽了雅典舰队的攻击位置，还压缩了圆环阵的面积，使圈内5艘战船疲于应付。更为关键的是，福密俄下令各船不得擅自发起进攻，只有他可以命令发起进攻。

福密俄之所以严格控制发起攻击的时机，是在"等风来"。黎明时，风会从海湾方向刮过来，由于雅典战船属于帆船，这对其发起进攻有利，联军的圆环阵则会在风的影响下发生漂移，很难维持圆环阵型。风和雅典舰队的佯攻使圆环阵型发生混乱，各艘运输船相互发生碰撞，在不断缩小的圆环内，5艘战船也对其他船只造成干扰。联军战船的桨手要用长杆互相撑开对方的船只，同时他们也缺少在风浪情况下划行的经验。桨手的呼喊声、骂声，使得船长的命令无法传达，况且联军舰队没有一个统一的指挥官，各邦船只各有各的指挥官，更是加大了协调难度。

就在联军圆环阵发生混乱的时刻，福密俄下令发起攻击。雅典舰队先撞沉了一艘联军船只，然后接连对联军船只攻击。混乱之中又遭打击，联军毫无斗志仓皇而逃。雅典海军俘获了12艘船只，彻底击破联军的圆环阵。

旗舰对决

"伯罗奔尼撒联盟"联军舰队的圆环阵"吃了瘪"以后，并没有气馁，反而准备组织新的舰队将福密俄舰队歼灭。拉栖代梦人派出提摩克拉特斯、伯拉西大、吕科弗隆3位特派员来到克涅姆斯处。这3位特派员的主要目的是要求克涅姆斯继续组织一次海战，最好是能够取得胜利的海战，不要因为一场失败就放弃击败雅典海军的想法。这3位特派员虽然带来了上级的指示，但并没有"钦差大臣"的做派，留在了联军中同克涅姆斯一起组织人手前往盟国召集新的战船。

雅典人也在做着同样的事情。福密俄虽然靠着经验、计谋以及天气的帮助，击破了联军的圆环阵，但20艘战船面对卷土重来的联军舰队仍是捉襟见肘。如果下次交战，联军采取正确的战术，搞不好经验丰富但实力不足的

> 雅典海军港口

雅典舰队也会被碾压。冷静的福密俄在获得一次胜利之后，也派人向雅典求援。受到瘟疫等问题打击的雅典仍未恢复实力，最后也只派出了20艘战船去支援福密俄舰队，但这20艘战船在后来的战斗中并未发挥作用，因为他们当时还没有与福密俄舰队会合，而是先被派往了他处。克里特人尼基阿斯是雅典在克里特的代理人，他鼓动雅典派兵进攻基多尼亚，使其投靠雅典阵营，20艘战船组成的支援舰队接到命令，在支援福密俄前要先去进攻基多尼亚。待基多尼亚的战事结束后，支援舰队开始向福密俄舰队方向驶去，但遇到了逆风和恶劣天气，在路上被耽搁，在福密俄舰队与"伯罗奔尼撒联盟"舰队交战前始终没有赶到。

"伯罗奔尼撒联盟"的舰队在沿着海岸线驶往阿凯亚的帕诺姆斯，被福密俄舰队发现并一路跟踪至摩利克里昂的瑞昂。瑞昂与雅典友好，据守着克里赛湾入口瑞昂海峡的一端，入口与瑞昂相对的另一端则属于伯罗奔尼撒半岛，与雅典为敌。福密俄舰队与联军舰队隔海峡停泊，这次联军舰队的兵力优势更大，有77艘各种船只。双方都在加紧操练，为必将发生的战斗做准备。

在备战期间，双方主帅克涅姆斯和福密俄都面临同一个问题：士气低落。

联军舰队虽然有着兵力方面的巨大优势，但上次圆环阵被雅典舰队攻破对其士气造成了打击。本就不擅长海上作战的联军士兵没有信心与雅典舰队再战，即使对方仍只有20艘战船，而且雅典的支援舰队还不知何时会赶到。

为了提振士气，克涅姆斯对全体官兵进行了一次演讲。演讲的主要内容是让士兵们不要在意上次的战败，将战败的原因归咎于己方没有充分的准备、目的是陆上作战而不是海上作战等。克涅姆斯虽然也承认联军舰队在经验方面不如雅典舰队，但强调勇敢的人不会以缺乏经验作为失败的借口，况且联军在勇气方面要超过雅典人。在鼓励士兵们鼓足勇气的同时，克涅姆斯也指出己方的优势，如兵力更多，在陆地上有重装步兵支援等，提高士兵的信心。

福密俄舰队虽然以少胜多攻破联军战船的圆环阵，但在面对敌人更强大的兵力时，士兵们也失去了信心。虽然福密俄之前一直给他们灌输，即使一支舰队拥有战船数量上的优势，也是有办法击败它们的。但这次敌方绝对的兵力优势以及迟迟不来的支援，让士兵们失去了自信。福密俄也召集士兵进行了一次演讲。

相比克涅姆斯的演讲，福密俄的演讲更有"技术含量"，强调了雅典人在技术和经验上的优势。同时，也阐明了敌人的劣势，告诉士兵们，敌人在心理上其实仍然畏惧已经取得一次胜利的他们。福密俄在演讲的最后，着重强调了纪律的重要性，要求每名士兵都要坚守岗位，遵守秩序，注意听从指挥，还要保持肃静，这一点对于指挥官和船长传递命令极为重要。克涅姆斯的演讲虽然也强调了纪律，但显然不如福密俄如此重视。最后，福密俄强调了这次战斗的重要性，"你们这次战斗的结局影响重大——或是毁灭伯罗奔尼撒人的海上希望，或是给雅典人带来更近的海上忧患"。

双方主帅做完战前演讲，提振士气后，战斗也就紧锣密鼓地开始了。

伯罗奔尼撒人虽然不如雅典人擅长海战，在海战经验方面的积累也不多，但多年的战争还是让他们打算用计，将福密俄舰队引诱到有利于他们的海湾和狭窄海域进行战斗。

黎明时分，联军舰队启航，分成4艘1排的纵队，由右翼最优秀的20艘战船领队，沿伯罗奔尼撒内侧海湾前进，佯装进攻对雅典人极为重要的诺帕克图斯，试图引诱福密俄舰队跟踪而来。

福密俄果然中计，担心诺帕克图斯失守的他率舰队启航，呈单列纵队沿己方一侧海岸跟踪联军舰队。美塞尼亚的陆军在海岸上向同一方向前进，在陆上对福密俄舰队提供支援。

就在福密俄舰队沿着海岸前进，进入海湾的时候，伯罗奔尼撒人意识到他们的机会来了。联军舰队突然转向，全速向福密俄舰队冲去，试图将其拦腰截断。但联军舰队选择的进攻时机并不完美，福密俄舰队前面的11艘战船逃脱了联军舰队的拦截，进入开阔海域。剩下的9艘雅典战船则被联军舰队包围，在联军战船的围攻中，一些桨手被杀，失去了战斗力。正当联军试图将俘获的雅典战船拖走时，美塞尼亚人跳入水中，登上战船，将敌人打退，夺回了一些战船。

伯罗奔尼撒人对进入开阔水域的11艘雅典战船进行追击。10艘雅典战船抵达诺帕克图斯，在阿波罗神庙附近沿海岸列阵，船头朝向敌人来袭方向，因为船头上安装有撞角，可对联军战船进行撞击。

伯罗奔尼撒人此时似乎胜券在握，他们高唱凯歌，一路追击而来。有一艘雅典战船（有资料认为这是福密俄的旗舰）落在后面。伯罗奔尼撒人的一艘战船（据称这艘战船是克涅姆斯的旗舰）也前出本方舰队很多，追击这艘落单的雅典战船。

当时的战船，最脆弱的部位就是船体舯部。撞角如果撞在这个位置，轻则进水沉没，重则拦腰撞断。此时福密俄的旗舰如果调头，将把脆弱的舯部暴露在克涅姆斯的旗舰面前，克涅姆斯的旗舰只要稍微调整角度就可准确撞上福密俄的旗舰，将其击沉，而失去主帅的雅典舰队肯定如瓮中捉鳖一般被联军舰队击败。

恰巧有1艘商船停泊在福密俄旗舰的航路上，如果换作其他人，在逃跑途中可能并不会注意这艘无关的商船。但在海上战斗多年、经验丰富的福密俄注意到这艘商船将是其反败为胜的关键。

在从商船一侧驶过后，福密俄命令旗舰迅速调头，向克涅姆斯旗舰来的方向高速冲去。正在追击的克涅姆斯旗舰没想到福密俄会利用商船调头，眼看着福密俄旗舰向其舯部撞来，减速、加速都来不及了，最终被福密俄旗舰撞沉。

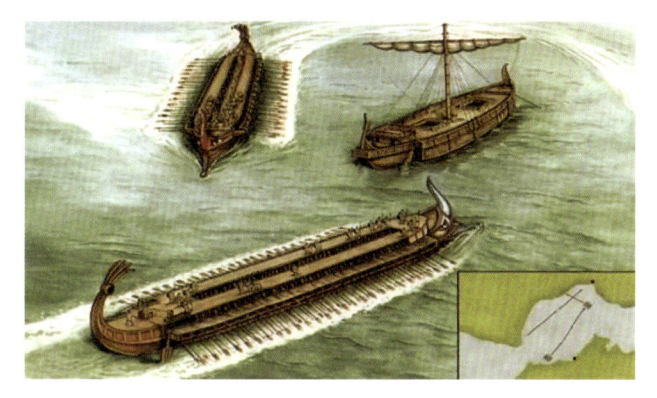

> 福密俄力挽狂澜的掉头一击

这一突如其来的转折，令伯罗奔尼撒人大吃一惊，加之追击时得意忘形，舰队队形散乱，整个舰队乱成一锅粥，有的战船因为不知道海水深度，还在混乱中搁浅。

停泊在岸边，船头对敌的10艘雅典战船看旗舰得胜，立即向敌人发起冲击。联军舰队在混乱中，稍作抵抗便开始溃逃。雅典舰队在俘获6艘伯罗奔尼撒人的战船之后，还重新夺回了之前被敌人抢走的一些战船。

战后，伯罗奔尼撒人经克里赛完撤回了科林斯，而雅典派出的20艘支援战船也在这之后抵达了诺帕克图斯。

此战，一转雅典因战场失利、瘟疫肆虐所带来的长期颓势，大大提振了士气，也保证了雅典的海上安全和优势。有历史学家认为，如果福密俄舰队没有接连取得两次胜利，大败联军舰队的话，雅典可能在当时就会选择屈服于"伯罗奔尼撒联盟"。

优秀的舰队指挥官和舰长

两次战斗证明了福密俄不仅是优秀的舰队指挥官，还是一名优秀的舰长。福密俄在能够指挥舰队与敌舰队进行整体对抗的同时，也能在单舰对决中电光火石的一瞬间果断采取新战术，一举扭转形势。

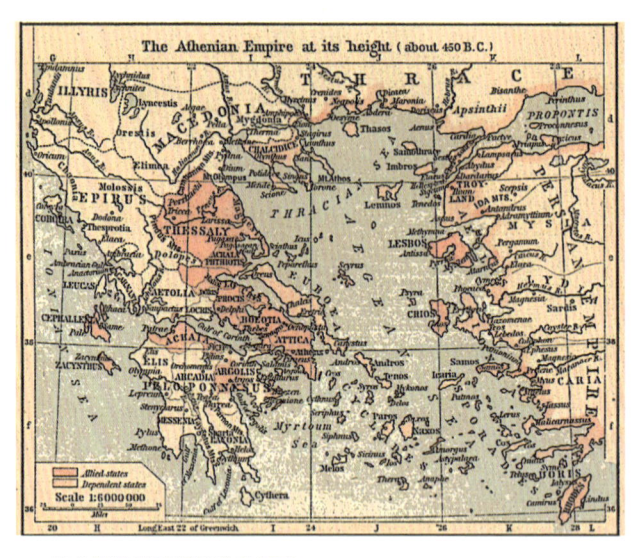

> 英文版鼎盛时期的雅典版图

长期的海上战斗经历，使福密俄积累了管理、指挥舰队的丰富经验。历史文献中对于福密俄的早年经历并没有记载。在修昔底德的《伯罗奔尼撒战争史》中，福密俄也是"突然地出现"，又"突然地消失"，对于其之后的经历也没有详细记载。但根据福密俄可独自率领20艘战船出征，也是当时雅典的实力仅能维持的一股海军力量，可以分析得出他在雅典海军中拥有较高的地位，是得到雅典政界信任，可独立率领部队作战的重要海军指挥官。希波战争后，雅典的海上霸权开始逐渐形成，海外商业活动和海军的发展，为雅典培养积累了一批拥有丰富经验的水手、桨手、士兵和指挥官。想必在福密俄的早年生涯中，也参与了不少海上战斗，对于基层管理、作战指挥等都积累了丰富的经验，成为他两次击败伯罗奔尼撒人舰队的基础。

智破圆环阵，不仅充分表现了福密俄的智谋，也表现出他在作战中的耐心。面对看似坚固、无懈可击的圆环阵，福密俄并没有放弃或是急于发起攻击，而是意识到圆环阵最脆弱的命门在其内部。圆环阵有着坚固的外部，但在外部受到压力时，圆环阵的阵型肯定会发生变化，与内部的5艘战船发生冲突，导致整个阵型的混乱，而这就是福密俄舰队的机会。为了获得机会，福密俄保持了极大的耐心，通过不断的佯攻，不断施加压力使联军舰队疲于应付，同时等待风向的改变，获得最佳的攻击机会。

出色的指挥官和舰长，相比平庸之辈的最大差别也许就是能够看到别人看不到的机会，抓住稍纵即逝的机会。在被克涅姆斯旗舰追击的过程中，福密俄能够发现那艘停泊的商船是其反败为胜的依托，同时能够迅速做出决策，以商船为掩护急转，瞬间改变局势，由守转攻。虽然当时的海战节奏要比现在慢很多，但在舰队实力大减、旗舰被追击的情况下能够迅速反败为胜，也是难能可贵的。

对于舰队管理、秩序和指挥，福密俄也极为重视。在他的演讲中，以及舰队的表现中都可以发现这一点。无论是击破圆环阵，还是利用商船掩护急转反败为胜，如果没有舰队上下良好的秩序，对指挥官指挥的严格落实，都是难以实现的。即使在舰队将近一半的战船被联军截击后，剩余的战船在逃跑到达港口后还能够重新组织应敌，由此可见雅典海军基础的深厚，以及福密俄对舰队的严格训练、管理。相比之下，伯罗奔尼撒人在这方面的表现就很差。在与福密俄舰队的两次交战中，情况稍有不利，整支舰队便出现混乱，水手、桨手、士兵乱作一团，指挥官的命令无法传达，各战船无法协调行动。而在伯罗奔尼撒人取得战场优势时，他们也出现了得意忘形的问题，在并未消灭或重创敌人的情况下，整支舰队在追击时队形不整、指挥混乱，导致后来的溃败。

当然，福密俄也不是完美的海军将领和舰长。在伯罗奔尼撒人佯攻诺帕克图斯，引诱其舰队出海时，福密俄对于敌方的行动显然缺乏深入的考虑。但诺帕克图斯对于雅典和福密俄舰队都是重要的据点，如果失去该地，将极为被动。所以，福密俄跟踪联军舰队的决策并非不合理，只是欠考虑。不过，在沿海岸另一侧跟踪联军舰队时，福密俄则犯了明显的错误，没有对敌方的突然袭击做准备。在对方占有极大兵力的优势的情况下，这样的错误很可能是致命的。好在雅典舰队的整体素质较高，福密俄的机智和灵活应变避免了完全失败。

03 一战结束伯罗奔尼撒战争
莱山德与羊河战役

作为希腊城邦中的双雄，在军事方面，雅典以其海军著称，而斯巴达则以其陆军出名。在希波战争中，斯巴达在陆上抵抗波斯入侵，而雅典则在海上取得对波斯的优势。伯罗奔尼撒战争爆发后，雅典的海上优势曾给"伯罗奔尼撒联盟"带来很多麻烦，但斯巴达能够最终取胜却是靠他们以往并没有什么优势的海军，以及一位精通权谋、善搞外交、机智果断，但又身世成谜、醉心权术的海军将领莱山德。莱山德给斯巴达带来了胜利、财富，也为斯巴达的没落埋下了隐患。

身世成谜的莱山德

在希腊城邦中，贵族世家往往能够长期垄断政治、军事方面的重要职位。但很多平民出身，甚至在当时看来是低贱出身的人物也屡次出现在希腊历史上，建立了功勋，莱山德就是其中一位。

相比于一些希腊城邦海军将领在历史记载中"突然地出现"，又"突然地消失"，莱山德的出生和死亡年份却很确定，其生于公元前454年，死于公元前395年。但关于莱山德的出身，人们存在有很大争议。

古代作家普鲁塔克认为，莱山德的父亲亚里斯托克莱都斯属于斯巴达王族赫拉克莱迪家族，但并非王室成员，没有继承斯巴达王位的资格。现代一些学者认为，莱山德可能并非斯巴达人，而是斯巴达公民的养子，其或者是斯巴达男子和奴隶阶层的女子所生，或是其父因极度贫困失去公民权。总而言之，莱山德的出身不会高贵，从他之后多次试图获得斯巴达王位，对权力极度渴望也可以看出这一点。不过，他的真实身世可能始终是一个历史之谜。

大败之后启用的新将领

雅典在经过远征西西里、狄西里亚战争后元气大伤，盟友离心离德，纷纷加入"伯罗奔尼撒联盟"，雅典领导的"提洛同盟"逐渐瓦解，雅典在政治、经济、军事等方面面临全面危机。

俗话说，"瘦死的骆驼比马大"，海洋意识积淀深厚、商业发达的雅典仍拥有较强的实力。虽然在陆地上无法击败斯巴达，但雅典海军仍有很强的实力，在阿尔基比亚德斯、特拉叙布鲁斯等优秀海军将领的领导下，雅典海军多次击败伯罗奔尼撒舰队，甚至像他们的先辈那样以少胜多，击败拥有极大兵力优势的伯罗奔尼撒舰队。

在多次战败和巨大损失的刺激下，斯巴达开始起用新的海军将领，莱山德自此开始领导伯罗奔尼撒舰队，最终击败雅典海军，为斯巴达赢得了最终胜利。

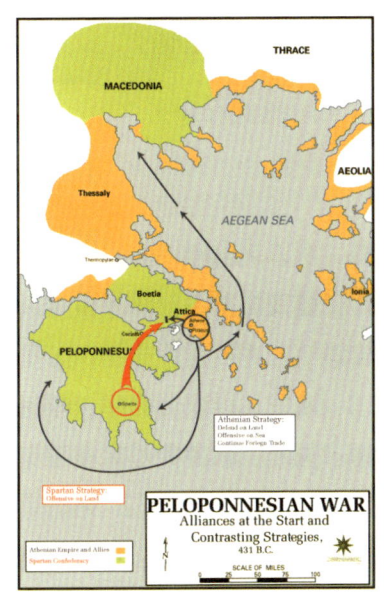

> 英文版伯罗奔尼撒战争要图

莱山德虽然出身不高，但擅长交际，懂外交，知道如何利用关系，提高自己的政治地位。莱山德与斯巴达的一位国王阿吉斯的弟弟阿格西劳斯成为好朋友，这对于他提高自己的政治地位和获得海军将领这一职位十分重要。公元前407年，莱山德开始担任斯巴达最高海军指挥官。

与波斯结盟，发展海军

升官是人生一大喜事，但莱山德虽然成为了斯巴达海军的最高指挥官，却快乐不起来。因为"伯罗奔尼撒联盟"的海军实在拿不出手。斯巴达自己的舰队非常弱小，加上盟邦的战船，整个联盟的战船数量也就是100艘刚刚出头，还不及雅典海军的一半。雅典海军则选择扬长避短，不与斯巴达强大的重装步兵作战，决定减少陆上作战，充分发挥己方海军优势，在海上攻击"伯罗奔尼撒联盟"。

在这样的情况下，莱山德这个"海军司令"可以说"一穷二白"。再有才能也得有足够的战船才行，况且雅典的优秀海军将领辈出，战船数量超过雅典都未必能赢，所以莱山德一上台的当务之急就是增加斯巴达海军的力量。

> 斯巴达重装步兵雕像

建设海军不仅需要资金，还需要足够多的、具有一定素质的兵员。可斯巴达当时并不具备发展一支可与雅典匹敌的高素质海军的能力。

斯巴达以农业为主、限制工商业发展的经济模式，使其缺乏资金发展海军。加之"伯罗奔尼撒联盟"属于政治联盟，盟友之间没有经济合作，也不能互相促进经济发展。同时，斯巴达在人口少的情况下，还实行严格的等级制度，只有斯巴达公民可以担任战船桨手，这大大限制了斯巴达选拔足够的桨手发展海军。

莱山德并不仅仅是一名海军将领，还是一位卓越的外交家和政治家。为解决斯巴达发展海军的诸多障碍，莱山德在外交上作出努力，继续推动与波斯结盟。

其实，斯巴达和波斯都早已有与对方结盟的想法。斯巴达希望从波斯那里获得更多的帮助，以击败雅典。而波斯则希望通过与斯巴达结盟，重新夺取小亚细亚。

公元前430年，双方开始试探结盟。公元前412年，双发签署了一份盟约，但双方分歧较多，修改三次以后，双方仍不满意，最后结盟彻底流产。

莱山德上任后，则改变了思路，转而从个人关系入手，推动斯巴达与波斯结盟。莱山德的目标是波斯国王大流士二世的次子，也是他最喜欢的儿子小居鲁士。小居鲁士当时担任波斯驻小亚细亚军队的总司令，后来兼任当地总督。莱山德利用小居鲁士与原总督萨斐尼的矛盾，以谦逊的态度、耐心的说服，终于赢得了小居鲁士的友谊和支持，促成了波斯向斯巴达提供资金和军事援助的协议。小居鲁士本人甚至向莱山德保证，如果波斯官方给予的资

> 小居鲁士（左一）与莱山德（右二）

金不够，他还可以拿出自己私人的资金，甚至打碎自己的金银制成的宝座也在所不惜。

小居鲁士说出这样的话，当然有夸大之嫌，但波斯以及小居鲁士各有自己的考虑。从波斯的角度考虑，帮助斯巴达获胜，可以使其有机会恢复对小亚细亚地区的主权，使斯巴达最终臣服。对于作为波斯国王次子的小居鲁士，他希望将来在与哥哥争夺王位时，斯巴达及其盟国可以助他一臂之力。

在获得波斯的资金帮助后，莱山德提高了桨手的工资，此举不仅提升了斯巴达的士气，同时还可以吸引雅典的桨手到斯巴达军队中服役。毕竟，雅典的桨手并非全部都是雅典公民，有很多外邦人，他们在雅典海军服役完全是为了挣钱，斯巴达能够提供更具有竞争力的薪资，这些桨手当然愿意过来工作。没有足够桨手的雅典战船是无法在海上战斗的。这是莱山德削弱雅典海军的一个办法，虽然不知道究竟起到了多大的效果，就算一个雅典桨手都没有"跳槽"，也多少对他们的士气造成了打击。

此外，波斯的资金使得莱山德又获得了20艘新造的战船，加上之前搜罗来的70艘，莱山德手上已经有了90艘战船，可以与雅典海军进行一番较量了。而正是靠着这90艘战船，莱山德取得了他第一场海战的胜利。

首胜诺提昂

斯巴达与波斯结盟后，雅典人着急了。有了波斯的资金支持，斯巴达的舰队超越雅典只是时间问题。陆军方面，雅典本就不如斯巴达，如果再在海上失去优势，雅典将彻底战败。于是，雅典方面开始计划新的战役，以期一次将莱山德建立的舰队全歼，继续维持雅典海上霸权，将已经向斯巴达倾斜的天平恢复平衡。

为彻底歼灭斯巴达舰队，同时切断斯巴达与盟邦的航运联系，雅典将诺提昂作为战役地点。

这次海战，莱山德拥有90艘战船，阿尔基比亚德则率领80艘战船，斯巴达一方有优势，但并不大。但这次雅典人犯了致命的错误。阿尔基比亚在得知特拉叙布鲁斯进攻弗凯亚后，竟然将指挥权交给了一个叫安条库斯的领航员然后去找特拉叙布鲁斯了。尽管在临走前，阿尔基比亚反复叮嘱安条库斯不要主动进攻莱山德，但后来战局的发展证明，安条库斯显然没有听从他的要求。

虽然雅典舰队比斯巴达舰队少10艘战船，但在雅典拥有更丰富海战经验，多次击败"伯罗奔尼撒联盟"舰队，拥有心理优势的情况下，这10艘的兵力差距几乎可以说无关紧要。如果安条库斯听从阿尔基比亚的命令，雅典舰队起码可以自保。不过，作为领航员的安条库斯可能从未握有如此大的权力，显然想趁着阿尔基比亚不在，做出一番事业来。安条库斯带领两艘战船引诱斯巴达舰队出战，试图将一批斯巴达战船吸引到己方控制海域实施围歼。

乍一看，安条库斯的战术也是有模有样，看来在雅典名将身边待久了，多少也学到了一些东西。但莱山德是何等人物？从社会底层一步一步爬到海军司令的位置，这样的人必定有不凡之处。安条库斯放出诱饵后，莱山德确实上钩了，率领部分战船进行跟踪。但莱山德发现雅典战船越来越多，便意识到安条库斯是在施诱敌之计，便命令所有斯巴达战船加入阵型之中，接下来双方舰队发生了交战。这一次雅典人吃了大亏，斯巴达舰队虽然是被引诱的"大鱼"，却阵型严整。雅典舰队下了诱饵想钓鱼，却发现扑上来的是一条鲨鱼，再加上安条库斯本就不是专业的海军指挥人员，雅典舰队准备不充分，被莱山德击败。斯巴达舰队击沉7艘雅典战船，俘获15艘。安条库斯建功立业的梦想也破灭了，在海战中阵亡，其余雅典战船仓皇逃窜。

不得不说，雅典人给了莱山德赢得胜利的机会。阿尔基比亚德不愧是名将，知道以当时雅典舰队的实力，自保有余而攻取不足。如果是他本人亲自指挥，或许能够找到以少胜多战胜莱山德的办法，但在自己离开的情况下，属下未必有这样的能力。但不知是过于自信、轻敌，还是昏了头脑，阿尔基比亚德没有将指挥权交给副手，或者交给可靠的战船船长，却给了一个领航员，酿成了之后的惨败。

敌人的失误归失误，要想取得胜利，莱山德必须有能力抓住机会。在诺提昂海战中，莱山德的首要策略就是拖时间。

或许是自己心里也没底，莱山德一直坚持不与雅典舰队主动交战。时间拖得越久，斯巴达舰队的规模就越大。此时的斯巴达已今非昔比，得到波斯的支援后，可以建造更多的战船，而雅典舰队的规模却很难扩大。同时，雅典面临的处境十分困难，维持一支舰队与斯巴达舰队对峙，短时间内不成问题，但拖延下去绝对承受不了。而阿尔基比亚德离开舰队，虽然具有一定的偶然性，但如果莱山德没有耐心，在阿尔基比亚仍在舰队时与之交战，结局可能就是另外一种情况。

此外，斯巴达舰队纪律性的提高，也是一大保证。在获得波斯援助后，莱山德可以提高斯巴达舰队桨手、战士的薪资待遇，这大大提振了士气，加强了他对部队的约束和节制。在之前，斯巴达与雅典的海战中，斯巴达不仅吃亏在缺乏海战经验上，在纪律性上也不如雅典，经常吃队形不够严整、纪律松散的亏，被雅典人利用而反败为胜。实战中，斯巴达多次在占有兵力优势的情况下败在雅典人手中，纪律性差，无法有效贯彻指挥员的命令是一大因素。

莱山德不仅重视战船的建造，也重视舰队上下的纪律性。诺提昂海战中，雅典舰队在安条库斯阵亡后迅速崩溃，反倒是斯巴达舰队保持着严整的阵容。他们贯彻莱山德的命令，在胜利唾手可得之时，也没有擅自脱离阵型追击敌人。

诺提昂海战使得雅典受到重创，在资金本就匮乏的情况下，损失22艘战船带来的影响要比以往大得多。阿尔基比亚德失去了雅典民众的信任被放逐。虽然客观来说，阿尔基比亚德离开雅典使其失去了一位重要的海军指挥官，但这完全是他本人咎由自取。

这一战对于斯巴达而言则更为重要。在海上被雅典人打压了几十年后，斯巴达人获得了宝贵的自信，意识到雅典人并非不可战胜，这一意义远远超出诺提昂海战本身。由于海战取得胜利，莱山德本人的权势和威望也大大高涨。但根据斯巴达的法律，已完成任期的他必须卸任，而莱山德并不想急流勇退。

重新掌权的莱山德

莱山德的继任者为卡利克拉提达，这是一位也很有能力的海军将领，而且在品德方面比莱山德高尚得多。为何如此说，那是因为莱山德为了重新掌握海军，做出了很多不地道的事情。莱山德不仅组织人手造谣中伤卡利克拉提达，还利用与小居鲁士的个人关系，将军费返还波斯。卡利克拉提达接任后即面临经费不足的问题。虽然他也派人去小居鲁士处请求拨给新的援助，但小居鲁士只认人，不认国家，拒绝了卡利克拉提达的请求。为个人权势置国家于不顾，将军费退还波斯，看来莱山德并不是那么的热爱斯巴达。

卡利克拉提达后来在阿吉努塞海战中阵亡。这是继萨拉米湾海战后，雅典与斯巴达之间爆发的最大规模的海战，双方共投入了275艘战船，其中雅典155艘，斯巴达120艘。斯巴达战船数量少于雅典，很可能就是受限于经费的不足。这一战，雅典以25艘的代价击沉了斯巴达70艘战船，一转诺提昂海战之后的颓势。

虽然这一场海战，雅典胜而斯巴达败，但对两个城邦的影响却是截然相反的。阿尔基比亚德斯被放逐后，雅典选出十将军指挥作战。战后，由于风暴的问题，雅典舰队无法援救落水战友，也无法收敛阵亡战友的尸体。这一情况被雅典激进民主派所利用，他们煽动民意，处死了十将军中的6位，其他4位也逃跑。不用斯巴达动手，雅典人自毁长城，干掉了整个指挥层。

阿吉努塞海战斯巴达的失利，特别是卡利克拉提达的阵亡是莱山德最乐见的结果。在部队、民众和贵族的呼吁下，斯巴达政府最终同意莱山德回到海军，法律问题也好解决，让莱山德担任舰队副将，主将阿拉库斯对其言听计从，所以莱山德仍是斯巴达舰队实际的指挥者。

但是莱山德的好朋友小居鲁士此时却因冲动杀死两位表兄，被其父召回波斯。临行前小居鲁士将大笔资金和自己的城市贡金都给了莱山德，并嘱咐莱山德在他回来之前，不要与雅典舰队海战，他会从其他地方带来更多的战船。虽然小居鲁士支持莱山德和斯巴达有其私心，但也对当时的情况有着较好的把握。虽然斯巴达舰队在莱山德的领导下取得了诺提昂海战的胜利，但相比海军积淀深厚的雅典来说仍有不足，况且还有阿吉努塞海战的失利影响。但莱山德并没有受此影响，羊河战役中斯巴达舰队的表现证明小居鲁士是多虑了。

> 羊河战役想象图

关键决战——羊河战役

得到小居鲁士的新一笔资金后,莱山德开始整军备战,通过搜集、修理和新造,集结了一支有150艘战船的舰队。莱山德率领这支舰队,开始引诱雅典派出舰队。

斯巴达舰队从罗德岛启航,攻占了兰普萨库斯。这是莱山德为引诱雅典舰队出战的战略策略。兰普萨库斯物产丰饶,是重要的粮食产地。攻占此地后将切断雅典的粮食供应,而雅典此时正在闹饥荒,必将派出舰队恢复粮食供应。果不其然,雅典虽然有很大的困难,但还是组织了180艘战船,前来收复兰普萨库斯。毕竟民以食为天,如果不恢复粮食供应,雅典爆发内乱只是时间问题,况且大敌当前。

雅典舰队抵达羊河口后,每天来向斯巴达舰队挑战,但莱山德始终"高挂免战牌",不派舰队与之交战,重演其"拖"字诀,一连四天就是不出战。吃过莱山德"拖字诀"亏的阿尔基比亚德斯急忙赶到雅典舰队,劝说指挥舰队的六将军将舰队移驻塞斯图斯，那里虽然不方便雅典舰队出击，但可以给部队提供可靠的后勤保障。当时的作家还有另外一种记载，阿尔基比亚德斯希望六将军将指挥权给他，可以满足两个条件：其一，迫使莱山德出战，其二，获得色雷斯国王的帮助与敌人进行陆战。但六将军从一己私利出发，担心若战胜后名声都归阿尔基比亚德斯，若战败自己也脱不了干系，拒绝了阿尔基比亚德斯的所有提议。

在连续挑战4天未果的情况下，六将军中的腓洛克利斯将军在第5天率领30艘战船继续前来引诱斯巴达舰队出战。就在这一次雅典舰队上下以为莱山德还不会出战时，莱山德突然出现了，一下子让他们措手不及。雅典舰队中的很多桨手、士兵并不在战船上，整个舰队也未对敌方舰队突然出现做好应对准备。莱山德率领以逸待劳4天的斯巴达舰队杀将过去，在未损失一艘战船的情况下，歼灭雅典舰队171艘战船，只有9艘战船逃走。

雅典海军的精华在这次海战中几乎全军覆没，雅典再没有强大的军事力量来保护自身安全，盟友也纷纷离开。接下来，莱山德通过封锁、围攻，最终迫使雅典人投降，斯巴达赢得了伯罗奔尼撒战争的最终胜利。羊河战役成为结束伯罗奔尼撒战争的关键，此后双方的外交活动和战事基本无关大局，斯巴达已经锁定了胜局。

成也莱山德，败也莱山德

莱山德虽然出身低微，甚至在血统上都有可能不是斯巴达人，但却帮助斯巴达赢得了希腊的争霸战争，但斯巴达最后的没落其实也与莱山德及其赢得胜利有关。

低微的出身，艰难的上升之路，使得莱山德对人性有着充分的了解和认识。如果不经疾苦，莱山德很难说能够取得后来的功绩。莱山德能够与小居鲁士结交，种种阿谀奉承、曲意逢迎的招数，肯定是在此前的经历中摸索、积累得到的。在战争期间，莱山德也多次利用雅典的饥荒来诱使雅典舰队出战，从雅典内部削弱其稳定性，促进内乱的发生。这一点表明莱山德抓住了雅典内部局势的核心问题，虽然不是战胜雅典的直接因素，但雅典舰队在作战中出现的种种问题，背后都有这一问题的影响。

莱山德可贵的耐心，可谓是他指挥中的一大亮点。无论是战胜阿尔基比亚德斯，还是几乎全歼雅典舰队，莱山德都靠着耐心而获得最佳的机会，一鼓作气取得胜利。在双方实力差距不大，且雅典海上作战经验更为丰富的情况下，如果是面对面的交战，斯巴达人未必能占到便宜。莱山德则另辟蹊径，以奇计取胜。通过拖延时间，消耗敌人，使敌人松懈，等待敌人犯错的那一刻。其实，以当时双方的实力和兵员素质，只要斯巴达人不犯错，雅典人也几乎没有机会能够取胜。如果雅典人犯了错，斯巴达人只要正确贯彻统帅的命令，胜利并不是难以取得的。莱山德的耐心也可能与其早年的经历有关。低微的出身并不能给他提供什么，机会虽然要靠自己争取，但有时也需要耐心地等待。

莱山德是一位卓越的海军将领，但也是一位出色的外交家。斯巴达之所以能够彻底摧毁雅典人引以为傲近一个世纪的海军，不断增加的战船数量和优质兵员是最基础的原因，而这都离不开波斯的援助。莱山德就任海军最高指挥官后，并不只是单纯地看待与雅典的海上战斗，而是看到了斯巴达一直在海军方面落后的根本原因，并将眼光放到了希腊之外。

> 修昔底德所著《伯罗奔尼撒战争史》详细记录了这场战争，图为该书1世纪手稿

在雅典和斯巴达都已因战争即将"油尽灯枯"之时，莱山德意识到一直想要涉足希腊事务的波斯是决定争霸结局的关键。当时的波斯，领土广阔、财力雄厚、局势稳定，只要获得波斯的帮助，那么赢得胜利只是时间问题。虽然波斯的实力在之后会对希腊构成威胁，但对于当时的斯巴达，赢

得与雅典的战争才是最重要的问题。莱山德不仅对外交战略有着出色的把握，在具体的外交工作中也表现卓越。小居鲁士之所以只认莱山德，不认斯巴达，与莱山德的具体争取说服工作是分不开的。

但莱山德也是之后斯巴达衰落的一个因素。莱山德虽然帮助斯巴达赢得了战争胜利，但其主要目的是为了满足自己的权力欲望，借助战争的胜利积累权势、声望，最终建立属于自己的统治。战后，莱山德多次采取欺骗、阴谋活动，试图争取斯巴达王位，但都没有成功，所有的阴谋也在他死后败露。斯巴达因为莱山德的胜利，一跃成为希腊的霸主，但莱山德的欺骗性外交损害了斯巴达的声誉、其霸权主义思想被后来的国王继承，更是导致希腊诸城邦不满。最为致命的是大量金银战利品的输入，改变了斯巴达的经济结构，进而使得社会风气发生变化，斯巴达人不再像以前那样艰苦朴素，反而追求奢华，斯巴达的军队也受到波及。这些变化与其他因素结合，最终导致了斯巴达的没落。

04 "海盗巅峰"
德雷克与格拉沃利讷海战

海盗与海军似乎是海洋史上的一对冤家,兵与匪势不两立。经典奇幻冒险电影《加勒比海盗》中,就屡次出现英国皇家海军与海盗搏杀的情节。但历史上也有成功转型为"官军"的海盗,还获得了骑士称号。而后来与海盗势不两立的英国皇家海军其发展历程中也有很多海盗的身影。这些成功转型的海盗中,最为知名的就是弗朗西斯·德雷克。

出身贫寒的奴隶贩子

1540年,弗朗西斯·德雷克出生在英国塔维斯托克,出身新教自耕农家庭,是12个孩子的老大。由于家境贫寒,德雷克未成年就被送到一艘小帆船上当学徒,借此初次认识了海洋。1561年,帆船主去世前将小帆船赠给了德

> 德雷克画像

雷克，可见当时的德雷克虽然年纪不大，但必有不同凡响之处。

时势造英雄，当时国际力量的对比给德雷克的发迹提供了机会。

当时的英国还不是后来的日不落帝国，西班牙是世界性强国，在航海大发现时代，西班牙控制了大量的殖民地。之后，西班牙通过王位继承的方式兼并了葡萄牙，更是几乎将当时人类已知的、可供开发的殖民地控制在自己手中，一时风头无两。

英国狭小的本土显然无法提供足够的资源和市场，但已知的土地都已掌握在西班牙手中。在这样的情况下，英国王室注意到海盗是一种可与西班牙这样的早期殖民国家斗争的力量。西班牙通过海运将原料、产品、金银等运回本土，海盗在海上抢劫运回英国后，可转化为资本促进英国的发展，这对于当时缺乏殖民地的英国来说，几乎是零成本的买卖。既不用费心费力经营殖民地，组织生产，也不必建立庞大的军队来维持殖民地、交通线的安全。在海上直接"截胡"西班牙的财富，除了冒生命危险，其他的代价几乎为零。

当时英国的情况也促进了海盗的出现和发展。当时的英国经济落后，人民生活贫困，天主教迫害新教徒，这些因素使得当时很多穷人特别是新教徒以当海盗谋生。时间一长，当海盗甚至成了荣耀的事业。

属于新教徒的伊丽莎白一世女王继承王位后，决定利用海盗来为英国的发展提供原始资本，同时借此抵抗西班牙、法国等天主教国家的侵略，维护英国的新教徒政权。伊丽莎白一世女王通过赞助、入股等方式，暗中鼓励海盗的活动，海盗抢来的西班牙财富按比例分给女王。这些财富不仅让一批海盗和王室富有了起来，也促进了英国的经济发展。

不过，德雷克一开始并不是海盗，但他最初的事业也并非什么正经行业，而是奴隶贸易。当时奴隶贸易被视作正经行业，奴隶贩子从英国本土出发带着一些廉价产品和武器来到非洲，在非洲绑架、购买黑人奴隶，然后贩卖到美洲的西班牙殖民地做劳动力，再带着贩奴而得的金银回国，由于航线呈三角形，所以也被称为"三角贸易"。不过，西班牙只让自己国家的商人从事这种贸易，英国为了将黑奴卖出去，往往采取走私的形式，自然招来西班牙的打击。

德雷克的远房舅舅（一说远房表兄）约翰·霍金斯是英国最早从事奴隶贩卖者之一，德雷克在听说霍金斯的奴隶贸易收益丰厚后，立即卖掉自己的小帆船，参加霍金斯的贩奴贸易。1566年11月9日，德雷克第一次随霍金斯出海贩奴。1567年，霍金斯开始独立指挥一艘50吨名为"朱迪恩"的小贩奴船。

如果一切顺利的话，德雷克也许会成为一名成功的贩奴商人，继承约翰·霍金斯的事业，但历史的发展将德雷克推上了另一条发展轨迹。

断人财路如杀人父母

就在德雷克的贩奴事业蒸蒸日上之时，西班牙人切断了德雷克的财路。1568年9月，霍金斯和德雷克的贩奴船队遭到西班牙舰队的突袭，数艘船只沉没于今天墨西哥的韦拉克鲁斯，史称圣胡安战役。

虽然西班牙在美洲从事的也是非正义的殖民活动，但客观来说，霍金斯和德雷克的贩奴活动属于走私活动，损害了西班牙的经济利益，西班牙派出舰队予以打击天经地义。但英国和德雷克本人却不那么认为，英西关系急剧恶化，第二年英国扣押了数艘向荷兰运送军饷和资金的西班牙宝藏船。对于德雷克本人而言，幼年时天主教对新教徒的迫害，就使得他对西班牙毫无好感，如今西班牙的突袭，导致他的投资打了水漂，断人财路如杀人父母，德雷克本人自此对西班牙仇恨满满，直至生命结束都一直与西班牙为敌。

为了弥补损失，报复西班牙，霍金斯和德雷克加强了针对西班牙珍宝船队的私掠活动。伊丽莎白一世女王也有加强对西班牙私掠活动的需求，所以很快颁发给德雷克私掠许可证，德雷克对西班牙殖民地展开了骚扰活动，不断拦截掠夺西班牙的珍宝船队。

完成环球航行

德雷克似乎天生擅长私掠，1572年至1574年，德雷克率领70名手下在巴拿马地峡附近活动，那里是西班牙的珍宝存放地。德雷克带队抄山间小路抢劫了西班牙的运输队，夺得两万多磅的金银财宝运回英国，一跃成为民族英雄。西班牙指责德雷克的海盗行径，但德雷克则宣称自己得到了英国女王的许可，英国女王则打哈哈，毕竟女王殿下也是从中得到分红的。

此后，德雷克将事业的重心完全放到了私掠上，毕竟这一方面能够打击自己讨厌的西班牙人，另一方面也能让自己获得巨大的财富。而就在私掠的发展道路上，德雷克完成了环球航行，而且是第一个从始至终指挥船队完成环球航行的指挥官。

在巴拿马成功抢劫之后，伊丽莎白一世女王派遣德雷克前往太平洋，袭击西班牙美洲殖民地的太平洋沿岸地区。1577年11月15日，德雷克率领舰队出发，但因遇到恶劣天气造成船只损坏，不得不返回进行维修。

12月13日，德雷克率领5艘私掠船和164名手下再度出发，航行途中德雷克的船队扩大到6艘，他们在非洲海岸俘虏了一艘葡萄牙商船，该船船长也入伙，只是不知是被动还是主动的，这位船长十分熟悉南美海域的水文情况。这其实也是海盗、私掠活动的一个缩影，常常通过俘获船只，强行拉其船员入伙等方式扩大自身实力。毕竟，海盗属于高风险职业，没有海军体系化的后勤、人员培养体制，这样的做法简单有效。

1578年，在度过漫长的冬季后，德雷克率领3艘私掠船通过了麦哲伦海峡。数周后，德雷克船队进入了太平洋，但风暴使其失去了1艘船，另一艘船也不得不返回英国本土进行维修，只剩下德雷克的旗舰"鹈鹕"号。"鹈鹕"号继续往南行驶，发现了今天的伊丽莎白岛，证明了麦哲伦海峡以南并不是与南极连在一起的半岛，而是存在另一个更大的海峡，这个海峡后来被称为德雷克海峡。

德雷克海峡

德雷克率领"鹈鹕"号进入太平洋后，开始了对西班牙珍宝船队及太平洋沿岸的骚扰和抢劫活动。在利马附近，德雷克抢劫了西班牙的珍宝船队，获得了大批黄金，以今天币值计算的话，约为700万英镑。此后，德雷克还抢到了36千克黄金、26吨银，以及其他宝石等贵重物品。

> 德雷克海峡

此后，德雷克一路北上，来到了今天的加利福尼亚沿海地区，在那里找到了一处天然良港，进行人员休整，对船只进行维修。虽然德雷克在航行途中不是没杀害过土著居民，在这里却与当地土著保持着良好的关系。这处港口的位置一直对西班牙人保密，1698年记录该港口具体位置的地图在大火中烧毁。此后，人们经过研究，确认这处港口就是今天加利福尼亚的德雷克湾。

离开美洲后，德雷克船队借助信风穿过太平洋来到了西太平洋地区，穿过好望角，于1580年7月22日到达塞拉利昂。1580年9月26日，"金鹿"号（由"鹈鹕"号改名而来）带着德雷克和幸存的59名船员回到了普利茅斯港。根据入股比例，伊丽莎白一世女王获得了德雷克此行抢来财富的一半，比女王之前一年的收入都要多。

根据女王的命令，德雷克此行的所有收入账目都被列入机密，参与者也都三缄其口，目的就是为了不让西班牙注意到德雷克的此次行动。

1581年4月4日，伊丽莎白一世女王登上"金鹿"号，授予德雷克骑士称号，德雷克可谓是获得了海盗巅峰地位。此后，德雷克还担任了普利茅斯市的市长，多次当选英国议会议员。

奇袭加的斯港

随着英西关系的不断恶化，西班牙决定组织一支庞大的舰队入侵英国，将信奉新教的伊丽莎白一世女王赶下台，换上一位天主教信徒的英国国王。就在西班牙准备入侵期间，德雷克发起了一系列奇袭活动，打乱了西班牙的准备工作。

1587年，德雷克率舰队出发，出发前德雷克说："我想烧一烧西班牙国王的大胡子！"此行，德雷克舰队先是进攻了西班牙的两个主要港口加的斯港和科伦纳，摧毁了37艘战舰和商船。由于英国海军当时已经装备了加农炮和长炮，西班牙海军仍在坚持落后的接舷战，所以战斗几乎是一边倒的，英国舰队毫发未损地撤出了战斗。

在接下里的几个月里，德雷克舰队在伊比利亚沿海、里斯本和圣文森特角之间的海域中游猎，不断袭击西班牙船队，破坏西班牙的补给线。

一系列袭击活动，使得西班牙对英国的入侵不得不延后一年，也使得英国获得了一年的备战时间。最为重要的是，西班牙德高望重、经验丰富的海军老将圣克鲁斯侯爵等不起这一年的拖延，在西班牙舰队出击前去世，使得西班牙海军在各方面都受到了打击，间接导致了西班牙之后的战败。

格拉沃利讷海战

1588年，重整旗鼓的西班牙派出入侵英国的庞大舰队，史称"无敌舰队"，该舰队西班牙语的意思为"伟大而幸运的舰队"。当时的西班牙国力强盛，远非英国所能相比，如果无法抵挡"无敌舰队"的入侵，英国将有灭国的危险，新教政权也将被天主教政权所取代，到时就不仅仅是投资打水漂么简单了，新教徒们面临的是生命危险。为此，英国上下同仇敌忾，迅速组织防御。

西班牙的"无敌舰队"拥有20艘大型盖伦船,这是一种英国造船家发明的船只,为适应远洋航行特别是大西洋上的海洋环境,降低船只的艏艉楼高度,以方形船艉代替圆形船艉,舰型狭长,航速较快,能够在逆风中保持较好的操控性能,适应远距离炮战的需求。德雷克奇袭加的斯港就表现出盖伦船的优异性能,"无敌舰队"的盖伦船则是通过兼并葡萄牙后获得的。西班牙最大的盖伦船上有50门重型火炮。再加上40艘武装商船和其他船只,"无敌舰队"共有130艘船只,1100门火炮。

而英国海军的实力却极为羸弱,只有34艘战舰,其中18艘超过300吨。幸好在伊丽莎白一世女王多年的支持下,英国海军虽然没几条像样的战舰,但民间却不乏有着丰富经验的海盗、武装商船队。这些人长期在海上历练,反倒比正规海军更富有战斗力。这帮海盗虽然平时干着杀人越货的勾当,但心里也清楚,只有在新教徒伊丽莎白一世女王的统治下他们才能自由地在海上抢掠财富、发家致富,如果换做西班牙扶植上台的天主教国王,他们的好日子将不复存在。"藏海军于民"的英国在西班牙入侵的威胁下,迅速组织起一支拥有197艘舰船的舰队,共有2000门火炮。

作为当时英国最为成功的海盗,按说德雷克应该担任这支基本上由海盗组成的海军的司令。虽然德雷克又是市长,又是国会议员,支持海盗也是当时英国的基本国策,但毕竟还是上不了台面。加之海盗多为贪财之辈,毫无道德可言,所以伊丽莎白一世女王还是任命海军大臣霍华德作为舰队总司令,而德雷克则担任副司令。

在决定性的格拉沃利讷海战前,英国舰队对进入英吉利海峡的西班牙"无敌舰队"进行了跟踪。德雷克捕获了1艘西班牙运宝船,这艘船是为正在低地国家执行任务的西班牙军队运送军饷的,要知道当时的军队并非现在的国家军队,士兵很多是为钱当兵的,没有军饷将影响西班牙对低地国家的镇压,多多少少能够牵制西班牙的入侵。

7月29日晚,德雷克在风向、潮汐流向都有利于英国舰队的时刻,发起火攻,这一战术导致西班牙"无敌舰队"的阵型发生混乱,迫使其驶往开阔海域,而这将有利于英国战舰具有射程优势的火炮发挥威力。

第二天,英国舰队与"无敌舰队"展开正面厮杀。英国舰队一分为二,

> 击败西班牙"无敌舰队",使英国获得巨大的利益

总司令霍华德率领一半兵力前去争夺搁浅在加莱海岸的西班牙战舰"圣洛伦佐"号,双方在这艘战舰上展开了激烈的白刃战,英国舰队一度占领该舰。德雷克则率领另一半兵力与"无敌舰队"的"圣马丁"号等5艘大型战舰进行战斗。

客观地说,格拉沃利讷海战英国舰队并未取得辉煌的胜利,却迫使"无敌舰队"向北航行,在那里暴风雨天气最终摧垮了"无敌舰队"。这也许是英国上下没有想到的结局,因为在迫使"无敌舰队"北上后,霍华德还率队跟踪"无敌舰队"直到苏格兰"前河口湾",以防其在英格兰北部地区登陆。

这一战的意义对英国来说十分重大。长期在海上对西班牙进行骚扰、劫掠的海盗们发现,他们在正规海战中也是能与西班牙舰队抗衡的。而毁灭"无敌舰队"的暴风雨,被双方视为是上帝支持英国新教改革的标志,毕竟是"天意难违"。

德雷克的战鼓

1588年8月,伊丽莎白一世女王得知"无敌舰队"残存的50余艘战舰回到了西班牙比斯开湾的桑坦德和圣塞瓦斯蒂安,如果将这些残存战舰摧毁的话,西班牙舰队将很难恢复元气。为此,伊丽莎白一世女王命令德雷克等人率领舰队出击。女王为舰队此次行动定下了两个根本任务：

一是彻底摧毁西班牙舰队。

二是占领亚速群岛中的一些岛屿，切断西班牙珍宝船队航线，使西班牙失去资金和原料来重建"无敌舰队"。

伊丽莎白一世女王对此次行动有着清晰的认识，也是从国家发展大战略的角度定下这些目标的。但此次行动的组织方式却非常"经济化"，采用股份制的形式，由女王、贵族、海盗等分别出资，获得收益后按比例分红。这当然与英国国力较弱有较大的关系，国家拿不出足够的资金来维持大规模海军突袭行动。这为此次行动埋下了隐患，德雷克的事业也将受到打击。

舰队一出航，各个舰长们就开始不再服从司令的指挥。为了获得更多的钱财，他们并未执行女王的命令首先摧毁西班牙战舰，而是先到靠近里斯本的克鲁那进行劫掠，浪费了两周时间，同时擅自决定围攻里斯本。本来毫无防备的西班牙得到了警报，组织起防守，围攻里斯本的计划受挫，部分船只受损，人员减员严重，英国舰队不得不返回。此次行动损失惨重，女王负担了60%的损失。也许是因为让自己赔上了大笔金钱，也许是因为没有贯彻其指示，或是两者兼而有之，此次行动后，女王逐渐对德雷克冷淡起来，曾经炙手可热的德雷克逐渐失去了女王的宠信。

1596年1月，德雷克因患痢疾在巴拿马附近海域去世。死前，德雷克要求手下给他穿上他的铠甲，并要求他们把他的战鼓带回英国。他说，如果有一天英国面临危险时，敲响这面战鼓，他的灵魂就会回到英国保护他的祖国。手下将德雷克海葬于诺布尔德迪埃斯湾，24年前德雷克正是在这里抢到2万多磅金银财宝，一举成名。

虽然是名海盗，但德雷克给英美等国留下了非常深的文化印记，至今在英国、美国和加拿大，都有很多地名、建筑和学校以其命名。

德雷克出身自贫寒的新教徒家庭，未成年就出海历练、从事奴隶走私、私掠的经历，使他在海战中不畏强敌，也能够打破常规，以各种妙计争取作战主动权。当然，德雷克也有其局限性，毕竟是出身于海盗，"一切向钱看"，在战略思维上有弱点，在道德上也存在污点。但在西班牙入侵，大敌当前的情况下，德雷克勇于承担重任，最终在天时地利人和的帮助下打败兵力远胜自己的"无敌舰队",保证了英国的独立和新教政权,也不愧英国人视之为民族英雄。在此后,英国争取海上霸权的过程中,英国海军也多少继承了德雷克的无畏冒险精神。

05 单舰战英军
约翰·保罗·琼斯在英国海域的海上游击战

美国曾是英国的殖民地，北美13个殖民地独立后形成了今天美国的主体。美国与英国有着紧密的关系，其新中国早期的一些政界、军界人士甚至就出生在英国，却以脱离英国殖民统治，建立独立国家为己任。早期的美国海军中，就有这么一位出生自英国，却极度反对英国殖民统治的海军将领——约翰·保罗·琼斯。此人被称为"美国海军之父"，在美国海军服役后，还曾在沙皇俄国海军中任职，虽是"三姓家奴"，却难以掩盖他的传奇故事。

出生于苏格兰

约翰·保罗·琼斯本名叫约翰·保罗，1747年出生于苏格兰西南部沿海地区，其父是一名园丁。13岁时，约翰·保罗开始了他的航海事业，他的哥哥此时已经结婚并定居于弗吉尼亚，那里常常成为年轻的约翰·保罗的目的地。

随着年龄的增长，经验的积累，约翰·保罗的事业逐渐有了起色，先后在多艘商船和奴隶运输船上任职，先后担任三副、二副等职位。按照正常的发展顺序，约翰·保罗将继续升任大副，直至成为独当一面的船长，但约翰的事业之路注定不凡。1768年，约翰·保罗任职的一艘商船，船长和大副都因黄热病死亡，已成为船上最高领导者的约翰·保罗将商船安全带回了港口，船主十分满意，任命他为船长并将船上货物的10%分给了他。

> 约翰·保罗·琼斯的画像

但好景不长，约翰·保罗的事业相继遇到困难。先是因为船员死亡而下狱，虽然这名船员的死亡与黄热病有关，但传言称是因约翰·保罗虐待而死。虽然后来被释放，却对他的声誉造成影响。很快，约翰·保罗又因用剑杀死几名船员而受到指控，虽然约翰坚称船员反叛，杀死船员是为了自卫，但毫无效果。约翰·保罗索性逃往弗吉尼亚，改名约翰·保罗·琼斯。约翰·保罗·琼斯一直对北美殖民地的独立运动和思想大为推崇，在英国通缉他的情况下，索性彻底反了，加入了大陆军海军，与英国为敌。

开启反英生涯

约翰·保罗·琼斯于1775年加入大陆军海军，也就是现在美国海军的前身。当时，由于海军和海军陆战队都处于初创阶段，所以急需约翰这样有经验的船长，即使他没有海军服役经历。约翰最先在大陆军海军的"阿尔弗雷德"号上服役，这是一艘有着24门火炮的护卫舰。

虽然约翰·保罗·琼斯是个英国人，但却死心塌地地投身于美国人民的独立事业之中。1777年6月14日，约翰·保罗·琼斯担任美国海军"突击者"号的舰长。"突击者"号只是一艘排水量318.5吨的单桅战舰，但这艘平平无奇的战舰，却有着一项殊荣，那就是第一艘悬挂星条旗的美国战舰，而约翰·保罗·琼斯个人也非常重视这一天，表示自己与星条旗同一天诞生，开始新的事业。

担任"突击者"号的舰长后，约翰·保罗·琼斯的第一个任务是前往法国，将萨拉托加战役胜利的消息通报给当时美国驻法大使本杰明·富兰克林，但是另一艘美国战舰已经提前将该消息告诉了富兰克林。虽然任务被抢了先，但富兰克林的指令令约翰非常高兴，富兰克林允许他按自己的判断，在不违反战争法的前提下，给美国的敌人以最有力的打击。法国国王路易十六也对约翰·保罗·琼斯十分赏识，划拨两艘战舰供他指挥。约翰·保罗·琼斯的法国之旅可谓是不虚此行，不仅获得了自主行事的许可，还一下子从战舰舰长变成了一支有着3艘战舰的小舰队的司令。约翰·保罗·琼斯计划在回国途中，先去对英国本土发起奇袭，争取出乎意料的胜利。然而，这一系列奇袭却让约翰·保罗·琼斯很没面子。

没面子的奇袭

1778年，约翰·保罗·琼斯离开法国，开始对英国沿海地区的袭击。2月14日，"突击者"号在海上偶遇法国舰队，双方互鸣礼炮致敬，这是约翰和他的"突击者"获得的另一个第一——第一艘与其他国家战舰互鸣礼炮的美国战舰，这是法国承认美国独立地位的一种表现，8天前，法国与美国正式缔结条约，正式承认美国独立。

4月10日，约翰·保罗·琼斯到达英国海岸附近，开始了骚扰、袭击行动。起初，约翰的行动还算顺利，击沉了两艘英国船只，俘虏了两艘英国船只。但约翰并不满足，而是准备对英国沿海地区进行袭击，一处是英格兰北部的怀特哈文港，这是他长大的地方，另一处是苏格兰的圣·玛丽岛。

虽然"生于斯，长于斯"，约翰对怀特哈文港的袭击倒也一点不客气，他先是和舰员们找到一家酒吧喝了一晚上酒，然后由一名爱尔兰船员挨家挨户通知当地居民他们将要发动袭击，约翰则率领其他舰员纵火焚烧港内停泊的渔船，却被一场倾盆大雨浇灭。约翰·保罗·琼斯对怀特哈文港的袭击，于情于理都有说不过去的地方。于情，这里是约翰长大的地方，肯定有很多儿时伙伴还生活在这里，虽然已经发出了警告，但烧毁平民赖以为生的渔船，颇有些不光彩。于理，怀特哈文港只是一个小渔港，只是因约翰熟悉此处航道情况才被选作袭击地点，对于英国海军的实力并不会起到任何影响。

"突击者"号的军医就评价约翰的此次袭击："烧毁穷人的财产并不能获得什么！"不过，约翰的袭击在政治上有一定影响，英国公众对于海军不能保护本国港口十分不满，政府感到尴尬，英国海军则受到舆论的抨击。

接下来，约翰·保罗·琼斯对苏格兰的圣玛丽岛进行了袭击。约翰此次袭击的目的是为了绑架当地的一位贵族塞尔扣克伯爵，以伯爵来交换英国手中的美国战俘。但约翰肯定没有做好战前的情报搜集工作。塞尔扣克伯爵当时并未在家，而且伯爵是一位支持美国独立的人士，曾撰文赞赏美国宪法的公正和自由，绑架伯爵简直就是在帮倒忙，反倒容易陷美国于不利地位。况且，塞尔扣克并不是英国有着重要地位和巨大影响力的贵族，英国政府显然不会为他做什么交易。当时，只有怀孕的伯爵夫人在家里，约翰没有欺负妇孺，放过了伯爵夫人和肚子里的孩子。不过，"突击者"号的舰员则没有那么高风亮节，他们偷走了伯爵的银盘。这个银盘后来在法国被出售，约翰买了下来，并在战争结束后还给了塞尔扣克伯爵，显然是觉得自己的行为没有绅士风度，且约束部下不力。

约翰·保罗·琼斯对英国沿海地区的奇袭，起到的效果微乎其微，而且行动本身就有些不光彩，几乎就是海盗行为，这一点就连"突击者"号的大副托马斯·辛普森也承认。辛普森认为，整个奇袭行动过程中舰员的表现不像军人，反倒更像海盗。

在偷走塞尔扣克伯爵的银盘后，"突击者"于次日，也就是1778年4月24日穿越了爱尔兰北部的海峡，与英国前来追击的"德雷克"号战舰遭遇。在遭遇前，"突击者"号俘获了一艘救生船，得到了"德雷克"追击而来的情报。遭遇后，两舰经过一个小时的战斗决出了胜负，"德雷克"号的舰长阵亡，约翰·保罗·琼斯俘获了该舰。由于约翰命令大副托马斯·辛普森指挥"德雷克"号返航，而自己则继续指挥"突击者"号寻找下一个目标，两人之间出现矛盾，约翰将辛普森关押在舰上。后来在约翰·亚当斯的影响下，辛普森才被释放。

不管怎样，"突击者"号击败并俘获"德雷克"号，仍是美国海军在独立战争期间取得的少有的胜利，成为美国海军精神的一大重要象征。

"18世纪最艰苦的海战"

回到法国后不久,约翰·保罗·琼斯转任"好人理查"号的舰长,这是一艘排水量900吨的战舰,有42门火炮,但整体情况并不乐观。42门火炮中的部分火炮实际上已经不能使用,这艘战舰也并非正经战舰,早年是东印度公司的一艘商船,多次来过中国。舰上的380名舰员中也只有60多名美国人,其他来自包括英国内的8个国家,真可谓是来自五湖四海,真正的国际联军。除了能够指挥另一艘更大的战舰外,约翰·保罗·琼斯还成为了一支包括"好人理查"号在内的有7艘舰船的舰队司令,另有4艘战舰和两艘私掠船。

刚刚离港没几天,1艘私掠船就因与约翰和船长闹矛盾离开了舰队。1779年9月23日,约翰率领的舰队在试图拦截一支英国大型商船队时,遭遇护航的英国皇家海军"塞拉比斯"号和"斯卡伯勒女伯爵"号两艘战舰,这两艘战舰分别有50门和22门火炮。

> 描绘"18世纪最艰苦海战"的画作

在遭遇前，约翰舰队的私掠船早已离开去夺取战利品，两艘法国战舰中，一艘迷航，另一艘舵柄折断。法国人皮尔·兰第伊思指挥的美国军舰则一直神出鬼没，他此前曾致信约翰，表示他将在"他认为恰当的地点和时机行动"，潜台词就是约翰管不了他，他想干什么就干什么。所以在遭遇英国战舰时，约翰的舰队只剩下"好人理查"号，修复好舵柄赶上来的法国战舰"巴拉斯"号和1艘小型海防舰"复仇者"号，相比英国两艘新锐的战列舰，实在没有优势，但约翰仍指挥发起了进攻。

"复仇者"由于实力过于羸弱，约翰或许是怕它上阵就被灭掉，所以命令"复仇者"号留在英舰射程之外。约翰本想将英国战舰与商船队分开，但被"塞拉比斯"号的舰长理查德·皮尔逊上校识破。"好人理查"号与"塞拉比斯"号，"巴拉斯"号与"斯卡伯勒女伯爵"号展开捉对厮杀，海战正式打响。

由于"巴特斯"号比"斯卡伯勒女伯爵"号更强大，所以这两者之间的对决很快结束，"巴特斯"号俘获了"斯卡巴勒女伯爵"号，海战的胜负将由约翰·保罗·琼斯指挥的"好人理查"号和理查德·皮尔逊指挥的"塞拉比斯"号的对决结果决定。

此时，太阳已经落山，"好人理查"号和"塞拉比斯"号平行同向行驶，展开了炮战。不过，在第一轮齐射时，"好人理查"就有两门火炮炸膛，这使约翰的处境极为被动，"塞拉比斯"号不仅火炮数量多，而且状态也要更好。在这样的情况下，约翰决定采取接舷战的战术，通过跳帮战俘获"塞拉比斯"号。但接舷战也不是想打就打的，"好人理查"号改装自老旧商船，机动性、舰体坚固程度等方面都不如"塞拉比斯"号。约翰指挥"好人理查"号试图撞击"塞拉比斯"号的舰艉，这个位置"塞拉比斯"号不能充分发挥其火力，但"好人理查"号仍被英国战舰的炮火逼退。而就在调整行驶方向时，两舰的索具缠在了一起，"好人理查"号的舰艏指向"塞拉比斯"号的舰舯。这样的相对位置，使得"塞拉比斯"号可以从容发扬舷侧火力，而"好人理查"号的火炮则无法进行瞄准射击。

在己方占优的情况下，理查德·皮尔逊向约翰喊道："你的船搁浅了吗？"约翰则回答道："我还没有开始战斗呢！"这句话后来成为美国的一

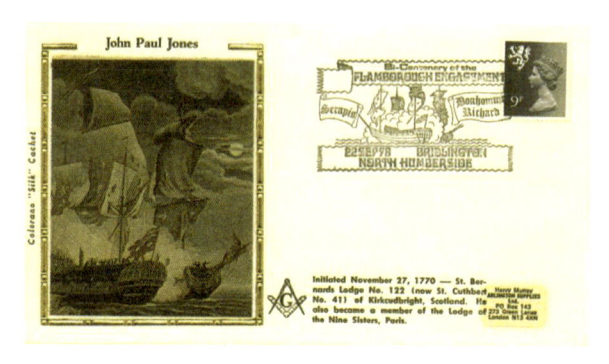

> 18世纪最艰苦海战纪念封

句名言。

在风力的帮助下，两舰终于分开，继续进行炮战，在调整相对位置时，"塞拉比斯"号的舰艏撞上了"好人理查"号的舰艉，索具又一次缠在了一起，而这正是约翰求之不得的，约翰甚至亲自跳下舰桥，抓住英舰的索具将两舰进一步捆绑在一起。接下来的战斗中，两舰的火炮几乎是在炮口对炮口的情况下进行对射，"好人理查"号的火炮几乎全部被打哑，只剩下3门9磅炮还可以使用。

这样纠缠的状况，是理查德·皮尔森不愿看到的，因为这样使"塞拉比斯"号无法发挥占据优势的火力，而这对约翰和"好人理查"号则是有利的。虽然"塞拉比斯"号的火炮打得"好人理查"毫无招架之力，但"好人理查"号上的水手则用步枪封锁了"塞拉比斯"号的甲板舱面，使其人员无法暴露在外面活动。在这样的情况下，如果"神出鬼没"的"兰第伊思"号可以出现的话，战局走向就立刻能够明晰起来。"兰第伊思"号确实出现了，但只是围着纠缠在一起的美英两舰绕圈，三次齐射打中的都是"好人理查"号。

从日落打到夜深，"好人理查"号和"塞拉比斯"号的状况都不太好。"好人理查"号的炮手大多阵亡，战舰多处起火，舱内的海水有2米多深。"塞拉比斯"号的炮手也有很多已经战死，运到炮位的弹药由于没有足够的炮手发射出去，在炮位边越积越多。22时左右，"好人理查"号的一名水手不偏不倚把手榴弹扔进了"塞拉比斯"号的弹药堆中并将其引爆，当场炸死

20多人。约翰乘机组织炮手，借助微弱的月光用仅有的9磅炮集中轰击"塞拉比斯"号的主桅。约半个小时后，"塞拉比斯"号的主桅断掉，失去了动力和机动性，"塞拉比斯"号败局已定。

理查德·皮尔森亲手撤下"塞拉比斯"号的舰旗，向约翰·保罗·琼斯投降。双方舰员控制住两舰的火势后，理查德·皮尔森登上"好人理查"号与约翰见面，两人惺惺相惜还喝了一杯。

虽然约翰·保罗·琼斯和"好人理查"赢得了这次海战的胜利，但"好人理查"号的状况却比"塞拉比斯"号糟糕得多，已经撑不了太久，约翰只得将指挥部和舰旗转移到"塞拉比斯"号上。虽然舰员尽力抢救，但"好人理查"号最终还是沉没了。约翰·保罗·琼斯则指挥"塞拉比斯"号，带着战俘最终到达了中立国家荷兰。

客死他乡

这场海战胜利给约翰·保罗·琼斯带来了巨大声誉，法国国王路易十六给他颁发勋章和金柄宝剑，当时约翰只有32岁。然而，这场胜利是约翰·保罗·琼斯事业的顶峰，此后他的海军事业逐渐走下坡路。在得到美国海军一个明升暗降的任命后，约翰·保罗·琼斯选择了离开，被叶卡捷琳娜二世雇佣加入沙皇俄国海军，参加了对奥斯曼土耳其帝国的海上战斗。不过，由于约翰无法容人的性格，在沙皇俄国海军中，不仅俄国军官不喜欢他，被雇佣的前英国海军军官也讨厌他，甚至扬言，只要约翰出现的场合自己就不会出现。但叶卡捷琳娜二世女王却非常支持约翰，命令那些不想见到约翰的前英国海军军官离开沙皇俄国。虽然有女王的宠信，但约翰树敌太多，还是被讨厌他的人陷害。

有人指控约翰·保罗·琼斯涉嫌强奸一名12岁女孩。据俄罗斯官方的调查和约翰本人的供述，这是子虚乌有的事情，反倒是那名给约翰洗衣的12岁女孩在进入约翰的房间后行为不轨。事后看，这显然是有人给约翰设的局。虽然约翰最后获得了清白，但俄国是待不下去了，约翰来到了巴黎寓居。1792年7月18日，是约翰的45岁生日，他被发现死于家中，死因是黄疸病和肾

> 约翰·保罗·琼斯的棺木

炎，而几天后华盛顿任命其担任美国驻阿尔及尔总领事的委任状也送到了。约翰·保罗·琼斯被葬在一处法国王室墓地，法国大革命后，墓地失去管理。1905年，美国方面派人找到了约翰·保罗·琼斯的棺材，并将其运回美国安葬。

约翰·保罗·琼斯虽然所指挥的战斗不多，而且有很多次并不光彩也并未取得重大胜利，但打赢18世纪最艰苦的海战，就无愧于海军史上著名舰长的头衔。约翰指挥作战不仅勇猛强悍，不畏强敌，而且有着极强的耐心，与有着优势的"塞拉比斯"号鏖战数个小时，就可以看出其性格的坚韧。

至今，约翰·保罗·琼斯仍是美国海军的精神象征，他勇猛的战斗作风和精神，至今备受美国海军推崇，至20世纪90年代，已经有4艘美国军舰以他的名字命名。不过，在约翰去世后的很长一

> "约翰·保罗·琼斯"号驱逐舰

段时间,他并没有成为美国海军的精神象征,因为无论是在敌人还是朋友眼中,约翰的行为都与海盗相差无几,被称为"海盗琼斯",直到后来有人写了一本以他为原型的小说《领航人》,约翰·保罗·琼斯才被逐渐树立为美国海军的精神象征。

"英格兰期望每个人尽到他的责任"
纳尔逊与特拉法加海战

在世界海战史上，总有些家喻户晓、耳熟能详的人物，英国的纳尔逊就是其中一位，他因在特拉法加海战中抢占"T"字头的战术而著称于世。纳尔逊不仅是出色的海军战术大师，而且因为他的无畏勇气成为英国皇家海军的精神象征，至今仍产生着巨大影响。

特立独行的童年

纳尔逊出生在英国诺福克郡的一个牧师家庭，母亲出身贵族世家。父母生有11个孩子，但只有8个长大成人，纳尔逊排行第八。纳尔逊9岁时，他的母亲不幸离世。纳尔逊在皇家海军中担任舰长的舅父莫雷·萨克林上校决定抚养纳尔逊兄弟姊妹中的一人。

纳尔逊12岁时，在报纸上看到舅父担任一艘64门炮战舰舰长的新闻，便央求哥哥威廉给父亲写信，表示自己想随舅父到海军服役。俗话说，知子莫如父。纳尔逊的父亲对这个儿子的性格十分了解，曾评价道，纳尔逊不论是在哪个位置上，他都要向上爬。只要是他做得到，他终会有一天，要爬上树梢的顶点上去。虽然父亲给舅父写了信，但舅父并没有看上纳尔逊。在回信中，舅父表示不知道这个外甥想干什么，竟然想过这种与风浪搏斗的生活，搞不好在第一次战斗中就会被炮弹打掉脑袋。虽然有顾虑，但舅父还是答应让纳尔逊来到海军。

舅父的顾虑并非没有道理，当时的纳尔逊并不是一名合格海军士兵的苗子，他身材矮小瘦弱，还染上了当时流行的疟疾。不过，纳尔逊还是开始了他的海军之路。

> 纳尔逊画像

虽然在体格上不太符合海军战风斗浪的要求，但纳尔逊在性格上倒颇具海军那种冒险精神。在纳尔逊的传记中记录了两个他童年时期的故事。

一日，纳尔逊随牧童去找鸟巢，途中迷路。家人发现他晚餐时还未归家，怕他被吉普赛人拐走，便外出寻找。如果纳尔逊当时被吉普赛人拐走，不仅英国皇家海军将失去他们的精神象征，人类海战史上也将失去一位英雄人物。最后家人在一条无法通过的小溪旁边找到了纳尔逊，当时他安静、沉着地坐在溪边。纳尔逊的奶奶惊慌未定，看到孙子问他："孩子，难道饥饿和恐惧都不会使你想到要回家吗？"小纳尔逊回答道："奶奶，什么是恐惧呢？我一直都没有看到过。"

另一则故事则是纳尔逊偷梨。在纳尔逊和哥哥威廉所在学校校长的庭院里，种植着一棵梨树，学校里的学生都认为梨树上的梨应该属于他们，但没人敢去摘。一天晚上，纳尔逊从寝室窗口沿窗而下，爬上梨树把梨摘下来分给所有同学，自己则一个没吃。

这两则故事出现在《纳尔逊传》中，行为颇有些演绎戏说的感觉。不过，即使真实事件与记载有所出入，也能看出坚定、无畏、服务精神是纳尔逊自小就有的品格，也影响了他之后在海军的发展之路。

12岁开始的海军生涯

1770年的冬天，纳尔逊的父亲送他到伦敦，在那里纳尔逊搭乘驿车前往查顿去找他的舅父。到达查顿后，对海军事务一窍不通的纳尔逊不知道如何找到他的舅父便登上了一艘战舰。好在一位军官认识纳尔逊的舅父，把他带到家里安排了一顿饭给他吃。第二天，纳尔逊登上了舅父担任舰长的战舰，但舅父恰巧也不在舰上，也没有人替他通报，他就蹲在炮塔旁看水兵们忙碌。也许是身材太矮小，第二天才有人发现他，带他去见了舅父。

在服役期间，舅父还送他到一艘商船上历练，学习了很多知识，之后，被舅父派去管理查顿港的小艇队，这段经历使他对泰晤士河口的水文情况十分熟悉。

纳尔逊加入皇家海军两年后，也就是他14岁时，英国政府组织探险队前往北极。本来这件事与纳尔逊无缘，因为探险队成员必须是成年人。纳尔逊多次央求舅父帮忙，最后得到了探险队两艘探险船其一的船长掌舵手一职。

探险队深入到北极圈十度以内，进行了很多有价值的观察。但探险队被冰冻困住了，堆积的冰块甚至比探险船的桅杆还高。

虽然没有生命危险，但似乎是因为被困的生活太过单调，纳尔逊和一位同伴在一个有浓雾的夜里溜下探险船去猎取北极熊。14岁，也就是现在小孩中考的年纪，仅仅是去往冰天雪地的北极就已经很了不起了，还敢去捕猎北极熊，这要是放在现在，恐怕是想都不敢想的"业余活动"。

破晓时，船长得知纳尔逊两人夜间出去捕猎北极熊，极为担心他们的安全。因他们两个还是孩子，船长也是为人父母者，担心两个孩子的安全也是正常的。

探险船在船长的命令下发出信号，要求两人立即返回，同伴也劝纳尔逊回去。但纳尔逊坚持不走。由于北极熊属于猛兽，两人弹药用完也未将北极熊杀死。这样的情况下，很多人也许就选择撤回探险船了。但纳尔逊却抢起步枪与北极熊肉搏，一边打还大喊："不要紧，让我用枪柄打击并捉住它。"由于天已大亮，浓雾也已散去，探险船上的人们可以清楚的看到这两人与北极熊的战斗，船长立即命令开炮。炮声一响，北极熊吓跑了。纳尔逊回到探险船，船长责问为何擅自离船。纳尔逊回答道："先生，我想杀死一只熊，拿熊皮送给父亲。"

从北极探险回来后，纳尔逊在舅父的介绍下，先到炮舰上任上等兵，远航东印度。不久，纳尔逊因表现优异升级为见习生。因为不适应印度气候，纳尔逊病倒了，因病变得很消极，但还是挺了过来。之后，纳尔逊升为代理尉官。

1777年4月8日，纳尔逊参加尉官晋级考试。当时纳尔逊的舅父萨克林上校已经成为英国海军部的主计长，也是考试主考官之一。但萨克林并没有给纳尔逊开后门，纳尔逊通过考核后，萨克林才向其他主考官介绍他与纳尔逊的关系。其他主考官问萨克林为何不在一开始就公开他与纳尔逊的关系，萨克林表示，不希望年轻人占便宜，而且纳尔逊一定能够考上的，他一向很诚实。

勇敢、耿直，体恤下属的指挥官

获得晋级后，纳尔逊先后担任二副、大副，并升为上尉。1778年12月，纳尔逊成为"白吉尔"号的舰长，独立指挥战舰作战。1779年6月，不满21岁的纳尔逊已经升至上校军衔，是同辈之中最早获得上校军衔的军官。

纳尔逊性格中虽然有坚强的一面，但也有铁骨柔情的一面。在加拿大驻防期间，纳尔逊指挥战舰截获了1艘帆船，在得知帆船上的货物是船主一生积蓄所换，一家老小全仰仗这笔生意生活时，纳尔逊心生怜悯，雇佣船主为前往波士顿的引水员。到达波士顿后，纳尔逊将船主释放，在返还其帆船的同时还额外赠送其一批礼品。此外，纳尔逊还给船主开具了一份证明，至今仍保存在波士顿历史博物馆中。

对于后辈，纳尔逊也多有提携之举。在担任"朔风"号巡航舰舰长时，舰上有30多名见习生。纳尔逊常常亲自爬到桅杆顶端，温和地劝说那些不敢爬桅杆的见习生上来。每天，纳尔逊都亲自监督、指导见习生的学习、工作。同时，纳尔逊也为这些见习生的未来发展做了考虑，每次参加总督举行的宴会时,纳尔逊都会带上一名见习生,帮助他们结交上层人士。纳尔逊曾经对总督说:"总督阁下,请原谅我带来一个学生,这已经成为我的惯例了。每次我都尽量介绍他们晋见我的好友,因为在海上,除我之外他们很少有机会看到上层人士。"

法国大革命爆发后,英国皇家海军与法国海军爆发海战。1795年3月13日,英国舰队追踪法国舰队,发现其"沙依拉"号因意外失去主桅杆,航速无法跟上舰队而落单。但当时英国舰队距"沙依拉"号还很远,只有纳尔逊指挥的"阿伽门农"号能够追上"沙依拉"号。

虽然"阿伽门农"号拥有航速优势,但在火力上却落后很多。"阿伽门农"号只有64门火炮,"沙依拉"号则有84门火炮,此外还有两艘法舰保护着"沙依拉"号,分别拥有120门和74门火炮。

在己方劣势极大的情况下,纳尔逊并未退缩,反而勇敢追赶"沙依拉"号。在接近"沙依拉"号舰艉时,纳尔逊指挥"阿伽门农"号突然右转,左舷的全部火炮集中射击"沙依拉"号舰艉。然后,"阿伽门农"号紧接着左转,右舷火炮齐射"沙依拉"号舰艉。"阿伽门农"号在纳尔逊的指挥下,以这样的战术轰击"沙依拉"号两个小时,将其彻底击毁。由于"阿伽门农"号始终处于"沙依拉"号的舰艉方向,其两舷火炮无法射击,"阿伽门农"号则通过灵活的转向充分发扬了火力。在两艘护航法舰赶来救援时,"阿伽门农"号调头返回英国舰队阵内。

击毁"沙依拉"号后,本来具有兵力优势的法国舰队在战舰数量上与英国舰队持平,后续战斗中,法国舰队投降。

如果说童年时的纳尔逊和加入海军后的纳尔逊处处表现出勇敢、无畏甚至有些匹夫之勇的话,那么击毁"沙依拉"号则表现出纳尔逊也是位有头脑的海军将领,勇气之外也有智谋。

在1797年2月14日的圣文森特角海战中,纳尔逊更是有神勇表现。海战中,英军舰队将西班牙舰队截为两段,已成为舰队指挥官的纳尔逊指挥旗舰"船长"号处于英军舰队殿后位置。纳尔逊在发现西班牙舰队企图脱离战场时,直接指挥"船长"号转向拦截,与西班牙舰队中的6艘战舰混战,这6艘敌舰中有3艘是火炮数量超过100门的大型战舰,其余3艘每艘也都超过70门火炮，而"船长"号只有74门火炮。

在这样的情况下，"船长"号自然陷入苦战之中，好在友舰也赶来支援，分担了一部分压力。一番混战后，"船长"号失去了前桅杆，船舵也损坏，无一帆一缆可用，在这样的情况下，纳尔逊仍旧指挥"船长"号抢夺西班牙舰队的"圣尼古拉斯"号。"船长"号接近"圣尼古拉斯"号舰艉后，火力横扫其后舱面，用横桅钩将两舰连接在一起。正当"船长"号舰长米勒上尉拔出指挥刀准备率队登舰时，纳尔逊拦住他说："这荣誉必须属于我。"说罢，纳尔逊身先士卒第一个冲上"圣尼古拉斯"号，将该船夺下。而纳尔逊的夺舰作战还只是进行了一半。紧接着，他又率队登上了西班牙舰队的"圣何塞"号，一边战斗还一边大喊："不成功便成仁！"最终夺下"圣何塞"号。这次海战中，"船长"号的伤亡人数占英国舰队的1/4，可见战斗之惨烈。

在当年夏季的腾涅利菲之战中，纳尔逊乘坐的小艇在夜间与西班牙炮艇相遇。敌方有30多人，而纳尔逊的小艇上只有十几个人。即使在这样的劣势中，纳尔逊仍然率领部属，将西班牙炮艇抢了过来，还杀死艇上18名西班牙水兵，战斗作风甚是强悍。

> 纳尔逊雕像

特拉法加海战

1805年10月21日，纳尔逊率领英国舰队在西班牙加的斯港外的特拉法加海角与法西联合舰队遭遇，打响了他最著名也是其人生中最后一场海战。

当月9日，纳尔逊曾给舰队副司令柯林伍德写过一封关于作战的信件，其中总结了后世称之为"纳尔逊战法"的详细作战方略，即给予部下随机应变、独断专行的权力。将军和舰长们在战斗中的目标，应是接近敌人、实施决战，即使没有得到信号、看不清信号，也要尽量将战舰靠近敌舰，这样做总不会错的。

19日上午9时30分，巡逻舰传回消息，法西联合舰队出港。

下午2时，巡逻舰传回法西联合舰队出现在海上的消息。

21日拂晓，法西联合舰队出现在纳尔逊的旗舰"胜利"号前12海里处，编成作战队形向南航行。法西联合舰队有战列舰33艘，大型巡航舰7艘，搭载步枪手4000人。英国舰队则有战列舰27艘，巡航舰7艘。虽然兵力不占优势，但对于长期以来都能以少胜多。从不因兵力处于劣势而胆怯的纳尔逊来说，这并不是什么问题，战斗还是会打响的。

> 特拉法加海战的油画

10月21日对纳尔逊来说是个很有意义的日子。他的舅父萨克林上校曾在很多年前的同一天，率领3艘战列舰战胜了法国的4艘战列舰和3艘巡航舰，纳尔逊也希望这一天成为他的纪念日。

清晨，纳尔逊身着常礼服、左胸佩戴4枚勋章出现在舱面上，但他忘记佩戴指挥刀，这是他海军生涯中第一次也是最后一次忘带指挥刀。

按照作战计划，英国舰队分为两个纵队，右翼纵队由柯林伍德率领，旗舰为"皇家主权"号，共有13艘战舰，另有2艘战舰后来从纳尔逊指挥的左翼纵队划拨过来。纳尔逊指挥左翼纵队，旗舰为"胜利"号，有12艘战舰。

在与法西联合舰队交战前，"胜利"号升起信号旗，信号为：英国期望人人尽其职责。其他战舰纷纷升起信号旗作出答复,整支舰队士气高昂。

11时50分,七八艘敌舰从"胜利"号前方驶过,英舰火炮试射进行测距。随着法西联合舰队进入英国战舰的火炮射程内,纳尔逊命令巡逻舰向各战列舰传达迅速接近敌人展开战斗的命令。

右翼纵队旗舰"皇家主权"号因为刚从英国本土整修归来,航速是英国舰队中最快的,所以"皇家主权"号最先冲入法西联合舰队之中。纳尔逊看到"皇家主权"号冲入敌阵,从敌舰"圣安娜"号后方通过,高兴地叫道:"你看,柯林伍德的作战多么漂亮!"

特拉法加海战的第一炮是法西联合舰队打响的,炮弹射向"胜利"号,穿主帆而过,在这之后,双方的炮战全面展开。

缠斗中的双方战舰

战斗打响后,"胜利"号就出现伤亡,秘书司各特阵亡。战斗期间,一枚炮弹在纳尔逊和"胜利"号舰长哈代中间爆炸,破片撕掉了哈代的衣服纽扣,擦伤了其脚面。毫发未损的纳尔逊还开玩笑:"哈代,这滋味真不好受。"

> 正在缠斗的双方战舰

12时4分，"胜利"号开火，由于敌舰阵型密集，必须冲击其中一艘敌舰才能穿越而过，哈代便请示纳尔逊冲击哪艘敌舰，纳尔逊则回答，随便选择一艘吧。"胜利"号随后向敌舰"可畏"号冲去，与此同时，"鲁莽"号也向"可畏"号靠近，另一艘敌舰则向"鲁莽"号靠近，4艘战列舰纠缠在了一起。

"胜利"号则降低上层和中层炮甲板的火炮射角，以减装药发射，向敌舰射击，避免因装药过多击穿敌舰后击中"鲁莽"号。"胜利"号的右舷舰炮则不断向西班牙巨舰"至圣三位一体"号射击。

下午1时15分，"可畏"号后桅杆上的狙击手一枪击中正在"胜利"号后舱面指挥作战的纳尔逊。子弹击穿纳尔逊的左肩章，穿入其胸部。为了不影响士兵们的士气，纳尔逊用毛巾挡住自己的脸和身上的勋章。在下舱治疗时，发现绳梯断掉后，纳尔逊还从容下令更换新的绳梯。

军医检查伤势后，认为无法抢救，纳尔逊也自知生还无望，但仍然非常冷静，命令军医无需照顾他，去治疗其他伤员，他只提出喝柠檬水和纸扇扇凉的要求。听到舱面上士兵们的欢呼声，纳尔逊眉眼间也展露喜色。弥留期间，纳尔逊还多次向哈代询问战况，并在取得胜利的情况下命令哈代传递信号给各舰，要求它们下锚停船。

下午4时30分，受伤3小时15分钟后，纳尔逊与世长辞，享年47岁。死前，纳尔逊要求哈代不要海葬他，要将他的尸体带回英国。据说，在回国途中，纳尔逊的尸体被泡入朗姆酒酒桶以防腐，所以朗姆酒在英国海军中也被称为"纳尔逊之血"。安葬前更换下来的旧棺木，被"胜利"号上的水兵分成小块作为纪念，覆盖棺木的国旗也被扶棺的水兵分成小块珍藏。由此可见纳尔逊其人对英国皇家海军基层官兵的影响甚至到了迷信的程度。

特拉法加海战中，法西联合舰队损失22艘战舰，11艘逃跑，伤亡1万4千人以上。英国舰队则阵亡1587人。经此一役，英国不仅将拿破仑封死在海峡另一侧，还奠定了英国百余年海上霸权的基础。

坚毅性格、灵活果决之战术成就一代海军名将

在纳尔逊47年的人生中，一大特点就是勇敢坚毅，这也正是成就其功绩

> 以纳尔逊命名的"纳尔逊"号战列舰

的一大原因。在瞬息万变的战场上，能够迅速决策并实施是极为重要的，纳尔逊指挥的历次海战全都是迅速完成决策马上实施的，从不给敌人以喘息的机会，在敌人还没有反应过来时，就已完成主要的战术动作，占据了主动。

这种性格虽然使得纳尔逊也有着独断专行的一面，但纳尔逊的独断是为了争取胜利，从来不是为了个人得失，这就使得他在独断专行时，往往能够打破僵局，把握住整个战局的关键，也使得纳尔逊在战斗中勇往直前，多次以少胜多，即使身陷重围也毫不慌张，反倒多次取胜。

在战略和战术上，纳尔逊颇有建树，其在指挥中贯穿的一条主线就是将敌方舰队消灭于海上，奉行后世所谓的"舰队歼灭主义"。无论是在大洋之中寻找敌舰歼敌，还是在交战时，纳尔逊都强调要搜寻敌人，迅速接近，然后彻底歼灭敌人，看似简单，但却十分有效。同时，在指挥中，纳尔逊也坚持集中、主动和机动的原则。以集中兵力、主动攻击、机动作战来弥补兵力劣势。海战并非陆战，广阔的海洋使海战有着极大的作战空间和灵活性，在这样的情况下，堂堂之阵常常无法取胜，反倒是机动灵活的一方能够获得胜利，古今中外的海战战例也证明了这一点。

07

俄黑海舰队成立后最体面的胜利
纳西莫夫与锡诺普海战

沙皇俄国海军的实战表现似乎总是不好，除了在跟奥斯曼土耳其这样的"老大帝国"交战时表现尚可外，很多时候在装备、战术等方面都落后于英国、法国等西欧国家，甚至到了近代，在日俄战争中还败给了后起的日本。但是，沙皇俄国毕竟是一个大国，还是打过一些记载于世界海战史上的经典战争，出现过有着很高水平的海军将领的，其中纳西莫夫海军上将和他指挥的锡诺普海战就是典型，而纳西莫夫海军上将在克里米亚战争中塞瓦斯托波尔要塞的防御作战中，也表现出极高的素养。

后起之秀

纳西莫夫海军上将全名为帕维尔·斯捷潘诺维奇·纳希莫夫，出生于斯摩棱斯克省维亚济马县戈罗多克镇，16岁从海军武备学校毕业，进入波罗的海舰队服役。纳西莫夫的家世及早年在海军中的经历少有记载。纳西莫夫先是在"巡洋"号巡航舰上任值更官，然后调任"亚速"号战列舰火炮中队长，再任"纳瓦里诺"号轻巡航舰舰长，之后连续担任"智神"号巡航舰、"锡利斯特拉"号战列舰的舰长。在有了指挥多种级别战舰的经历后，纳西莫夫又担任了支队长、总队长和分舰队司令等一系列职务。

纳西莫夫在成名战锡诺普海战之前，几乎没有什么闪光点，参加的实战也有限，如纳瓦里诺海战、封锁达达尼尔海峡行动等，还参加过环球航行。不过，纳西莫夫治军严格，其在担任"锡利斯特拉"号战列舰舰长时，该舰勤务、训练等方面的成绩在黑海舰队名列前茅，舰队司令常常将该舰作为旗舰，并树立为整支舰队的榜样。

纳西莫夫早年的经历虽然平平淡淡，但担任的职务使其能够积累丰富的经验，为之后赢得胜利，成为海军名将打下了坚实的基础。

> 纳西莫夫的雕像

神出鬼没的纳西莫夫舰队

1853年10月20日，以沙皇俄国为一方，奥斯曼土耳其帝国、英国、法国和撒丁王国为另一方，为争夺巴尔干半岛的控制权，爆发了克里米亚战争。为了维持在高加索地区的战争，奥斯曼土耳其帝国需要将人员和物资从帝国核心地带君士坦丁堡通过海运运送到巴统，然后再分发到前线。这条重要海运航线对奥斯曼土耳其十分重要，而沙皇俄国也试图切断这条航线，切断高加索奥斯曼土耳其军队的生命线。

相比欧洲列强，奥斯曼土耳其帝国虽然是一个"老牌帝国"，但并非是一个上下昏聩，没有明白人的国家。他们也认识到君士坦丁堡-巴统航线的重要性，派出主力舰队在黑海活动，试图消灭俄罗斯黑海舰队。但在黑海上航行了十多天，奥斯曼土耳其帝国舰队也没有发现沙皇俄国战舰。考虑到风帆战舰航速较慢，奥斯曼土耳其方面认为沙皇俄国的舰队即使出海，对航线造成威胁也要耗费很多天的时间，索性将主力舰队重新撤回博斯普鲁斯海峡，留下由奥斯曼帕夏指挥的分舰队，继续在黑海活动。

奥斯曼土耳其帝国舰队的这一决定并非轻敌。沙皇俄国海军主要从英国购买蒸汽机作为主要动力，但随着沙皇俄国海军的发展影响了英国在黑海等海域的利益，英国从1820年起停止向沙皇俄国供应蒸汽机，沙皇俄国只得主要以风帆战舰作为主力战舰。虽然被英国"卡脖子"，但沙皇俄国海军还是逐渐壮大了起来，在1840年时是世界上人数最多的海军。

奥斯曼帕夏分舰队本计划继续航行，前往巴统运送增援部队和物资，但分舰队一离开锡诺普就遇上了恶劣天气，加之在航线附近发现了沙皇俄国战舰活动的迹象，奥斯曼帕夏分舰队又撤回了锡诺普。

锡诺普是黑海沿岸一个向东深入海洋的狭窄半岛，被称为锡诺普角。半岛南部的天然海湾深入内陆，形成一个天然良港，自古希腊时期就是重要的海军基地。海湾锚地沿岸建设了6座炮台共38门火炮，可为锚地中的舰队提供保护。

返回锡诺普锚地后，奥斯曼帕夏命令7艘巡航舰与3艘轻巡航舰在4、5、6号炮台之间停泊，与炮台互相掩护，能够发射密集火力。火力较弱的明轮巡航舰和运输船则随机停泊在湾内其他位置，与主力舰和炮台形成交叉火力，同时也能得到炮台和主力舰的火力掩护。奥斯曼帕夏的部署不可谓不严密，如果沙皇俄国海军想要攻入这一港口，必须组织庞大的舰队，同时还需在锡诺普侧翼实施两栖登陆攻击炮台，才有可能攻下这一港口。但偏偏沙皇俄国在黑海活动的战舰并不多。

奥斯曼帕夏之前离开锡诺普时发现的沙皇俄国战舰就是纳西莫夫指挥的一支分舰队，只有3艘三甲板战列舰。这样的兵力根本无法攻入锡诺普锚地，纳西莫夫心里也是清楚的，既然不能吃掉奥斯曼帕夏分舰队，在增援舰队到达前，纳西莫夫也必须以手头仅有的兵力将其堵死在锚地中。多年的海军生涯使得纳西莫夫积累了丰富的实战经验，纳西莫夫指挥3艘战列舰始终在奥斯曼帕夏分舰队的水天线附近活动，一方面既让奥斯曼帕夏分舰队忌惮沙皇俄国战舰不敢出航，另一方面又能让其搞不清纳西莫夫的具体兵力情况。沙皇俄国战舰既不攻进去，奥斯曼帕夏分舰队也不出港，双方就这样僵持了几天。

突袭锡诺普

11月17日，诺沃什斯基分舰队赶来与纳西莫夫指挥的3艘战列舰汇合。诺

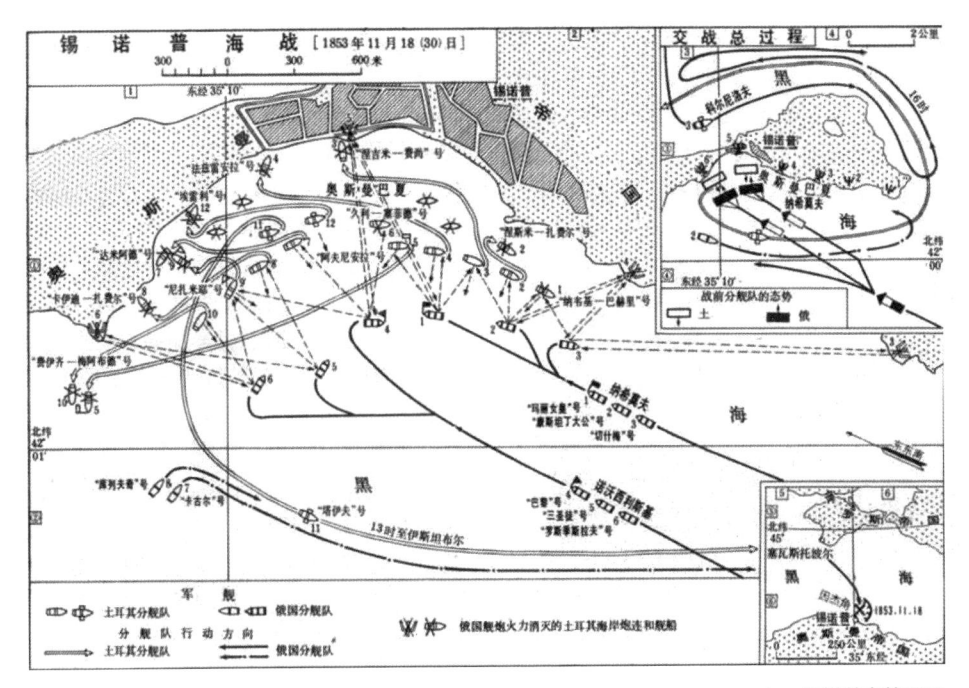

> 锡诺普海战要图

沃什斯基分舰队属于纳西莫夫分舰队，带来了3艘战列舰和2艘巡航舰，这样纳西莫夫手中就有了6艘战列舰。纳西莫夫明白，虽然兵力得到了加强，可与有岸炮掩护的奥斯曼帕夏分舰队一战，但胜利并不能唾手可得。纳西莫夫决定用计突袭锡诺普。

17日午夜，海面出现大雾。借助夜色和浓雾的掩护，纳西莫夫分舰队开始了对锡诺普的突袭。

锡诺普角深入海洋，整个半岛部署有奥斯曼土耳其帝国军队的哨岗，可为港口内的战舰和炮台提供预警。为了保证进攻的突然性，纳西莫夫指挥分舰队先向南绕过半岛进入海湾，然后沿海岸接近锚地，这样纳西莫夫分舰队的位置在东，锚地在中，半岛则在西，位于锚地的后面，对方无法提供预警。

18日中午，浓雾散去，纳西莫夫分舰队有两个纵队进入了锚地。此时的纳西莫夫分舰队战舰均悬挂英国国旗，使得锚地中的奥斯曼土耳其舰队和炮

> 锡诺普海战的油画

台放松了警惕,奥斯曼帕夏甚至开始做与英国海军人员进行会谈的准备。同时,自恃有半岛哨岗提供警戒预警,很多奥斯曼土耳其战舰上的水手都没有在舰上。

当纳西莫夫分舰队在距离奥斯曼帕夏分舰队战舰300米的位置下锚,火炮炮口窗口打开,火炮处于射击状态时,奥斯曼帕夏意识到不对劲了,立即命令分舰队备战。这时,纳西莫夫分舰队的战舰降下英国国旗,升起他们的海军旗——圣安德烈旗,一下子让土耳其人乱了方寸,大惊失色,锡诺普角上的岗哨仍未搞明白发生了什么。

虽然惊慌失措,但海战的第一炮却是奥斯曼土耳其的"阿夫尼安拉"号巡航舰打响的。土耳其战舰打出的是实心弹,击中了纳西莫夫的座舰"巴黎"号,却只是穿舰体而过,并未带来其他的伤害。纳西莫夫分舰队开始还击,打出的是爆炸球形弹,这种炮弹可在敌舰体内部爆炸,造成更大的伤害。爆炸球形弹并不是什么新型弹药,在陆战中早已应用,由于战舰在海上行驶并不稳定,能够爆炸的爆炸球形弹存放在舰上非常不安全,所以大部分国家的海军都禁止在轻型巡航舰及以上级别的战舰上装备这种弹药。由于纳西莫夫率先将这种弹药用于海战,所以也被称为"纳西莫夫爆炸弹"。

本应掩护奥斯曼帕夏分舰队的岸上炮台,并未发挥预想中的作用。战斗爆发后,战场上的烟雾挡住了5号和6号炮台的视线,使其无法发挥作用。更糟糕的是,一艘失去控制的奥斯曼土耳其轻型巡航舰又撞上了5号炮台前的海岸,浓烟使5号炮台彻底失去了作用。锚地东侧的炮台则找到机会集中射击"什切梅"号战列舰,给沙俄舰队带来了一定损失,但在纳西莫夫调整舰队位置后,东侧炮台也无法射击。在消灭掉奥斯曼帕夏分舰队后,纳西莫夫指挥舰队转而打击炮台,日落前,锡诺普锚地沿岸炮台,要么被摧毁,要么哑火。

虽然交战双方都使用木质战舰,但纳西莫夫使用爆炸球形弹证明,木质战舰已经不堪一击,海战将进入新的时代。

将星陨落塞瓦斯托波尔

虽然纳西莫夫指挥分舰队全歼奥斯曼帕夏分舰队和锡诺普锚地炮台,但沙皇尼古拉一世没有充分利用英法舰队未进入黑海、俄国仍掌握制海权的这段时间乘胜追击,反而无所作为。待英法的蒸汽动力战舰进入黑海后,沙皇俄国只能拱手让出黑海制海权,克里米亚半岛上的塞瓦斯托波尔要塞,成为交战双方争夺的重点,纳西莫夫也投入到塞瓦斯托波尔要塞的防御作战中。

克里米亚半岛深入黑海,半岛南端的塞瓦斯托波尔不仅是条件优越的港口,同时也是控制黑海制海权的重要据点。虽然在黑海的战斗中,沙皇俄国的黑海舰队不敌英国、法国和奥斯曼土耳其帝国的联合舰队,但只要塞瓦斯托波尔掌握在俄国人手中,联合舰队即使能够控制黑海,也是不稳定的。双方都认识到了这一地区的重要性。

在英、法、土联军发起进攻前,塞瓦斯托波尔并没有完善的防御工事。纳西莫夫起初虽然并不是要塞司令,但意识到塞瓦斯托波尔要塞重要性的他,一到达该地就开始了防御工事的建设工作。

对于塞瓦斯托波尔要塞的防御战斗，纳西莫夫并非单纯从陆地或海洋方向考虑，也并未拘泥于自己海军的身份，而是综合考虑了当时沙皇俄军陆海军的综合实力。虽然纳西莫夫率领分舰队在锡诺普海战中全歼了奥斯曼帕夏分舰队，彻底摧毁了其岸上防御工事，但此时的沙皇俄国海军并没有足够的实力与英、法、土联合舰队对抗。当时沙皇俄国黑海舰队只有19艘风帆战列舰、4艘风帆巡航舰和6艘蒸汽动力巡航舰及其他舰艇。英法土联合舰队则有34艘战列舰、55艘巡航舰，其中蒸汽动力战列舰4艘，蒸汽动力巡航舰50艘。可以说英、法、土舰队对沙皇俄国黑海舰队形成了压倒性的优势。所以，纳西莫夫并未孤注一掷与英法土舰队在海上一战，而是抓紧时间修建防御工事，将多艘战列舰和巡航舰自沉于港区北部入口处，封堵英法土联合舰队进入，将自沉战舰的火炮搬上陆地使用，将水兵组织成22个营投入陆地防御作战。在1854年10月17日塞瓦斯托波尔要塞防御战打响前，沙皇俄国守军已经修建了一整套纵深梯次防御体系，由三道防御工事和一个前进阵地组成，能够充分发挥守军岸炮和舰炮火力。

防御战打响后，双方陷入了旷日持久的围攻与反围攻和炮击作战之中。科尔尼科夫阵亡后，纳西莫夫接受塞瓦斯托波尔要塞防御作战的指挥工作。防御作战中，沙皇俄国水兵将战舰舰体倾斜以增大舰炮射角，并通过高地上的观察哨为火炮指示射击目视看不到的敌方目标。虽然防御作战很艰难，但在纳西莫夫的指挥下，塞瓦斯托波尔要塞仍处于俄军控制之下。守军还经常在夜间出动出击，对联军进行骚扰。1855年7月10日，纳西莫夫在视察阵地时受致命伤阵亡。此后接替他指挥的戈尔恰科夫在得到增援后，贸然组织进攻作战，不仅没有打退敌方包围，反而使俄军陷入被动。最终，1855年9月8日晚，塞瓦斯托波尔守军放弃阵地撤离，要塞沦陷，整个防御作战持续349天。

天妒英才

纳西莫夫阵亡后被追赠上将军衔，沙皇俄国苦心经营多年的黑海舰队也随他消逝，沙皇俄国的海军发展受到沉重打击。

纳西莫夫并未出身于什么显赫的家庭，在海军中的升迁也算是按照比较

> 后人以纳西莫夫之名命名的"纳西莫夫海军上将"号巡洋舰

正常的节奏进行，他比较显著的特点是抓训练和业务比较认真，而这一点对于正处于发展阶段的沙皇俄国海军来说是尤为重要的。

相比西欧国家，沙皇俄国在体制、经济、军事等各个方面其实都处于落后位置，那么其海军的建设，重点不在于有多少舰艇，而在于有多少堪比西欧国家海军的优秀海军人员，这样一批人才能够保证沙俄海军的正常发展。纳西莫夫在海军的生涯中，表现并不逊色于西欧国家海军的军官，在管理、指挥方面都非常严格，这对于以农奴制经济为基础的沙皇俄国来说是十分难得的。

从纳西莫夫的锡诺普海战和塞瓦斯托波尔要塞的防御作战中都可以看出，他积累了丰富的海上作战经验，既不冒进，也不胆怯，总是客观准确地判断敌我兵力对比情况，以此为作战决策的基础。锡诺普海战中，在增援舰队到达前，纳西莫夫始终不贸然靠近锡诺普锚地。在塞瓦斯托波尔要塞的防御作战中，纳西莫夫虽然是海军将领却客观理性地看待敌我舰队的实力对比，甚至不惜自沉战舰，为防御作战创造良好的基础。

纳西莫夫在指挥作战中也不乏聪明才智。在锡诺普海战前，纳西莫夫指挥舰队一直在锡诺普奥斯曼土耳其帝国分舰队的海天线附近活动，在不暴露自身兵力的前提下，将奥斯曼帕夏分舰队困在锡诺普锚地中，为增援舰队到来争取了时间。为了进入锚地，纳西莫夫指挥舰队避开锡诺普半岛上的哨岗，从南侧沿海岸深入锚地，使奥斯曼帕夏失去了预警。而在攻入锡诺普锚地时，为保证绝对优势，纳西莫夫则命令各舰挂上英国的旗帜来迷惑奥斯曼帕夏分舰队，占据有利的位置，以近战弥补战舰数量不足的问题。客观来讲，奥斯曼帕夏在锡诺普锚地的防御安排，不可谓不严密和科学，但纳西莫夫以灵活的战术，彻底粉碎了奥斯曼帕夏的安排。综合看纳西莫夫在锡诺普海战中的指挥，考虑到了每一个细节，完善了每一个作战步骤，筹划指挥十分细腻，无不以充分发挥己方优势，压制敌方优势为目的。

塞瓦斯托波尔要塞的防御作战中，纳西莫夫则表现出其果断坚决的一面。战舰对于海军官兵来说相当于生命，而纳西莫夫为了保证塞瓦斯托波尔的安全，甚至不惜自沉战舰，可见他在战略上有着清醒的认识，并不是为了眼前利益而不顾整体利益的指挥官，他有着极高的战略视角。虽然是海军军官，但纳西莫夫在陆战中表现不俗，先是以自沉军舰制造有利防御环境，同时将战舰上的火炮和人员组织投入到陆上作战之中，大大加强了塞瓦斯托波尔要塞的防御。在战斗打响前，极力推动防御工事的建设，为之后的防御作战打好了基础。在固守的同时，纳西莫夫也没有教条地依托防御工事，进行被动的防御，而是适时发起骚扰性攻击，消耗敌人。戈尔恰科夫在纳西莫夫阵亡后，贸然放弃防御工事的保护发起大规模进攻，显然不如纳西莫夫高明。塞瓦斯托波尔要塞在纳西莫夫阵亡后不久即被攻陷，也从侧面证明了纳西莫夫防御作战的正确性。他的阵亡无论是对于沙皇俄国在克里米亚战争的结局，还是沙皇俄国海军的发展都是一大打击。

08

鱼雷击沉军舰首个战例
马卡洛夫击沉土耳其战舰

沙皇俄国的落后体制，虽然是阻碍其海军发展的一大因素，使其长期落后于西欧等海军先进国家。但沙皇俄国毕竟是一个与西欧先进国家有着密切交流，有着较强国力和人口的国家，其海军建设中还是出现过一些卓越人物的，除了前面提到的纳西莫夫海军上将外，斯捷潘·奥西波维·马卡洛夫海军中将是他之后另一位著名沙皇俄国海军将领。

第一次使用鱼雷击沉军舰

马卡洛夫1849年出生于一个沙皇俄国海军家庭。1863年，马卡洛夫加入俄罗斯帝国海军，最初在太平洋舰队服役。由于父亲是海军军官，所以马卡洛夫自幼就对海军感兴趣，选择海军作为一生的事业。

1866年，马卡洛夫参加了从符拉迪沃斯托克经好望角达到喀朗斯塔克的远航。1867年，马卡洛夫进入波罗的海舰队服役，担任旗舰舰长。1876年，马卡洛夫转入黑海舰队服役。

也许是自幼就受到当海军的父亲的熏陶，马卡洛夫向往海洋，对研究海战抱有极大的热情。在军校学习期间，除课程外，马卡洛夫还大量阅读海洋、航海、造船等相关方面的书籍，这为他之后的发展打下了坚实的基础。

由于落后的农奴经济制度，沙皇俄国虽然有着强大的国力，但主要是得益于庞大的领土面积和人口，在质量上远落后于西欧国家。在海军方面，沙皇俄国在一些关键设备上还需要从国外购买。在人才培养上，虽然沙皇俄国也建立了一系列海军院校，培养了一批海军军官，但农奴制使其无法获得大量以国家公民为基础的海军兵员，同时海军军官阶层也多出身贵族，这些贵族来到海军大多是为自己镀金，对于海战业务也不下功夫钻研，还常常自以为是，历史上沙皇俄国海军海战的失败与这些出身贵族的海军军官们不无关系。

> 马卡洛夫

但一群庸人中，总有个别不同的人，马卡洛夫就是其一。加入海军的马卡洛夫，在完成正常的训练、管理等任务外，还潜心钻研舰艇制造和海战战术。马卡洛夫在太平洋舰队和波罗的海舰队服役期间，研究了提高舰艇抗沉性的技术。他提出了将舰艇分成若干个水密隔舱，同时配备大功率排水泵和排水管道。这样的设计，使得舰艇在少数几个水密隔舱进水后，仍能保持一定的浮力而不沉没，同时大功率排水泵和管道可以排水。马卡洛夫还发明了专用堵漏垫用于修补舰体破损。这些设计曾在1873年的维也纳世界博览会展出。

水密隔舱设计早在中国古代就已应用于造船之中。不过，马卡洛夫是将其第一个应用于近现代舰船制造的，而且结合了排水泵等主动解决进水问题的措施。堵漏垫则为损管工作提供了一种好用的专业工具，更是世界海军发展的一个重要节点。

马卡洛夫作为一名海军军官，能在日常的战斗训练生活中，抽出时间去思考、去研究，不管是在当时还是在现在的海军中都是难能可贵的，而在以贵族居多、能力素质参差不齐的沙皇俄国海军中，马卡洛夫能有这些发明更

> 杆雷艇

是珍贵。

除了善于思考，勤于研究外，马卡洛夫对海战发展趋势也有着敏锐的把握。对于当时刚刚出现的鱼雷，马卡洛夫就产生了极大的兴趣，对鱼雷某种意义上的前身——杆雷也曾有过研究。在1877年的俄土战争爆发前，马卡洛夫就建议将"康斯坦丁大公"号汽船改装为母舰，用于运送航程有限、难抗大风浪的水雷艇、杆雷艇和鱼雷艇。

俄土战争期间，当时29岁的马卡洛夫作为杆雷艇母舰的舰长数次指挥杆雷艇对奥斯曼土耳其舰队及其商船队进行过攻击，击沉、击伤多艘。要知道，杆雷艇虽然可以对敌方大型舰艇造成巨大的损伤，甚至一次攻击就可击沉，但杆雷艇的操作本身就很危险。杆雷艇顾名思义，就是在快艇前伸出一根长杆，长杆顶部安装有一枚威力巨大的炸弹。在离开母舰，接近敌舰时，杆雷艇将长杆伸出，控制航向将炸弹碰撞敌舰舰体，进而引发爆炸，对敌舰造成伤害。可见，所谓的长杆无非就是使杆雷艇和艇上人员不受炸弹影响。杆子再长也只能维持一定的长度，不然的话强度无法支撑有一定重量的炸弹。所以，用杆雷艇袭击敌方舰艇是一种十分危险的作战方式，只能在夜暗、浓雾等能见度有限的情况下，才能安全接近敌舰。否则被敌舰发现的话，则几乎没有靠近的机会。

为了解决杆雷艇伤敌一万、自损八千的问题，军工科学家们发明了可以自己航行的鱼雷。最早的鱼雷被称为"怀特黑德"鱼雷，常被称为"白头"鱼雷。鱼雷这种武器可从吨位较小的舰艇上发射，自主航行碰撞敌舰引爆，并且攻击的是敌舰的水线下部位，可以造成更大的伤害，具备了"四两拨千斤"的能力，所以甫一问世，就受到了很多国家的注意，当然也包括沙皇俄国，关注世界军事发展的马卡洛夫没有忽视鱼雷的潜力。

在俄土战争中，马卡洛夫总结了鱼雷艇编队的战术，提高了鱼雷的命中效率。由于当时的鱼雷属于直航式鱼雷，只能沿一条直线航行，无法实现制导，如果仅靠少数鱼雷艇和少数鱼雷，很难命中敌舰。而马卡洛夫提出的鱼雷艇编队战术，通过计算敌舰方位可能的变化，在合适时机编队同时发射大量鱼雷，大大提高了命中率。长期以来，鱼雷作战中都应用了这一战术。

在正确战术的指导下，1878年1月14日，马卡洛夫指挥鱼雷艇击沉了奥斯曼土耳其海军的"因奇巴赫"号。这是世界海战史上，鱼雷第一次成功击沉水面舰艇的战例，而马卡洛夫也因此被载入历史。此后的战斗中，已获得鱼雷战第一手经验的马卡洛夫率领鱼雷母舰和鱼雷艇连续重创奥斯曼土耳其海军，到战争结束时，马卡洛夫已官升两级当上了中校。

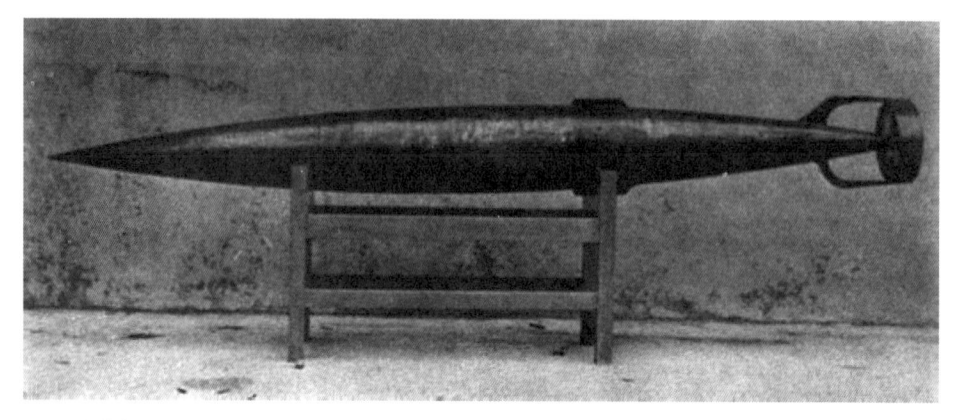

> 早期的鱼雷

科学家马卡洛夫

俄土战争之后，马卡洛夫开始表现出他在科学研究方面的天赋。在战争结束后的20多年时间里，马卡洛夫发表了50篇论文，内容涉及海洋科学和海军战术等领域。1881年，马卡洛夫就指挥"塔曼"号警卫舰，考察过博斯普鲁斯海峡，第一次在该海峡内发现了深水洋流，并凭借此次考察撰写了名为《关于黑海和地中海的水量交换》的论文，获得俄罗斯科学院奖金。

1886年至1889年，马卡洛夫指挥"维塔兹"号警卫舰进行了环球航行，其间对航线所经之处的海洋水文条件进行了考察。1890年，时年41岁的马卡洛夫升任少将，在俄罗斯海军历史上，马卡洛夫是最年轻的少将。

1890年至1894年，马卡洛夫担任沙皇俄国海军炮术总监，发明了被称为"马卡洛夫弹帽"的炮弹弹帽，这种弹帽可以加强炮弹对装甲的穿透性，被很多国家海军所仿制。据说，"马卡洛夫弹帽"因官僚主义的影响，没有在沙皇俄国海军中推广开来，如果当时装备了安装有"马卡洛夫弹帽"的穿甲弹，也许日俄战争中，沙皇俄国海军就不会那样被动了。

1894年至1895年，马卡洛夫担任地中海舰队司令。1895年至1896年，马卡洛夫开始负责沙皇俄国海军的训练工作。1896年，马卡洛夫升为中将，此后，马卡洛夫致力于新型战舰的设计工作，尤为重视对破冰船的设计研制。

马卡洛夫重视破冰船，是因为他想要找出一条穿越北冰洋，连接欧洲和东亚的航线，而这条航线对于连接俄罗斯欧洲和亚洲两个部分，加强在东亚与日本的竞争是十分重要的。如果这条航线被开发出来，可供军舰通航，那么后来的日俄战争中，第二太平洋舰队就不必航行近两万多海里，以久疲之师与养精蓄锐的日本联合舰队作战，完全可以更近的航线抵达海参崴。

1897年至1898年，马卡洛夫对北冰洋沿海地区进行了一系列的考察活动。在对北美五大湖地区的考察中，马卡洛夫研究了在冬季于该地区使用火车轮渡进行运输的问题。此外，马卡洛夫还提出、监造了世界上第一艘极地破冰船"叶尔马克"号，并在1899年指挥了该船的首航。同一年，马卡洛夫担任喀琅施塔得海军基地指挥官。第二年，马卡洛夫指挥"叶尔马克"号对大西洋进行了探险活动。

出师未捷身先死

如果日俄战争没有爆发，或者沙皇俄国海军的太平洋舰队司令指挥得当的话，马卡洛夫可能会继续驻守喀琅施塔得基地，继续开展他的研究工作。但日军发起偷袭，沙俄太平洋舰队遭受重创，舰队司令斯达尔克毫无办法，只得龟缩于旅顺港内。

其实，在日俄战争即将爆发时，马卡洛夫就意识到停泊在旅顺港外锚地的沙俄军舰易受日本联合舰队的偷袭，马卡洛夫在1904年2月8日就致函沙皇俄国海军部，提醒海军部下令太平洋舰队做好准备，但海军部并未重视。果不其然，2月9日，日本联合舰队趁夜对旅顺港的沙皇俄国海军太平洋舰队进行了偷袭。

遭到日本联合舰队偷袭后，太平洋舰队虽然有一定损失，但实力尚存，如果主动出海与联合舰队作战，或许联合舰队就无法获得黄海的制海权，同时也可对防守旅顺港起到帮助作用。但斯达尔克却丧失了勇气，使舰队困在港内被动挨打。这一点使得沙皇俄国上下十分不满，24日马卡洛夫抵达旅顺港，接替斯达尔克指挥旅顺港的防御。

马卡洛夫到任后，太平洋舰队的作战行动为之一新。马卡洛夫的战术多样，且具有很强的进取性、主动性和侵略性。在马卡洛夫的指挥下，太平洋舰队几乎每天都会出海与联合舰队作战，巡洋舰队多次打退联合舰队巡洋舰的进攻。在联合舰队试图以沉没老旧船只封锁旅顺港航道时，马卡洛夫果断派出舰队将联合舰队击退，避免太平洋舰队被困死在旅顺港内。

1904年4月13日，一艘太平洋舰队的驱逐舰在执行完任务返回旅顺港时，被联合舰队的驱逐舰跟踪，马卡洛夫先是派出巡洋舰支援这艘遭日舰跟踪的驱逐舰，然后马卡洛夫又亲率3艘战列舰、4艘巡洋舰和多艘驱逐舰出港，试图寻找联合舰队作战。

在发现联合舰队主力，并且已经超出旅顺港岸防火力保护的情况下，马卡洛夫率舰队返回旅顺港。在返回途中，其旗舰"彼得罗巴甫罗夫斯克"号撞上了联合舰队之前布设的水雷，引发锅炉大爆炸，马卡洛夫也随旗舰阵亡，此后他的遗体被日本方面收敛安葬。

马卡洛夫接手旅顺港的指挥后，俄军士气大振，不仅是因为马卡洛夫在沙皇俄国海军中德高望重、受基层官兵爱戴，也在于他来到旅顺后就指挥了多次主动出击作战，打击日军。有着卓越才能的马卡洛夫阵亡后，太平洋舰队自此一蹶不振，最终被日本联合舰队彻底击败。

生不逢时

> 马卡洛夫纪念邮票

马卡洛夫逝世后，俄国人为他树立了很多座纪念碑和雕塑，同时也多次发行了纪念邮票。在苏联时期和现在的俄罗斯，有很多军舰、军校和港口以他的名字命名。

虽然受到后人的敬仰，但马卡洛夫的一生却有些生不逢时、怀才不遇。虽然马卡洛夫也升到了中将，成为部队主官，在危急时刻被委以重任，但他平时的工作、建议等却并不受上级的重视。他性格中特立独行的一面，显然不受上级和同僚的喜爱，却受到基层官兵的支持。

沙皇俄国自始至终都没有摆脱其落后农奴制经济的束缚和限制，虽然通过一系列改革和社会的发展，资本主义在沙皇俄国内部也逐渐发展起来，但却并未达西欧国家的水平。这不仅难以为沙皇俄国建设海军提供足够的资金、资源，也难以为其提供足够的、素质符合要求的人员。所以，沙皇俄国的海军虽然在一些时期有着庞大的规模，但人员素质却远远落后于西欧国家海军。

在军官层次上，沙皇俄国海军长期都以贵族充任。这些人大多数没有什么才能，却反倒因为身份高贵而占据海军中的重要职位。马卡洛夫出身海军军官家庭，却并非什么贵族，这也限制了马卡洛夫在海军中的升迁。作为在海军中声望甚高、贡献颇多，在旅顺港作战中组织有力的一名海军将领，马卡洛夫阵亡后，沙皇俄国政府却并未追赠其上将军衔，就可见此人在沙皇俄国海军中并不很受欢迎，毕竟追赠一级军衔对于阵亡的马卡洛夫来说，并没有任何实际意义。那些平庸的贵族军官们，当然不希望这么一名有着卓越才能的非贵族军官被拔高，反衬出他们的无能与平庸。

落后的制度，导致沙皇俄国上下官僚主义问题严重。从"马卡洛夫弹帽"没有在沙皇俄国海军中推广，到马卡洛夫提醒海军部防备日本联合舰队偷袭没有被注意，都可以看出其官僚主义的严重负面影响。如果马卡洛夫得到重用，他的建议和发明被重视，也许日俄战争中，沙皇俄国就能获得更多的机会。

从马卡洛夫的一生来看，他可以说兼具海军将领和科学家的特点。这既有马卡洛夫自身的因素，也有沙皇俄国海军落后的因素。

马卡洛夫自幼就对海洋、海军充满兴趣，加入海军使他的爱好与工作相结合，自然有着不同于其他人的热情来看待这一事业。

无论从马卡洛夫的指挥作战，还是进行海洋科学研究，都可以看出他具有一种对于当时的沙皇俄国来说难能可贵的进取和创新精神，对于海军武器装备发展趋势也有着敏锐的洞察力。

在鱼雷这种当时的新锐的武器装备出现时，马卡洛夫就认识到它的威力，认为它是有能力改变海战形式的武器。但马卡洛夫不是拿过来就用，而是在实际使用中不断摸索、不断创新,发展出鱼雷艇编队的战术,以同时发射大量鱼雷来弥补当时直航式鱼雷命中精度不佳的问题。马卡洛夫鱼雷艇母舰的提议,更是解决了当时鱼雷艇航程有限的问题。在母舰的支持下,鱼雷艇不仅可以前往更远的海域作战,还能够依托母舰进行快速补给、修理、维护等,提高了鱼雷艇的作战效率。而这些战术上的改革,都需要对鱼雷这种武器的优劣有着深刻的认识,才能做出正确的决策。可以说,鱼雷艇编队和鱼雷艇母舰的概念,至二战结束后一段时期,都是鱼雷作战中绕不过去的课题,由此可见马卡洛夫的眼光之长远。

马卡洛夫对新型破冰船的重视,看似与其海军军官的职业没有太大联系,但这一点恰恰反映出他的战略眼光。甲午战争,日本击败中国,那么中、俄、日之间在东亚地区的矛盾不断尖锐化,扩张中的日本当然不会轻易放弃吞并中国东北地区的想法,那么俄、日走向战争将是必然的。这一点在沙皇俄国国内并非没有人认识到,但为此做出实际工作,进行相关方面准备的人却很少,特别是在军队中,轻敌思想严重,甚至到日本联合舰队对太平洋舰队发起偷袭前一刻,太平洋舰队都毫无防备。而第二太平洋舰队之所以惨败于联合舰队,劳师远征也是重要原因之一。所以,回过头来看马卡洛夫对破冰船的重视,对欧洲至东亚北冰洋航线的重视,就具有很大的战略意义了。如果沙皇俄国政府能够给予马卡洛夫更多的支持,也许在日俄战争爆发前,沙皇俄国就能够打通连接欧洲和东亚的北冰洋航线,这将对日俄海战的最终结局产生巨大的影响。即使在战争中不能够发挥理想作用,这条航线对于加强沙皇俄国东西部联系,促进工商业发展和物资的流通也是十分有益的。此外,马卡洛夫在五大湖地区试验火车轮渡的项目,也颇具眼光,考虑到了海陆物资转运的问题,虽然试验地点在北美的五大湖地区,但俄罗斯的西伯利亚地区也有着同样的气候条件。

马卡洛夫重视研究战术和科学,也不缺乏勇气,这一点从他指挥杆雷艇这种危险的武器,击沉多艘奥斯曼土耳其军民用船只就可见一斑。在接受旅顺港的指挥工作后,马卡洛夫也一改前任龟缩防守的战术,而是采取主动出击的战术,袭扰日本联合舰队。想必,马卡洛夫也意识到,日本联合舰队虽然实力强大,但却是日本唯一的海军力量,日本的国力也难以长时间拖延战争。主动出击的战术，一方面巩固了旅顺港的防守，提振了士气，使日军难以短期内攻克；另一方面，长时间的袭扰，每次对联合舰队的损伤虽然不大，但积少成多，舰艇的数量的不断下降，国力的逐渐耗尽，最终将逼迫日本选择妥协。可见，马卡洛夫不仅是一名卓越海军将领，也是一位战略家。

　　虽然马卡洛夫的意外阵亡，对日俄战争的结果，对日俄两国的未来发展都产生了一定的影响，但马卡洛夫的一生却并不是非常成功和完美的。这并不是因为马卡洛夫才能不够或是有什么明显的局限，限制其才能发挥的是落后的沙皇俄国，正可谓是生不逢时，生不逢国。

09 无一人阵亡全歼西班牙舰队
乔治·杜威与马尼拉海战

海军名将一般分为两类：一类是像霍雷肖·纳尔逊那样少年得志，一路披荆斩棘、光芒万丈直到成功登顶、折桂封侯，成就千古英名；另一类就是像乔治·杜威那样早年默默无闻，但一直不忘初心、暗中积攒力量，直到晚年才不鸣则已、一鸣惊人，一举冲顶人生巅峰、功成名就。

蛰伏32年的老头子

乔治·杜威于1837年12月26日生于佛尔蒙特州蒙彼利埃，青少年时代曾就读于安纳波利斯海军学校，1858年21岁的杜威以第一名的优异成绩毕业，获得少尉军衔。1861年晋升海军上尉，旋即参加了南北战争（美国内战），内战期间，杜威曾先后在6艘联邦海军舰上任职，追随美国海军名将戴维·格拉斯哥·法拉格特（美国海军第一个将军）参加了1862年的新奥尔良战役、1863年的哈德逊港战役和唐纳尔逊堡战役。1864至1865年，杜威被调往北大西洋封锁海军中队，负责封锁南部邦联东海岸以截断南部邦联的海上物资输入通道（这个战略出自时任联邦政府战争部长兼联邦军司令温菲尔德·斯科特的"蟒蛇计划")。随后又参加第二次攻打新奥尔良的战斗,有较丰富的海(河)战经验,并且赢得了勇猛善战的威名。南北战争结束后,杜威晋升海军少校,不但在战后"大裁军、大下岗"的浪潮中保住了海军军官的饭碗,还随舰队远航去过欧、亚两洲,足迹遍布大西洋和太平洋的每个重要港口,取得了丰富的服役资历。但由于美国当时处在"刀枪入库、马放南山"的大环境下,美国内战结束后百分之八十的美国海军舰艇退役、正牌美国安纳波利斯海军学院毕业生都只有前十二名才能进入海军服役,

> 乔治·杜威

使得整个美国海军一片死气沉沉,所以自1865年到1897年这32年中杜威在美国海军中一直默默无闻地从事办公室的文牍工作,并且严重影响到了他的仕途晋升:从28岁一直混到快60岁才从少校爬到了准将,其军事才华被长期埋没,未能显露出来。

直到1897年,美国和西班牙的关系因为古巴问题剑拔弩张,承平日久的美国人突然想起要备战了,时年已经60岁的杜威终于迎来了他的伯乐:与他关系密切的好友、以精力充沛和好勇斗狠闻名的西奥多·罗斯福于1897年4月出任美助理海军部长,他上任伊始就根据美国海军部在1896年制定的一份与西班牙开战后同时进攻西班牙在加勒比、菲律宾殖民地的作战计划积极调配人员、战舰和物资,确保舰队随时做好战斗准备。1897年底,罗斯福判断对西班牙的战争已不可避免,按照作战计划,战火首先要在菲律宾爆发,美国亚洲舰队将承担战争的首秀,摧毁在菲律宾的西班牙舰队。由于战场孤悬海外,难以获得本土的补给,因此要求有一位资历丰富、胆识过人的司令官来统领这支只有六艘军舰的小舰队。罗斯福第一时间就想到了当时还在海军监测委员会蹲办公室的好友乔治·杜威准将。面对来自国会的反对杜威出任这一职务的声音(无非就是说杜威已经是个60岁的老头子,精力不济,不能胜任之类的话),罗斯福掷地有声地用一句话给怼了回去:"他(杜威)会采取一切必要的方法来适应情况的需要。"

接到新的任命后的杜威来不及感谢老友这么"够意思"。已经不能再忍受办公室枯燥的杜威在仔细研究他所能搜集到的菲律宾的资料和海图后于1897年12月动身前往日本，1898年1月抵达长崎，登上亚洲分舰队旗舰"奥林匹亚"号防护巡洋舰。此时，亚洲分舰队拥有"奥林匹亚"号、"巴尔的摩"号、"罗利"号和"波士顿"号4艘防护巡洋舰，"康科德"号、"海燕"号两艘炮舰（全舰队一共有203毫米舰炮10门、152毫米舰炮23门和127毫米舰炮20门）。为了加强舰队实力，杜威把美国海关缉私舰"麦克洛克"号临时征用进了舰队，用来保护新买下的两艘英国运煤船"南山"号和"蓝宝石"号，以便能让全部6艘舰队主力舰能一心一意地投入到作战中。

根据杜威的命令，全部9艘亚洲舰队的舰船南下前往中国香港集结，利用昂船洲船坞设施让各舰入坞刮洗船底、修理炮械，同时各舰官兵加强训练，使舰队达到最佳战备状态。1898年2月16日（也就是美国海军二等战列舰"缅因"号在哈瓦那爆炸沉没的第二天）杜威接到了美国海军部的电报："一旦与西班牙开战，你的任务是确保西班牙舰队不能离开亚洲水域，然后对菲律宾采取攻势行动。"换句话说，就是命令他全歼全部驻扎在菲律宾的西班牙分舰队。

4月22日，杜威在中国香港报纸上得知美国和西班牙断交宣战的消息，身处中立的英国驻中国香港总督要求美国亚洲分舰队起锚离开中国香港，因此舰队转移到了大鹏湾停泊，并将和平时期的白色舰体重新涂刷成战时的鼠灰色。4月25日杜威接到了海军部长约翰·朗的电报，要求舰队前往马尼拉，4月27日14时，杜威命令全舰队升火启航，踏上了南下菲律宾的征程。

外强中干的对手

西班牙在马尼拉甲米地锚地驻扎着一支表面上看来颇具实力的舰队：马尼拉分舰队，由海军少将帕特科里奥·蒙托霍率领。拥有"克里斯蒂娜王后"号、"卡斯蒂利亚"号两艘无防护巡洋舰，"古巴岛"号、"吕宋岛"号两艘小型防护巡洋舰，"乌略亚的唐·安东尼奥"号、"奥地利的唐·胡安"号和"维拉斯科"号三艘旧式巡洋舰，"杜罗河"号、"科里奥"号、

"科佐"号和"阿尔戈斯"号四艘炮舰以及"棉兰老"号运输舰。总共7艘巡洋舰、4艘炮舰和1艘运输船,看上去要强于杜威的亚洲分舰队。但实际上却完全不是这样:蒙托霍的旗舰"克里斯蒂娜王后"号已经有11年舰龄;体量最大的"卡斯蒂拉亚"号锅炉已接近报废,只能充当浮动炮台使用;"古巴岛"号和"吕宋岛"号号称"防护巡洋舰",但体量过小、火力薄弱,战斗力仅相当于美国海军的炮舰一级的舰艇;"乌略亚的唐·安东尼奥"号和"维拉斯科"号过于老旧,早就拆除了主机并把全部舰炮转移到了岸防炮台上;四艘炮舰单舰排水量不过500吨上下,战斗力根本不值一提。整个西班牙舰队的单舷单次齐射炮弹重量不到杜威舰队的三分之一,由于西班牙舰队的舰炮大多是老式架退炮,而杜威舰队的舰炮则全部是管退式速射炮,因此这个差距在实战中将无限扩大。

同时由于西班牙政局动荡,财政拮据,导致舰队日常训练早就废弛,马尼拉分舰队的水兵已经一年多时间没有进行过任何炮术实弹训练,实际作战能力要打一个大大的问号。

糟糕的舰队状态使得蒙托霍少将没有勇气和美国亚洲分舰队在海上决战,而"蜜汁自信"的西班牙海军部长西吉斯蒙德·贝尔梅霍完全无视实际情况,自认为马尼拉分舰队船多,命令蒙托霍主动出击,最好在半道上就把杜威舰队送入海底,对此蒙托霍除了无语还是无语。

摆在蒙托霍眼前有四条路可选:第一,自沉所有军舰,将所有舰炮和弹药转移上岸装入岸防炮台,由水兵操作全力防御马尼拉城;第二,四艘可以出航的巡洋舰和四艘炮舰主动出击,前出到马尼拉湾入口的科雷吉多尔岛海域对杜威舰队"半道而击之";第三,将舰队分散部署在马尼拉湾各个岛屿,尽力袭扰杜威舰队;第四,全部舰队在锚地固守,依靠岸炮支援和杜威做最后一搏。

蒙托霍内心里倾向于第一条路,但遭到了马尼拉总督的强烈反对,总督大人担心一群军纪奇差的水兵上岸会令马尼拉的治安负担陡然增加;其次蒙托霍想选择第三条路,但被海军部长贝尔梅霍亲口拒绝,因为他觉得这种"分兵"的做法太不"体面",有损英勇的西班牙皇家海军的"光荣"和"威名";第二条路深得贝尔梅霍的欢心,但在蒙托霍眼里主动出击无异于自寻死路；那唯一可选的就是第四条路，也是一条死路。

选择再三后，蒙托霍将舰队主6艘巡洋舰和1艘炮舰布置在甲米地海军工厂所在的卡纳考湾桑莱岬，由圣菲利普堡和桑莱岬炮台保护（其中充当浮动炮台的"卡斯蒂利亚"号面朝大海的左舷堆满了沙袋、并用驳船充作额外防护；"乌略亚的唐·安东尼奥"号锚泊在桑莱岬后方，只保留面朝大海的右舷舰炮，左舷舰炮被拆卸上岸）；三艘炮舰和一艘运输船停泊在巴科尔湾内，由马雷特炮台保护。至于已经成为废舰一条的"维拉斯科"号就被弃置在甲米地海军工厂后，任其自生自灭。蒙托霍在4月11日的日记中悲观地记录道："我没有后备力量，也没有时间。"

像法拉格特那样勇往直前

1898年4月30日下午，杜威的亚洲分舰队抵达吕宋岛，杜威起先判断西班牙舰队会集结在苏比克湾，但当他派出"巴尔的摩"号、"波士顿"号和"康科德"号前出侦察时却意外地发现苏比克湾连条西班牙小舢板都没有。由此杜威断定西班牙人肯定躲在马尼拉湾的甲米地基地。

杜威手中来路繁杂的情报显示：大马尼拉湾周围部署有众多装备远程重炮的海岸岸防炮台，航道上还布满了水雷。当杜威还是一个年轻的海军少尉时，他曾追随名将法拉格特上将从海上攻打过拥有岸炮和水雷保护的南部邦联的军港要塞，对岸炮和水雷的威力颇为忌惮。但他也亲眼目睹过身为他的"老领导兼偶像"的法拉格特不惧威胁勇往直前的大无畏气概。在无数次问自己"法拉格特会怎么办"之后，杜威决心像法拉格特那样带着舰队趁着夜色杀入马尼拉湾，打蒙托霍一个措手不及。

4月30日23时，杜威舰队抵达科雷吉多尔岛南部，舰队以旗舰"奥林匹亚"号防护巡洋舰为先锋排成单纵纵队，旗舰身后跟随的依次是防护巡洋舰"巴尔的摩"号、炮舰"海燕"号、防护巡洋舰"罗利"号、炮舰"康科德"号、防护巡洋舰"波士顿"号、缉私舰"麦卡洛克"号、运煤船"南山"号和"蓝宝石"号，舰队以8节的航速悄悄进入大马尼拉湾。各舰严格保持静默，严格执行灯火管制，只在舰尾留一盏导航灯，为后续舰只引路，而"奥林匹亚"号以马尼拉城区的灯火作为坐标。

虽然杜威舰队在午夜被设在埃尔弗赖莱岛上的西班牙观察哨发现，科雷吉多尔岛上的岸炮随即向杜威舰队开火，但由于距离较远且拥有夜色掩护，射出的炮弹对美国人毫无威胁，随着杜威舰队驶离科雷吉多尔岛，隐入夜色中，炮台也被迫停火，但由于科雷吉多尔岛和马尼拉没有电话或者电报联系，所以蒙托霍对杜威的动向一无所知。

> 马尼拉海战中的乔治·杜威

1898年5月1日星期日清晨5时，杜威的瞭望哨发现了停泊在卡纳考湾的蒙托霍舰队，除了不准备参加战斗的"麦卡洛克"号护卫着两艘运煤船脱离编队，剩下的6艘军舰以战斗队形沿马尼拉湾海岸向南航行，保持在岸炮射程之外，直到进入预定的射击位置。

5时15分，蒙托霍匆匆下令西班牙舰队和岸防炮台向美国人开火，桑莱岬炮台的两门150毫米和一门120毫米克虏伯岸防炮首先开火，其后西班牙军舰和其他的岸防炮台也纷纷乱哄哄地开火，西班牙炮手并不缺乏勇气，他们搬运炮弹，塞入炮膛并拉动火绳击发射击，唯独忘记了瞄准。在蒙托霍下令开火的5时15分到杜威舰队开始还击的5时41分之间长达整整26分钟的西班牙人单方面射击过程中，没有一发西班牙炮弹命中哪怕接近美国军舰。

西班牙人乱哄哄的射击相比，美国人则有条不紊地仔细地测距和瞄准，

> 画作《马尼拉海战》

不断根据目标距离的变化修正着射击，直到5时40分各舰驶入最佳射击位置后，杜威向身边的"奥林匹亚"号舰长查尔斯·格里德利上校下令："你准备好了就可以开火了，格里德利。"

一边倒的屠杀

5时41分，"奥林匹亚"号的4门203毫米主炮向5000米外的蒙托霍旗舰"克里斯蒂娜王后"号打出第一轮齐射，其余各舰也根据旗舰射击号令依次用203毫米和152毫米舰炮开火射击。一边射击一边逐渐拉近与目标的距离，以便中小口径的速射炮也能向目标开火。

由于西班牙军舰都处在锚泊状态，形同固定不动的死靶，因此与其说是战斗，不如说是一场一边倒的屠杀。

西班牙人是勇敢的，无论是操作舰炮的水兵，还是操作岸炮的炮兵，除非整个炮组被打死打伤丧失战斗力，或者火炮弹药耗尽，又或者火炮本身被摧毁，否则都没有一刻停止射击。只是没有统一的射击指挥，各炮位各自为战乱射一气，与美国人的射击效率不在一个水平档次上。

杜威指挥着舰队队列一边以8节的航速航行，每当航行到桑莱岬的战线远端时就进行180°的转弯，炮手们在军舰转向时从一舷炮位转移到另一舷炮位继续向西班牙人射击。当杜威舰队在开火两个小时后完成第五次转向180°准备新一轮射击的时候，在甲米地锚地的西班牙军舰已经全部中弹起火，人员伤亡严重。蒙托霍见失败已无可避免，决心孤注一掷，命令他的旗舰"克里斯蒂娜王后"号解缆起锚，向杜威的旗舰"奥林匹亚"号发起冲锋，希望在本舰丧失行动能力之前和对手"同归于尽"。但该舰刚刚驶离泊位就遭到美舰的集火射击，战后生还的蒙托霍亲笔记录了当时"克里斯蒂娜王后"号上的惨状：

"美国人的射击极其迅速，当先头的三艘巡洋舰几乎倾尽全力攻击我的旗舰'克里斯蒂娜王后'号时，无数的炮弹朝我们飞来。战斗刚开始不久，一发炮弹就在前甲板上爆炸，在那里操纵四门速射炮的炮手们全部伤亡，另一发炮弹穿入最下层甲板……7时30分，操舵装置被摧毁，舰尾也被一发炮弹击中，造成9人死亡，后桅杆顶部被炮弹削断，我的将旗也被损毁，军官舱被彻底炸毁，医务室内鲜血横流，一枚直接命中的炮弹杀死了里面的全部伤员……舰尾弹药库中弹爆炸，舰内烟火四起，火势无法控制……在舰体中部，至少12发小口径炮弹穿透了烟囱……"

经受不住打击的"克里斯蒂娜王后"号在全舰400多名官兵伤亡过半、舰长阵亡、蒙托霍本人的腿部被弹片击伤的情况下被迫转向驶往岸边并弃舰。浮动炮台"卡斯蒂利亚"号因固定船身的锚链被炮弹打断，导致没有防护和武装的右舷舰体暴露给了美国人，结果在密集的炮火下被打成一个火炬，舰长唯有下令弃舰；"乌略亚的唐·安东尼奥"号舰体水线处被击穿进水，全舰只剩两门舰炮可用，舰长阵亡，一半舰员丧失战斗力；"吕宋岛"号防护巡洋舰和"杜罗河"号炮舰的情况也岌岌可危。

战斗持续到7时45分，"奥林匹亚"号舰长格里德利上校突然向杜威报告：舰上的127毫米速射炮每门只剩下15发炮弹。大吃一惊的杜威立刻下令全队停火，并暂时退出了卡纳考湾。事后证明这则报告纯属子虚乌有的谎报军情，事实上是每门127毫米速射炮只发射了15发炮弹。为了避免挫伤舰队官兵的士气，杜威只能就坡下驴地命令暂停战斗，全体吃早餐。结果引发了炮手

> 描绘马尼拉海战的画作

们的强烈抗议:"让早饭见鬼去吧!"

上午11时,休整完毕的杜威舰队以"巴尔的摩"号为先导再次突入卡纳考湾,首先与桑莱岬炮台和"乌略亚"号巡洋舰交火,几轮射击下来,"乌略亚"号沉没在泊位,桑莱岬炮台也彻底被打哑。炮舰"康科德"号和"海燕"号仗着吃水浅绕过了桑莱岬后深入西班牙人的锚地,首先将没有武装的"棉兰老"号击沉,"海燕"号则更加大胆地绕过甲米地半岛,发现了废弃或者搁浅的"维拉斯科"号、"奥地利"号、"古巴岛"号、"吕宋岛"号、"列佐"号和"杜罗河"号,"海燕"号放下小舢板,满载登船队将它们全部点燃。

到12时40分,除了一些没有战斗力的辅助小船以外,西班牙皇家海军马尼拉分舰队已经全军覆没。蒙托霍事后回国受到西班牙军事法庭的审判,但最终被判无罪，为他提供关键辩护证词的恰恰是他的对手乔治·杜威：杜威为蒙托霍写了一封辩护信，证明他在战场上的表现是勇敢的。

功勋标榜史册

战斗的结果是，西班牙舰队全军覆没，7艘巡洋舰和4艘炮舰全部被击毁或击沉，58人战死，381人战伤。美军仅有"巴尔的摩"号上8人轻伤、"波士顿"号上1人擦破点皮、"奥林匹亚"号上两人被自己家火炮的后座力撞伤，无人阵亡（唯一的死者出现在没有参战的"麦卡洛克"号上，该舰的随舰工程师弗朗西斯·兰德尔死于由于轮机舱高温引发的中暑；另一说是心脏病突发）。军舰损失也十分轻微："奥林匹亚"号被击中13次；"巴尔的摩"号被击中6次；"波士顿"号被击中4次；"罗利"号和"海燕"号各被击中1次；"康科德"号毫发无损。

三个月之后，杜威舰队协同美地面增援部队攻占马尼拉，夺取了又一个战略要点。杜威因率领亚洲舰队未折一兵一卒，全歼西班牙马尼拉舰队，闻名全国。海战甫一结束，美国国会便于1898年5月16日决定，破例授予杜威海军少将军衔。1899年3月，杜威晋升为海军上将。1903年，美国国会又通过特别法案，授予杜威海军特级上将军衔。这是美国海军最高等级的军衔，杜威也是美国海军迄今为止唯一获此殊荣的海军指挥官。有意思的是，杜威很少佩戴美国政府为了纪念马尼拉湾海战胜利而颁发的马尼拉湾海战勋章，毕竟勋章正面的浮雕头像正是杜威本人。

10 "东方纳尔逊"
东乡平八郎的对马海峡海战

日本在明治维新开始前，便开始了近代化海军的建设，虽然起初的进展不大，却后来居上击败本是东亚强大海军的清朝北洋海军，一跃成为东亚地区强国。在当时的日本海军中有一名曾与北洋水师同期在英国接受海军培训的军官，那就是东乡平八郎。此人在后来的日俄战争中，以T字头战术击败沙皇俄国第二太平洋舰队，锁定了日本的胜局，人称"东方纳尔逊"。

差点被赶走的留英生

东乡平八郎出生于日本萨摩藩。萨摩藩位于日本西南部，离江户幕府所在地江户（即今天的东京）较远，与幕府关系并不紧密。由于临近海洋，萨摩藩与西方国家接触较早，认识到日本与西方先进国家的差距，所以萨摩藩支持进行革新，要求将政权归还给天皇，实行维新，在幕府战争中属于倒幕派。由于萨摩藩实力较强，在日本被称为"强藩"，明治维新后，日本有很多政军界人士出自萨摩藩。

1863年萨摩藩与英国爆发战争，东乡平八郎曾在炮台上为岸炮搬运炮弹。萨摩藩建立海军后，东乡平八郎作为士官在萨摩藩海军的"春日"号战舰上服役，该舰曾与幕府海军的"开阳"号战舰进行过海上决战，史称"阿波冲海战"，这是日本第一次采用近代欧洲形式的战舰进行海战。可以说，东乡平八郎的少年和青年时期就已经直观感受到当时世界先进海军的发展情况，积累了基础的海军作战经验。

> 东乡平八郎

明治维新开始后，日本的全盘西化中军事当然是重中之重，东乡平八郎被派往英国学习深造。留英8年后，东乡平八郎驾驶着从英国购买的"比睿"号炮舰回到日本。

其实，在当时的清朝海军中，也有很多舰长走了同样的道路。他们出身于闽粤等沿海地区，自幼就目睹列强战舰在中国的沿海甚至内河肆意妄为。他们也被国家送到当时海军最强大的英国学习海军，甚至同样驾驶本国从外国采购的战舰回到国内，组成当时最新锐的海军力量。而中日两个国家在十几年之后，展开了一场决定之后近50年国运的战争，双方都师承自英国的一批海军舰长们在海上展开了一场厮杀。

回国后，东乡平八郎历任多艘战舰的舰长，还担任过第二海军区的参谋长，获得了组织舰队行动的经验。但就在东乡平八郎在日本海军中不断发展的时候，这位留英归来的军官则差一点被裁掉。

对于甲午海战，人们总是提到北洋水师因慈禧太后整修颐和园挪用资金，多年没有采购过新型战舰，日本海军则一直举全国之力更新发展海军装备。这当然是甲午战争中败日胜的一大原因，但也应注意到，甲午战争前，日本海军还曾进行过一次组织调整，裁汰不适应蒸汽动力战舰时代的军官，将一批有能力的军官安排在能够发挥他们作用的岗位上。

日本海军之父山本权兵卫主持了这次改革，当年的萨英战争中，山本权兵卫与东乡平八郎一样在炮台上搬炮弹，也算是老战友了。山本权兵卫为推动海军发展，争取到海军大臣西乡从道的支持，将一批年龄偏大、经验陈旧的军官淘汰出海军，即使这些人出身自萨摩藩，既是山本权兵卫和西乡从道的老战友，也是他们的老乡。

但是山本权兵卫这次却放了本来在退役名单中的东乡平八郎一马，主要是觉得此人长期在国外，在海军中也没什么朋友，不属于任何派系，留下也无妨。所以当时任吴镇守府参谋长的东乡平八郎调任"浪速"号防护巡洋舰舰长。

侵华刽子手

1894年初，朝鲜全罗道爆发农民起义，朝鲜李氏王朝请求清朝派兵援助，日本也借机派兵，借朝鲜情况发生变化之机挑起与清朝的战争。1894年7月24日，东乡平八郎指挥"浪速"号随同第一游击队司令官坪井航三海军少将，以及"吉野"号和"秋津洲"号驶往朝鲜牙山港，寻机与清朝战舰交战。

7月25日清晨，日军3艘军舰与北洋水师"济远"号和"广乙"号两舰遭遇并发生交火。"广乙"号虽然在吨位、火力等方面都远远落后于日舰，却坚持作战，最终冲滩搁浅自焚。"济远"号交战不久后便在管带方伯谦的指挥下逃跑。此时，向朝鲜运兵的运输船"高升"号和"操江"号被日舰发现，"操江"号被俘获。"高升"号由于是英国商船，所以船上1100名清朝陆军官兵拒绝投降。东乡平八郎指挥"浪速"号向"高升"号发射了一枚鱼雷，并对"高升"号进行猛烈齐射将其击沉。"高升"号沉没后，东乡平八郎下令只救援落海的英国船员，却对同样落海的清军官兵不予援救。直到第二天，路过的法国海军战舰救起了200名清军士兵。

在后来的对马海战中，东乡平八郎因指挥日本联合舰队以U型大转弯占据T字头，击败了沙皇俄国第二太平洋舰队，这一类似于英国皇家海军精神象征的纳尔逊战术，使得很多人将东乡平八郎称之为"东方纳尔逊"。但东乡平八郎在击沉"高升"号后只救援英国人而不救援中国人的行为，根本就配不上"东方纳尔逊"的称谓。

纳尔逊虽然在战斗中对敌人毫不留情，但对于落海的敌方官兵、燃起大火的投降敌舰，向来都是下令予以救援的，这一点使得纳尔逊不仅受到本国人民的尊重，也同样得到敌方海军官兵的尊敬。而东乡平八郎只是在战术上与纳尔逊有相似之处，在为人等方面却差距很大，所谓"东方纳尔逊"实乃过誉。

随后，东乡平八郎指挥"浪速"号参加了黄海大海战，战后晋升海军少将。在清朝将台湾岛割让给日本后，已成为日本海军南方舰队司令的东乡平八郎还率领舰队护送日本皇室成员接收台湾岛。

差点没当上舰队司令

甲午战争后，沙皇俄国与日本在中国东北的矛盾急剧尖锐化，两国间的战争已是不可避免。备战期间，日本海军首脑山本权兵卫决定将原定海军主帅日高壮之丞换为即将退休的东乡平八郎。

日高壮之丞既是山本权兵卫的老乡，也是他的同期同学，再加上临阵换将本是大忌，所以山本权兵卫此举引来

> 东乡平八郎塑像

很多人的不解。但山本权兵卫既然是日本海军之父，必定有异于常人之处。

日高壮之丞虽然能力很高，也可担当起指挥日本海军与沙皇俄国海军作战的责任。日高壮之丞在日本海军中素称猛将，古今中外的猛将一般都有一个特点，那就是天不怕地不怕，不仅不怕敌人，也不服上级。日俄战争是日本又一次赌国运的战争，相比沙皇俄国，日本总体国力并不占优，需要方方面面团结一致才能险胜。但以日高壮之丞的性格，很可能在关键时刻拒绝服从上级领导，为稳妥起见，山本权兵卫还是选择了东乡平八郎。

对于山本权兵卫的临阵换将，明治天皇也不理解，为此还询问山本。山本的回答也比较模糊，他说东乡平八郎运气好。不过不可否认的是，东乡平

八郎确实运气好，已经两次在即将离开海军时，被委以重任。或许山本权兵卫也有一定的迷信思想，一个运气好的将领也能为整支舰队带来好运气。

运气好的东乡平八郎

1904年2月5日，山本权兵卫向联合舰队司令东乡平八郎下达出击命令。2月8日，东乡平八郎指挥联合舰队对中国旅顺和朝鲜仁川的沙皇俄国舰队展开突袭，沙皇俄国太平洋舰队退入旅顺港固守。那么从陆海两个方向攻破旅顺港，将是日俄战争的关键。

为加强旅顺港的防御，沙皇俄国于3月将斯捷潘·奥西波维·马卡洛夫海军中将派往旅顺担任太平洋舰队司令。马卡洛夫海军中将不仅能力强，而且深受沙俄海军官兵爱戴。他到达旅顺后，调整了旅顺港防御，同时变龟缩港内的被动防御为积极出击的主动防御，率领舰队主动出港与日本联合舰队作战，并取得一定战果，大大提振了俄军的士气。如果马卡洛夫海军中将继续在旅顺指挥作战的话，日军很可能没有机会攻陷旅顺港，但东乡平八郎的好运气似乎也感染了整个联合舰队。由于日俄双方都在重要海域布雷，4月13日，马卡洛夫海军中将的座舰"彼得罗巴甫罗夫斯克"号战列舰撞上水雷，引发舰上锅炉、弹药仓连续爆炸，最终沉没，马卡洛夫海军中将也随舰阵亡，这对沙皇俄国在旅顺港的防御以及部队士气都是沉重打击，直接导致了俄军后来丧失制海权。

不过，日本联合舰队也付出了一定代价。"初濑"号和"八岛"号两艘战列舰触雷沉没。战列舰这样的主力舰对于实力不如沙皇俄国海军的联合舰队来说，显然是十分重要的。日俄战争爆发时，日本有138艘各类舰艇，总吨位为26万吨，沙皇俄国太平洋舰队虽然只有60艘舰艇，总吨位也只有19万吨，落后于日本联合舰队，但整个沙皇俄国有252艘各类舰艇，总吨位达到80万吨。即使联合舰队能够吃掉太平洋舰队，也需要尽可能保存实力，以对付赶来支援的沙皇俄国支援舰队，所以战争关键时期一连失去两艘主力舰，两艘舰长及联合舰队的指挥层都非常紧张，生怕舰队司令发火。不过，东乡平八郎倒是非常平静，端出鸡蛋糕，还给两位舰长亲自倒了两杯威士忌，温言道："辛苦了，别放弃，仗还要打下去。"

这一反应不仅出乎日军军官所料，就连随同联合舰队观战的英国海军军官也非常不理解。损失两艘主力战舰，即使东乡平八郎严肃处理两舰舰长也不会有人提出异议。不过，东乡平八郎此番举动也并非毫无道理，在敌我存在实力差距时，本来联合舰队上下就有很大的压力，作为舰队最高指挥官此时最应做的工作是给部下减压，以便他们正常发挥应有的技战术水平，如果此时给部下增压，反倒会使他们在作战中束手束脚，注意力不集中。这也是东乡平八郎这种长期浸淫在海军中的将领才明白的。况且，战列舰已经沉没了，处分两名舰长也毫无帮助。

不过，虽然联合舰队损失了两艘战列舰，但此时的东乡平八郎似乎"人品大爆发"。8月10日，旅顺港内的沙俄太平洋舰队出港与日本联合舰队交火。太平洋舰队是要突围，而东乡平八郎却认为这只是太平洋舰队的一次主动出击，还是会返回旅顺港的，所以他一直在防备其退回港内。战斗的大部分时间里，东乡平八郎的指挥错误百出，在太平洋舰队做了几次大幅度机动后，两支舰队的距离拉开，眼看太平洋舰队就要逃脱时，联合舰队一枚流弹击中俄旗舰，炸死了舰队司令和舰桥上的所有官兵，这使得太平洋舰队失去了指挥，阵型大乱，大败而逃。自此，联合舰队获得了黄海制海权。

决战对马海峡

太平洋舰队覆没后，沙皇俄国以波罗的海舰队为基础组建了第二太平洋舰队，试图重新夺回黄海制海权。由于沙皇俄国北冰洋沿岸不利于航行，所以第二太平洋舰队要从波罗的海经北海、大西洋，绕过好望角，进入印度洋，再进入太平洋，最终抵达海参崴。整个航程耗时8个月，行程1.8万海里。由于英日两国当时已结盟，所以第二太平洋舰队无法经苏伊士运河抄近路进入印度洋。

为保证舰队一路上的补给，沙皇俄国租借了德国70艘运煤船。一路上第二太平洋舰队风声鹤唳，以为日本已经派出了舰队在途中拦截他们。由于太平洋舰队覆没的打击太过沉重，整个第二太平洋舰队上下心理压力极大，几乎每天都有水兵跳海自杀，神经高度紧张的第二太平洋舰队甚至将英国渔船误认为日本军舰，开火射击，险些使英国对沙皇俄国宣战。不过，途中第二太平洋舰队还创下了几个海军史上的记录，如最快装煤速度，还完成了历史上第一次舰对舰海上补给。

第二太平洋舰队的远航，给联合舰队留下充足的备战时间，只有将第二太平洋舰队击败，日本才能完整吞下日俄战争所获得的利益，并保证日本近海和本土的安全。毕竟第二太平洋舰队也拥有45艘各类舰艇，是一支实力可观的舰队。

备战期间，东乡平八郎的作战参谋秋山真之提出了一个"敌前大回头"的作战方案，获得了东乡平八郎的批准。为了使此方案能够顺利产生效果，东乡平八郎下令舰队进行严格的战前训练，提出"百发百中的一门大炮，要胜过一百门百发一中的大炮"。据称，战前训练中，联合舰队使用了超过一半的炮弹，可见训练之严格。

根据第二太平洋舰队的补给供应情况，东乡平八郎认为其将经过对马海峡前往海参崴。历史学界有观点认为，第二太平洋舰队还可经宗谷海峡或津轻海峡前往海参崴。但这些观点显然有些"妄断古人"，这两个海峡不仅很容易被日军封锁，而且航程更远，对于已经航行近两万海里的第二太平洋舰队来说不啻于噩梦。所以，东乡平八郎判断第二太平洋舰队将通过对马海峡，并没有什么值得大书特书、视为神迹之处。

1905年5月27日凌晨，沙皇俄国第二太平洋舰队进入对马海峡。凌晨2时27分，日本联合舰队辅助巡洋舰"信浓丸"号发现第二太平洋舰队。5时5分，东乡平八郎下令联合舰队出击。1小时后，联合舰队发现第二太平洋舰队并尾随其后。11时15分，双方进行了试探性交火。11时30分，第二太平洋舰队司令罗杰斯特文斯基下令调整阵型以利于作战，但由于命令传达失误，整个舰队陷入混乱。

13时30分，双方距离拉近至10海里，但第二太平洋舰队的阵型仍未恢复正常。13时55分，东乡平八郎效仿纳尔逊，向全舰队发出"皇国兴废在此一战、各员一层奋励努力"的信号。

此时，双方的海战已不可避免，但双方的目的却并不相同。第二太平洋

> 东乡平八郎签名的"三笠"号战列舰照片

舰队希望通过交战，摆脱联合舰队的纠缠，最终抵达海参崴。而联合舰队则希望削弱第二太平洋舰队的实力，最好是彻底歼灭。这样第二太平洋舰队的战法将倾向于边打边跑，如何在战斗中摆脱联合舰队的跟踪追击是关键；而对于联合舰队来说，则需要缠住第二太平洋舰队，在缠斗中尽可能多地击沉第二太平洋舰队的军舰。

14时5分，与第二太平洋舰队相向航行的联合舰队开始进行U型转弯。14时8分，第二太平洋舰队旗舰"苏沃罗夫公爵"号打响了第一炮。14时11分，完成敌前转向的联合舰队旗舰"三笠"号开火还击，对马海战自此正式打响。

虽然在转向期间，第二太平洋舰队对转向日舰造成了一定打击，但转向完成后的日舰开始集中火力打击第二太平洋舰队的旗舰"苏沃罗夫公爵"号。凭借新型的下濑火药和伊集院信管，以及联合舰队军舰更高的航速和更高的火炮射速，"苏沃罗夫公爵"号遭重创，舰队司令罗杰斯特文斯基受重伤，上层建筑被打烂，只得退出战斗，第二太平洋舰队失去了指挥，陷入了各自为战的被动境地。联合舰队逐渐将俄舰分割、包围，随着之前出海寻找第二太平洋舰队的第3、4、5、6战队返回战场，形势进一步向有利于联合舰队的方向发展。入夜，联合舰队的驱逐舰和鱼雷艇又向残存俄舰发起了夜间攻击。

经一昼夜战斗，28日10时58分，残存俄舰发出投降信号。但东乡平八郎仍指挥舰队进行炮击，直到秋山真之劝阻才停止。自此，联合舰队击败了第二太平洋舰队。第二太平洋舰队的38艘军舰中，被击沉21艘，被俘虏7艘，被中立国扣留6艘，只有3艘逃走。损失舰艇的总排水量达27万吨，阵亡4830人，被俘6106人。联合舰队只损失总排水量不到300吨的3艘鱼雷艇，阵亡117人，受伤583人。此战，是黄种人在近代第一次击败白种人，同时为日本锁定了胜局。而东乡平八郎在日本国内则被称为战神、守护神，获得伯爵、侯爵、帝国元帅等封号，他于1934年病逝。

被过誉的好运者

长期以来，东乡平八郎都被一些人称为"东方纳尔逊"，无非是因为其在对马海战中采用了与纳尔逊相似的抢占T字横头的战法。不过，客观看待东乡平八郎的海军战绩，其很大程度上被过誉了，他只是做了一名海军高级指挥员应该做的，尽量避免犯错，再加上一些好运气。

其实，联合舰队在对马海战中进行敌前大转向，并非是为了抢占T字横头，而是为了将两支舰队的对向航行改为同向航行，以实现对第二太平洋舰队的同航战，降低相向而行的反航战对炮术的较高要求，拉近与第二太平洋舰队的距离，进一步提高命中率。在转弯后，联合舰队只是短暂占据T字横头，大部分时间是在对第二太平洋舰队进行近距离同航战，在高效打击敌舰的同时，缠住敌舰，防止其逃跑。所以，东乡平八郎被称为"东方纳尔逊"有些名不副实。

不过，东乡平八郎毕竟是海军名宿，一些做法和命令也表现了他的不俗之处。如安抚被水雷击沉两战列舰舰长，为舰队上下减压，在对马海战前大力加强战前训练，都为之后的战斗奠定了基础。而"皇国兴废在此一战、各员一层奋励努力"的信号，提升了士气，毕竟在敌前转弯的几分钟里，联合舰队军舰将承受第二太平洋舰队的集中打击，如果此时士气崩溃，那么对马海战的结局将是另一种样子。

不得不承认，东乡平八郎确实是一个运气好的人，不仅在仕途中，在战斗中也经常被好运气眷顾。但经常利用运气的人，毕竟也是赌徒，这一点在日本发展为军国主义国家的历程中是常见的，而赌徒不可能长赌不败，终有赔上全部身家的一天。

确保海上优势
约翰·阿巴斯诺特·费舍尔与英国皇家海军改革

有的时候，真正优秀的统帅并不需要带着舰队出海和敌人"刺刀见红"，一个在后方的办公室里足不出户却能"调教"出一支能征善战的舰队的统帅，才更有资格被称作"优秀的统帅"。能带领能征善战的舰队取得海战胜利的统帅能为国家打赢几场海战；能"调教"出一支能征善战的舰队的统帅却能为国家赢得很长一段时间内的所有海战，奠定国家海权的基石，居功至伟。将星璀璨的英国皇家海军从来不缺能带领能征善战的舰队取得海战胜利的统帅，但是能在逆境和低谷时期"调教"出一支能征善战的舰队的统帅却屈指可数，这闪光夺目、光芒万丈的将星绝对是可遇而不可求的，但幸运的是，上帝垂青于英国皇家海军，恰恰在其处在变革期和低谷期的时候，赐予英国一颗最为璀璨光耀的将星，他就是主导了跨越19世纪末到20世纪初英国皇家海军大改革的约翰·阿巴斯诺特·费舍尔。

注定属于皇家海军的灵魂

1841年1月25日，约翰·阿巴斯诺特·费舍尔出生在英国殖民地锡兰（今斯里兰卡）的一个陆军军官家庭。

陆军殖民地部队军官老爹希望儿子能子承父业加入陆军服役，但年幼的小费舍尔看不上陆军，心底里也未必瞧得上老爹的军官地位（殖民地陆军军官在英国陆军军官团中的地位也非常低），他内心向往的是浩瀚的大海，像伟大的霍雷肖·纳尔逊那样拯救国运于狂澜。

1854年，年仅13岁的费舍尔就作为海军候补生加入了英国皇家海军，并在同年6月12日于朴茨茅斯登上了著名的特拉法尔加战役中他的偶像——霍雷肖·纳尔逊的旗舰"胜利号"服役。一年后，14岁的费舍尔参加了对俄国的克里米亚战争，在攻打俄国黑海舰队主基地塞瓦斯托波尔的战斗中，费舍尔身先士卒、作战勇猛，因战功从少尉候补生晋升中尉；1857年12月，16岁的费舍尔跟随英法联军舰队来到中国，参加了炮击虎门炮台和攻占广州城的战斗；1859年6月25日，18岁的费舍尔中尉参加了英法联军第二次攻击中国天津大沽口炮台的战斗：原本认为是一场武装游行，结果在出身蒙古科尔沁草原的"博多勒噶台亲王"僧格林沁周密而坚固的炮台水陆防御面前碰了个头破血流，参战的英法联军21艘炮舰炮艇中有4艘被击沉击毁，包括旗舰"鸻鸟"号炮舰，舰队司令贺布少将身受重伤，参战的英国海陆军一共伤亡426人（包括29名军官在内的81人阵亡、345人受伤），法军伤亡35人（12人阵亡，23人受伤），"中立"的美军伤亡2人（1死1伤）；清军伤亡只有32人。这场战斗的失败也成为英国皇家海军在19世纪的唯一的一场主要战败。

这次战斗刺激到了年轻的费舍尔，虽然他因为这场战斗的积极表现被晋升为上尉，但他并没有在意肩膀和袖口上多了条"金线道道"，而是总结这场战斗中英国皇家海军所暴露出来的问题。

费舍尔总结出的第一条教训是皇家海军在这场战斗中拙劣的炮术水平和惨不忍睹的命中率，漫无目标的"浪射"在他看来纯粹就是在浪费炮弹，参战英军炮艇射出的炮弹基本没有对大沽炮台的工事造成任何值得一提的损伤，让炮台守军得以在一个较为安全的环境下从容地瞄准和射击。命中率的低下也导致舰队对登陆的陆军火力支援的效率大打折扣，不但不能达成作战目标，反而大大败坏了皇家海军在陆军同僚心目中的声誉。

费舍尔总结出的第二条教训是皇家海军军官缺乏主观能动性，开战前对对手充满轻视，丝毫不知道变通，一旦遇到打击又惊慌失措，处置失当，这

> 费舍尔

种临战处置的愚蠢在无形中加重了本方的伤亡。

平心而论，费舍尔的总结可谓字字金玉，但此时的他人微言轻，就算把报告递交上去，官僚气息严重的海军高层也不会对他这么个小小的上尉的建言予以重视，年轻的费舍尔能做的只能是耐心地等待。

以变革者的面目初露锋芒

一时没办法改变上峰，就只能先积累自己，费舍尔在第二次大沽口战斗后就潜心研究海军炮术，凭借其旺盛的求知欲、充沛的精力和过人的学习能力，他成为当时英国皇家海军有名的炮术专家。

除了传统的炮术外，费舍尔对新兴的技术也倾注了极大的热情，1866年英国工程师罗伯特·怀特黑德成功地研制出第一枚鱼雷后，时年25岁、已经是少校的费舍尔敏锐地感知到这种长得活像一条鱼的兵器在今后的海战中会有巨大的发挥空间。这种新锐的兵器在一瞬间就"征服了"费舍尔少校，将原本单独属于炮术的研究热情分出了一部分倾注到了鱼雷技术研究上，在不长的时间里费舍尔少校也成为英国皇家海军数得着的鱼雷专家。并因此获得了皇家海军高层的注意，邀请他参与皇家海军炮术教材《射击教范》的修订工作。

这个"差事"对年轻的费舍尔而言无疑是一次极佳的"历练"机会，也是一次掌握话语权的机会，费舍尔出色地完成了《射击教范》的修订工作，获得了海军部的好评。

出于对费舍尔中校在炮术方面的造诣的认可，1872年，31岁的费舍尔被海军部指派到"卓越"号炮术学校（英国皇家海军拥有军舰名字的陆上机构）担任炮术教官，并且在两年后的1874年晋升他为海军上校，成为当时英国皇家海军比较年轻的上校军官之一。两年后的1876年，费舍尔上校关于加强鱼雷和水雷作战训练的建议被海军部采纳，授权费舍尔全权创设了被称为"弗农"号的新的独立的鱼雷水雷战术学校，专门负责研究和教授鱼雷和水雷作战的战术和训练工作。至此，费舍尔得以在英国皇家海军的技术和战术领域拥有一定的话语权。

1882年7月11日，费舍尔上校以当时英国皇家海军最新锐的铁甲舰"不屈"号（当时中国清代曾以"英弗来息白"的音译来称呼该舰，"定远""镇远"两舰的炮塔配置等便是参考了该舰的设计）的舰长的身份参加了炮击埃及亚历山大港的行动，炮术专家出身的费舍尔指挥的"不屈"号总共发射16寸重炮炮弹88发，显示出了极为高超的炮术水准。

　　在1882年9月的一次公开集会上，时年41岁的费舍尔上校高调地、不遗余力地宣扬道：英国必须改变海军使用煤炭作动力燃料的现状，应该使用新型油燃料。费舍尔坚持认为，在未来争夺制海权的战斗中，将石油作为军舰动力燃料，会给英国带来决定性战略优势。他列举了大量事实说明，将石油作为燃料的战舰不会产生黑烟并暴露目标，燃煤动力战舰则会排放黑烟，十千米以外都看得见。同时，燃煤动力系统的加速性不如燃油动力系统，要达到最大马力，燃煤动力需要4小时~9小时，而燃油动力只需要几分钟。给战舰加注油料，只要12人工作12小时，而提供同样能量的煤，则需要500人连续工作5天。在达到相同马力的情况下，燃油引擎只需要燃煤引擎三分之一的工作量，日消耗量也只有煤的四分之一。用油作燃料的船队，其活动半径大约是用煤作燃料的船队的4倍。

　　费舍尔的提议得到了一部分激进的英国皇家海军军官的支持，但同时也遭到相当一部分保守势力的强烈反对。反对的理由也非常充分：反对派并不否认石油对舰艇动力的好处，但英国本土并不出产石油，必须从远在千里之外的波斯湾进口，一旦开战并且石油出产国宣布中立的话，脆弱的供应线就会随时被掐断。而位于英国本土威尔士出产的优质煤炭可以为皇家海军舰艇提供稳定的燃料供应，并不会受开战的影响而断供。这对"安全感"极度缺乏的岛国海军而言无疑具有重大意义。

　　"正反双方"一开始只是争论，但由于各不相让最终发展成了争吵，最终海军部出面以一碗水端平的方式解决了这次争吵：允许在轻型舰艇上试验燃油锅炉，测试燃油锅炉的可靠性；而事关国运安全的大型主力军舰暂时还继续使用传统的燃煤锅炉，走一步看一步。

　　对这个结果，费舍尔十分不满，但好歹争取到了试验他的倡议和设想的机会，他坚信：只要有这个机会，总有一天就会让英国皇家海军进入石油时代。

划时代的"驱逐舰"倡导者

1890年，49岁的费舍尔被晋升为海军少将，并担任朴次茅斯海军造船厂的技术总监——这是一个对英国皇家海军技术发展有极大影响力的职务。在担任这一职务期间，费舍尔最为得意和津津乐道的倡议成果莫过于创造了鱼雷艇驱逐舰这一划时代的新型舰种，就是日后"驱逐舰"的鼻祖。

这一"新概念"舰艇的提出主要针对受奥贝海军中将"新学派"思维影响的法国海军停造战列舰，集中精力建造鱼雷艇和支援鱼雷艇作战的鱼雷炮舰及鱼雷巡洋舰，期望以此剑走偏锋应对英国皇家海军的优势地位造成的"不对称威胁"。

这型舰艇拥有比鱼雷艇大得多的舰体空间，远比燃煤锅炉小巧的新式燃油锅炉，赋予其充沛的动力以获得超过鱼雷艇的航速，有利于捕捉到鱼雷艇；搭载的中口径舰炮和众多的小口径速射炮赋予了其足够的摧毁鱼雷艇的火力；搭载的大口径鱼雷发射管在面对敌方支援鱼雷艇作战的鱼雷炮舰和鱼雷巡洋舰的时候也能拥有一定的威慑力。

1893年10月，英国皇家海军鱼雷艇驱逐舰"哈沃克"号下水。该舰排水量275吨，长56.4米，宽5.6米，有1门12磅（76毫米）炮、3门6磅（57毫米）速射炮，3具18英寸（457毫米）鱼雷管；蒸汽机功率为3500至4000马力，设计航速27节。这种配置能在海上毫无困难地捕捉敌方鱼雷艇，这种新型舰艇有效压制了日益加剧的鱼雷威胁，并打破了法国海军受"新学派"思维影响所提出的以大量鱼雷舰艇控制英吉利海峡的计划。

在看着"哈沃克"号的舰体滑下水的时候，费舍尔也许并不会想到：这么一艘以捕捉、驱逐、摧毁鱼雷艇为主要任务的小军舰最终会发展成为既能担任突击任务，又能承担作战编队防空、反潜护卫任务，还可在登陆、抗登陆作战中担任支援兵力，以及担任巡逻、警戒、侦察、海上封锁和海上救援等任务，成为现代海军舰艇中用途最广、数量最多的舰艇。

掌握大权后大刀阔斧改革的到来

1892年，时年51岁的费舍尔少将被委以重任，进入海军部担任第三海务大臣之职，这个职务主管范围是海军军备技术研发和舰船建造项目的审计，可以说是个掌握实权的"肥缺儿"。这期间他打破传统，大力推行改革，在工作中展现出异乎寻常的旺盛精力。总是觉得一股子精力没地方使的费舍尔，为发泄情绪，在脖子上挂了一块牌子，上面写着："我无所事事（I have no work to do!）。"

1897年，时年56岁，脾气大、性格乖张、和同僚关系紧张的费舍尔少将再也无法忍受按部就班、人浮于事的海军部的死气沉沉的气氛，交卸了第三海务大臣的职务，又返回一线舰队，担任北美和西印度洋海军站司令；1899年，费舍尔少将作为英国海军代表参加第一次海牙和平会议，同年晋升为海军中将，之后担任地中海舰队司令。在担任地中海舰队司令的三年中，费舍尔中将在地中海舰队进行了鸡飞狗跳的人事革新，一批不称职的、混日子的军官被清退，换上了一批年富力强、富有进取心的年轻军官，日后的皇家海军大舰队司令约翰·杰利科、战列巡洋舰队司令戴维·贝蒂都是在费舍尔中将担任地中海舰队司令的这段时间内崭露头角、脱颖而出的。

1902年，时年61岁的费舍尔晋升海军上将军衔，并返回海军部担任负责人事、教育、训练和征募的第二海务大臣。任职期间，费舍尔顶着极大压力，打破一般军官和轮机军官间的隔阂，实现了这两个部门之间的人事平调，使军官可以更为全面地了解舰艇，获得更全面的舰艇指挥操纵经验（之前英国皇家海军军官团的主流观念里，成天待在肮脏的轮机部门的军官是粗俗的、没教养的"瘪三""二溜子""乡巴佬"的代名词，舰面部门和轮机部门的军官的平级对调在很长一段时间内简直就是无法想象的事情）。这一举措在一群贵族出身的海军军官团体中引起了轩然大波，他们纷纷抨击费舍尔"肆意颠覆皇家海军的光荣传统"，但大权在握的费舍尔根本不为所动。虽然在这些能量巨大、"力达天听"的人的背后操作下，费舍尔在第二海务大臣的任上只干了一年就卷铺盖走人，但继任者并没有恢复"舰面部门和轮机部门军官老死不相往来"的"旧制"，因此费舍尔的人事改革取得了初步的成功。

卸任第二海务大臣后,费舍尔上将在朴次茅斯担任了一年多的本土舰队司令。1904年,时年63岁的费舍尔因对皇家海军建设卓越的贡献被晋升为海军元帅,并在同年的10月21日再次回到海军部,被任命为主要负责英国皇家海军日常管理、计划制订和政策施行的职责的第一海务大臣。尽管第一海务大臣没有军事指挥权,但在海军日常管理、计划制订和政策施行方面有绝对权力。这个职务使他终于脱离了一切羁绊,总算可以大刀阔斧地施展他的改造英国皇家海军的夙愿。

当时还是下议院议员的温斯顿·丘吉尔曾经不无妒忌地形容费舍尔元帅:"全国的船全由他自由支配,连国库的钥匙也几乎听他调遣。"

当时正值对马海战日本联合舰队大胜,日军舰队整齐划一的编队和火炮射击给世界留下了深刻的印象。费舍尔一心想使皇家海军现代化,不知疲倦地工作,实行了一系列改革:他支持军官教育,将海军学院教育从军舰上搬到了陆地上,确立了英国皇家海军军官教育的基础,为打造一支拥有进取心的高素质英国皇家海军军官团队伍打下基础。在舰队建设方面,费舍尔元帅以壮士断腕的气概,一举淘汰了154艘被他称为"守财奴的垃圾堆"的废旧舰只,实现装备现代化;力主实施核心船员制度,使备用军舰能够迅速进入临战状态;削减海外驻军,强化本土舰队实力。通过这一系列努力,巩固了英国在海军竞赛中的优势地位。

> 统一主炮口径的"无畏"号战列舰

费舍尔元帅在第一海务大臣任内的最大成果便是以他超乎寻常的执行力强力推动"单一口径主炮的英国舰队用的理想战列舰"概念的落地，最终在1906年10月化为"无畏"号战列舰（这艘战舰在1910年2月在朴次茅斯造船厂开工，在费舍尔的强力协调、督促甚至威逼下仅仅只用了8个月就建成了）。这是一艘使以往的旧式战列舰在一夜时间全部过时的新式战列舰，其战斗力提高了三倍，这艘军舰是如此有名，以至于后续的此类新式战列舰都被冠以"无畏舰"之名。费舍尔得意洋洋地夸耀："这类军舰就像煮老的鸡蛋一样不可能被粉碎。"

但"无畏舰"并不是费舍尔心目中理想的终极目标，"无畏舰"对他来说只是一个过渡。1909年，费舍尔元帅的终极梦想、被他昵称为"完美之猫"的"无敌"号战列巡洋舰建成服役，此类舰只采用了无畏舰级别的主炮，牺牲了装甲防护以获得巡洋舰级别的高速度。费舍尔设想这类军舰并不用于主力舰之间的决战，而是通过超群的火力和傲人的航速将敌方担任前卫侦察任务的轻巡洋舰和前来支援轻巡洋舰的敌方装甲巡洋舰撕成碎片后，在敌方慢吞吞的战列舰抵达战场之前利用高速绝尘而去的理想作战军舰。

虽然费舍尔的改革使英国皇家海军面貌为之一新，但保守势力对他的攻击始终没有停止，终于在费舍尔元帅担任第一海务大臣的第六个年头的1910年以"年事已高"的理由迫使他"光荣退休"。

第一次世界大战爆发以后，时任第一海务大臣的路易斯·巴登贝格亲王（路易斯·蒙巴顿的父亲）因德国血统被迫辞职。当年那个妒忌费舍尔权势熏天的下院议员，此时已经是海军大臣的温斯顿·丘吉尔又请费舍尔元帅出山官复原职，重新出任第一海务大臣。

这时正值海军少将克里斯托弗·克拉多克爵士指挥的英国皇家海军南美分舰队在科罗内尔角海战中被德国海军中将马克西米利安·冯·施佩伯爵麾下的德国东亚舰队击溃，克拉多克少将以下1578人葬身大海。怒不可遏的费舍尔不顾大舰队司令约翰·杰利科和战列巡洋舰队司令戴维·贝蒂的反对，从本土舰队战列巡洋舰分队中抽调了"无敌"号和"不屈"号两艘战列巡洋舰，交由弗雷德里克·多夫顿·斯特迪中将统领前往南大西洋，会同已经集结在南大西洋的、由斯托达特中将率领的"卡那封"号、"康沃尔"号、

"肯特"号装甲巡洋舰，轻巡洋舰"布里斯托尔"号、"格拉斯哥"号（科罗内尔海战幸存者），辅助巡洋舰"马其顿"号一起"会剿"东亚支队。同时将"大公主"号战列巡洋舰派往北大西洋，截断东亚支队回国的必经航路，终于在福克兰群岛海战中全歼了施佩舰队。在此战中，费舍尔心目中的"完美之猫"战列巡洋舰表现出色，也令费舍尔元帅喜不自胜（即便如此，坏脾气的费舍尔还是抱怨斯特迪中将"无能"，"浪费了1174枚305毫米口径炮弹，只击沉了两条又慢又破的老船"）。

> 费舍尔与丘吉尔

面对战争僵局，费舍尔希望通过核心为英俄联军的波罗的海登陆计划，以两栖作战的方式争取优势地位。为此，他提出了庞大的舰艇建设计划，建成了许多独特的舰艇（其中最著名的莫过于"勇敢"号、"光荣"号和"暴怒"号三艘拥有无畏舰级别重炮的"大型轻巡洋舰"，也被称为"嘘嘘"巡洋舰）。由于费舍尔的作战计划与丘吉尔推动的加利波利战役相抵触，导致两人不和。1915年5月，加里波利战役失败，费舍尔元帅愤而辞职。虽然两人不和，但丘吉尔还是想挽留这位海军宿将，但去意已决的费舍尔在1915年5月15日离开了自己为之奋斗了61年之久的英国皇家海军。

曲终人未散

通过约翰·阿巴斯诺特·费舍尔的努力，英国皇家海军得以在第一次世界大战中取得最终胜利。"战争的本质是暴力，战争中的中庸便是低能！"此话成为他的著名格言，他的改革措施也忠实地履行了这句格言，而这些改革中的任何成败，以及他由此获得的赞誉和非难，其本源还是践行了他的这句格言。

"永远的提尔皮茨"
阿尔弗雷德·冯·提尔皮茨与德国大洋舰队

历史上，德国虽然一直没有成为世界上的主要海权国家，但也曾建立过有着很强实力的海军，在世界海军史上留下了自己独特的印记。德国海军在一战前曾是世界实力第二的强大海军，这样一支海军的形成，离不开当时德国海军国务秘书阿尔弗雷德·冯·提尔皮茨的努力。虽然提尔皮茨不是一名优秀的指挥官和战略家，却是一名很好的建设者、组织者、管理者，将德国海军的实力提高到历史最高峰。

平凡的孩子，意外加入海军

提尔皮茨1849年出生于科斯琴，该地现在已属波兰领土。提尔皮茨的父亲是一名律师，后来担任法官，他的外祖父则是一名医生。提尔皮茨的家庭不属于贵族，但生活无忧，能为其提供良好的教育，提尔皮茨可以熟练地使用英语，这为他之后深入了解英国提供了帮助。少年时期的提尔皮茨并没有什么闪光点，也并非天才少年，他在自己的自传中就写道，他就是一个平凡普通的孩子。但平凡普通的人，有时放在合适的位置，也可能会发出耀眼的光芒。

提尔皮茨加入海军，并非他的理想，少年时的他也并未对海军产生兴趣，一切不过是一场"意外"。提尔皮茨的朋友先报名参加了海军，提尔皮茨知道后感觉参加海军还不错，在得到父母的同意后，16岁的他在1865年4月24日进入基尔海军学校学习，成为一名普鲁士海军学员。当年普鲁士与奥地利之间爆发了普奥战争。当时的普鲁士虽然也在发展海军，但整个德意志上下的海洋意识和氛围都不强，所以提尔皮茨加入海军时也未必想到自己将来会主持建设了历史上最为强大的德国海军。

> 提尔皮茨

1866年6月24日，从海军学校毕业的提尔皮茨成为海军军官候补生，随同舰艇在英吉利海峡巡航。之后不久，随着以普鲁士为主导的北德意志联邦的成立，提尔皮茨加入北德意志联邦海军。

普法战争中，由于北德意志联邦海军的实力远远落后于法国海军，所以在这场战争中，海军舰艇基本上都留在港口中，并没有展开什么像样的军事行动，加之普鲁士取得这次战争的胜利主要靠的是陆军，这让海军很尴尬。作为北德意志联邦海军中的一员，提尔皮茨也没有参加战斗。不过，这段时期，普鲁士与英国的关系还相当不错，提尔皮茨有机会经常到英国的港口停泊。提尔皮茨认为，英国的朴茨茅斯港要比德国自己的基尔港更利于水手们休息，同时舰艇在那里也能够得到很好的保养维修，也容易获取零部件和补给，各方面的条件反倒比德国国内好。此时的英国，还未将德国视作敌人，也乐意为德国海军的发展提供帮助，英国海军军官对德国海军军官也普遍友好。

1877年，提尔皮茨被选派监督鱼雷的研制工作，并且开始掌管德国海军的鱼雷部门，后改称鱼雷总监部。此后，提尔皮茨又被安排组织监督鱼雷艇的研制工作，为鱼雷提供发射平台。当时的德国海军国务秘书列奥·冯·卡普里维认为，鱼雷艇适合防备他们最有可能的敌人——法国对德国的袭击。

但提尔皮茨的意见截然相反。他提出了发展组织大批鱼雷艇主动攻击法国海军母港的计划，可见当时的提尔皮茨颇具进取精神，而且意识到鱼雷艇这种武器属于进攻性武器，即使用于防守也应当是积极主动的防守，而不是被动防御。

提尔皮茨负责鱼雷总监部11年，后来在他的自传中，还提到这是他人生中最好的11年。

结识威廉二世

> 提尔皮茨与威廉二世

1887年，当时还是王子的威廉二世乘船前往英国参加他外祖母维多利亚女王登基五十周年庆典，提尔皮茨率领鱼雷艇部队为其护航，这是威廉二世与提尔皮茨第一次见面。1888年，威廉二世继位后，德国海军首脑也发生了变化，鱼雷艇部队不再受到重视，在这样的情况下，提尔皮茨主动要求调职。在担任巡洋舰舰长等一系列职务后，提尔皮茨成为波罗的海舰队总参谋长。

在一次威廉二世与海军高官的宴会中，提尔皮茨再次与威廉二世相见。在这次宴会上，威廉二世向诸位海军高官提出了一个问题，那就是应该如何发展海军。提尔皮茨对这个问题的回答是：建造战列舰。这一点正对威廉二世的胃口。9个月后，提尔皮茨被调往柏林，进行建立一支远洋舰队的战略问题研究，而这次职务调整显然有威廉二世的授意。

虽然威廉二世的母亲是英国公主，但据说因为左手残疾，其母采用电击疗法治疗，并且对他十分严格，威廉二世极度憎恨英国。继位后，随着德国国力的发展，威廉二世开始将英国视作敌人，英国有强大的舰队，那么德国也应该有，所以威廉二世继位后推行的战略，为提尔皮茨的上位提供了机会。

在主管鱼雷总监部时，提尔皮茨就研究了当时各种类型的舰艇及其战术，这为其新工作提供了帮助。1892年12月1日，提尔皮茨向威廉二世介绍了他的研究成果。这不可避免地导致了他与当时的海军国务秘书弗里德里希·冯·霍尔曼的矛盾。霍尔曼作为海军国务秘书，负责德国海军的发展和建造采购舰艇等任务，他与提尔皮茨的矛盾主要是意见不合。

提尔皮茨认为，应该组建一支由8艘战列舰组成的主力舰队，其他类型的舰艇都将以这8艘战列舰为核心，配合作战。而霍尔曼则主张建立一支由巡洋舰为核心，拥有多种舰艇的混合型舰队，其中那些拥有较大航程的巡洋舰将有利于德国海军进行海外部署，有利于德国争夺殖民地和获取海外利益。但提尔皮茨则认为，如果没有足够的战列舰提供支援，巡洋舰在战场上很快就会被敌人消灭。

1892年，提尔皮茨担任德国海军参谋长。1895年，升为海军少将。由于提出的建议长期没有得到实施，提尔皮茨多少有些心灰意冷，提出由其他军官接替其职务的要求。但威廉二世并不想让提尔皮茨这名与自己观点相合的海军军官离开，命他进行海军舰艇建造的研究。1896年，就在提尔皮茨递交研究成果时，布尔战争爆发，德国支持当地的土著布尔人，为此与英国的关系恶化。在这样的情况下，航程、航速都适应远航任务的巡洋舰可以及时赶赴非洲地区显示德国的存在，所以提尔皮茨提出的建造战列舰的建议，很难得到落实。

霍尔曼向德国议会争取资金，以建造舰艇，但争取来的资金金额并不理想，没有满足任何一方的要求，与议会也僵持不下。在这样的情况下，海军办公厅秘书提出撤换霍尔曼，威廉二世当时立即提出由提尔皮茨接替霍尔曼。威廉二世的提名是在冲动之下作出的，况且立即将霍尔曼撤职也不现实。霍尔曼毕竟从议会争取到1艘战列舰和3艘大型巡洋舰的建造资金，在议会流程走完之前将其撤职显然是个错误。所以，威廉二世任命提尔皮茨担任德国东亚舰队的司令，并保证在合适的时机，由其接替霍尔曼海军国务秘书的职务。

德国海军东亚舰队是一支以巡洋舰为主力的舰队，一直以英国当时的殖民地中国香港作为保障港口。但中国香港的港口设施优先为英国海军舰艇提供服务，也不适合为东亚舰队提供更好的保障，所以提尔皮茨提出在中国沿海寻找合适港口，作为德国海军东亚舰队自己的基地。经过考察后，提尔皮茨认为中国山东的青岛有着良好的港口条件，是建立德国海军基地和殖民地的良好地理地点。德国军队先是抢占青岛，1898年强迫清政府签署租借条约。1896年3月12日，因德国议会将霍尔曼提出的7000万马克海军预算削减到5800万马克，霍尔曼提出辞职。本就与霍尔曼有矛盾，钟意于提尔皮茨的威廉二世批准了霍尔曼的辞职要求。很快，提尔皮茨被召回国内。提尔皮茨于1897年6月6日抵达柏林，正式接任海军国务秘书一职。

优秀的组织者、管理者和政客

实事求是地讲，海军国务秘书这一职位确实适合提尔皮茨，他在这一位置上表现出极强的组织、管理能力，同时表现出敏锐的政治洞察力，充分利用各种政治和社会力量，保证了数个海军法案的通过，在任内使德国海军的实力迅速壮大起来。

提尔皮茨上任不久，就向威廉二世提交了一份备忘录，备忘录的内容除大力发展海军外，还提到了将英国视作敌人的战略想法，这正中威廉二世下怀。提尔皮茨认为，考虑到德国缺乏海外基地，在全球范围内使用巡洋舰进行破坏、袭扰等作战，不具备现实条件，应当建立一支以战列舰为核心的主力舰队，与英国海军的主力舰队进行决战。在当时建设一支强大的海军当然少不了对战列舰的重视，但对于巡洋舰在全球的作战行动的看法，显然有些想当然。第一次世界大战爆发后，以德国东亚舰队主力舰组成的斯佩舰队，虽然最后被英国海军剿灭，但其行动的效果和影响确实很大。如果德国在当时能够组织更多、更强大的巡洋舰舰队，也许能够牵制英国皇家海军更多兵力，造成更大的影响。

想要大量建造体积庞大、耗费也同样庞大的战列舰，必须得到德国议会的拨款。虽然威廉二世是德国皇帝，但却并非专制统治君主。鉴于德意志由各邦国组成，普鲁士虽然在其中占据主导作用，但并非说一不二。

德国议会分为由各邦君主组成的联邦参议院和由男性公民选举产生的帝国议会。根据德意志第二帝国建立时的协议，普鲁士在联邦参议院中拥有远超其他各邦的票数，所以联邦参议院由威廉二世控制。但各邦拥有税收自主权，德意志第二帝国只能征收关税、邮资和一些特别税。战列舰的建造费用如果靠开征新税，很容易引起各邦不满，向各邦借钱也不现实。

帝国议会虽然由男性公民选出，但也代表了德国社会不同阶级阶层的利益，六大政党并存，分别代表着大地主、重工业企业主、天主教徒、小农场主和工人、知识分子等不同的利益。没有一个政党能够完全掌握帝国议会，对于议题的讨论往往陷于无休止的争吵之中。

提尔皮茨对于德国议会的情况有着清醒认识，所以他在推动德国海军发展中的一大工作就是推动数个海军法案的通过，为德国海军的发展寻求更多资金。

提尔皮茨为了兼顾各方利益，先是成立了两个空头委员会：一是由他和德国海军司令等人组成的委员会，商讨研究德国海军未来发展的问题；二是组成了由财政部参与的委员会，研究预算问题。但这两个委员会并没有开展什么实质性的工作，无非是为了平衡各方的利益。提尔皮茨工作的重中之重仍然是得到威廉二世和首相的信任与支持，在最高层得到支持，对于获取其他方面的支持起到引领作用。

提尔皮茨寻求支持的是已经卸任的"铁血宰相"俾斯麦。虽然俾斯麦因与威廉二世政见不合而辞职，但他在德国政界仍拥有巨大影响力。提尔皮茨以威廉二世考虑以俾斯麦的名字作为下一艘军舰的舰名为"见面礼"，以换取俾斯麦对他提议的温和支持。

提尔皮茨的海军计划，是以英国为目标的，这将不可避免地对德国的外交政策产生影响。俾斯麦在任时，极为反对与英国为敌。这样看来，只要俾斯麦不反对，对于提尔皮茨就是最大的支持，如果能够得到俾斯麦有限温和的支持，那更是再好不过的。

除俾斯麦外，提尔皮茨还去做了萨克森邦君主——当时还是王子的奥古斯特三世的工作，并争取到巴登邦的杜克公爵，以及一些城市议会的支持。在海军法案提交议会审议时，奥古斯特三世还专门给议会议员写了一封公开信，信中列举了列强的海军实力，以及德国落后的情况。

这些人物，在德国政坛中有着很大影响力，他们对提尔皮茨的计划表示支持，虽然不一定能改变很多反对人士的想法，却很容易引导那些持中间态度人士的看法，民众也容易被这些重要人物的态度所影响。

同时，提尔皮茨本人的一些特质，也帮助他推行了计划。提尔皮茨本人十分有耐心而且幽默，在解答各方疑问时，十分仔细地回答每一个问题。提尔皮茨还组织各界在私人场合讨论海军法案。这一做法十分精明，私人场合气氛更加轻松，各界交流意见也更放得开，私下交流得到的情况可以集中反馈到海军法案的修改中，一些问题也能在这样的交流中得到预先解决，为在帝国议会中通过法案提供了便利条件。此外，提尔皮茨还组织各界人士参观德国海军的军舰和造船厂，加深他们的对发展海军的直观认识，增进个人关系的发展。

最为重要的是，提尔皮茨十分重视舆论工作，重视通过宣传营造发展海军的氛围，借助社会各阶层的力量对帝国议会施压。在帝国海军部内，提尔皮茨设立了一个新的部门——海军公共关系处。马汉所著《海权论》被翻译成德文，德国海军每艘舰艇上都有这本书，还向社会免费发放，仅帝国海军部就发放了8000本。提尔皮茨还将海军内部的技术刊物，转为公开发行，报

> 德国公海舰队

纸期刊刊载海军历史的文章，海军制服成为童装时尚。

重大外交事件，也成为提尔皮茨推动海军法案通过的重要凭借。提尔皮茨曾经凭借两次摩洛哥危机在德国内部形成的舆论环境，使1906和1912两个补充案获得帝国议会的通过。

拙劣的海军领导者

根据提尔皮茨计划，通过若干个海军法案，德国海军将拥有一支实力仅次于英国皇家海军的强大舰队，实际上，在总吨位上来看，德国海军在一战爆发前已经位居世界第二。提尔皮茨认为，这样一支德国海军与英国皇家海军交战，给英国皇家海军造成的损失将是英国难以承受的，即使德国海军实力遭受重创，但英国海军此后的实力将无法有效对抗其余海军强国，这肯定是英国难以接受的，所以英国会选择与德国妥协。

但事实是，英国凭借更为强大的国力，始终在战列舰数量上保持着对德国的优势。同时，英国通过外交手段改善了与法国的关系，与日本结盟，以此为基础将地中海和东亚的海军兵力调回本土，加强本土的海军力量。提尔皮茨本来预测英国皇家海军将对德国实施近距离封锁，这样德国海军将有机会在靠近本国海岸的海域，充分发挥德国主力舰的优势，与英国军舰交战。但英国实施了远距离封锁战略，在远离德国海岸的海域对德国进行封锁，使得航程不大的德国主力舰很难与之展开决战。

战争爆发后，经过多格尔沙洲海战和日德兰海战后，德国海军虽然遭受了一定损失，但实力尚存。提尔皮茨却对德国海军失去了信心，认为德国海军无力克制英国皇家海军。虽然提尔皮茨的"存在舰队"设想有一定的理想色彩，但并非毫无道理，可是提尔皮茨在两次海战后背弃了自己的计划和设想。再加上威廉二世担心舰队会全军覆没，严禁舰队出海作战，德国耗费巨资建设起来的庞大主力舰队沦为战争的看客，直到战争结束后自沉。此后，提尔皮茨因在"无限制潜艇战"方面与威廉二世发生分歧，君臣二人分歧愈发严重，最终提尔皮茨被解职。

提尔皮茨对于德意志第二帝国海军来说，正可谓是"成也萧何败萧何"。德国海军的发展壮大，离不开提尔皮茨的谋划、经营，但最终全部自沉的结局也与提尔皮茨脱不开干系。

客观来讲，提尔皮茨是一个优秀的政客、管理者和组织者。他不仅精通海军兵力建设，还对政治、经济、舆论宣传等颇有研究和认识。正是在他的领导和组织下，德国海军才获得了帝国议会在资金方面的支持，获得了德国

> 以提尔皮茨之名命名的"提尔皮茨"号战列舰

社会各界对发展海军的支持，这比他的前任们只是单纯从海军自身角度出发看待海军发展高明了许多。而且提尔皮茨对海军装备建设的一些认识，也很有特点。在负责德国海军鱼雷总监部时，提尔皮茨甚至提出过组织大批鱼雷艇突袭法国海军港口这种非常富有进攻性色彩的构想。提尔皮茨计划本身也具有很强的进取性，但在与英国皇家海军交手后，提尔皮茨反倒变得畏畏缩缩，失去了进取精神。

可以说，提尔皮茨一手将德国海军从列强中不入流的海军发展为世界排名第二的强大海军，使得英国皇家海军都不得不重视起来。但提尔皮茨并不是一名带领海军舰队冲锋陷阵的海军将领。他也许擅长建设海军，擅长打点上下关系，但与英国皇家海军交手后，反倒出现了怯战、畏战的表现，所以提尔皮茨并不是那种像纳尔逊那样，在关键时刻能够调动部队士气，发现战机的海军指挥官。当然，这样的表现除了提尔皮茨个人自身原因外，也与德国缺乏海洋精神等有着密切的联系。其他德国海军将领多数也出现了类似的行为。战争刚爆发时，希佩尔、舍尔等海军将领都敢于与英国皇家海军一战，但是之后却变得害怕起英国来。反倒是远在东亚，得不到任何支援的斯佩舰队，发挥了主观能动性，采取了积极的战略战术，给英国造成了不小的麻烦。

德意志第二帝国东亚分舰队的绝唱
斯佩伯爵与福克兰群岛海战东亚支队的建立

东亚支队，全称德意志帝国海军东亚支队，原先是为了保障德属萨摩亚的殖民地利益而组建的一支常驻远东但规模不大的小型巡洋舰支队，但随着德国在太平洋地区的殖民地利益逐渐扩大，为了对抗在当地的英国、俄国和日本海军力量，德皇威廉二世下令加强东亚支队的实力，并将支队的母港从简陋的萨摩亚转移到基础设施更好的中国山东青岛。1913年1月海军中将马克西米连·冯·施佩伯爵被任命为东亚支队司令官。东亚支队的实力此时上升为装甲巡洋舰两艘、轻巡洋舰3艘、大型炮舰4艘、浅水炮舰3艘、驱逐舰1艘和补给舰1艘。

马克西米连·冯·施佩的祖籍并不是德国人，而是丹麦人；1861年6月22日出生于哥本哈根的一个日耳曼贵族家庭。1878年4月23日，17岁的施佩从德国海军军官学校毕业加入了德意志第二帝国海军。以候补军官的身份成为练习舰"贝尼塔"号的成员。1882年，21岁的施佩晋升为少尉，在炮舰"海鸥"号上服役。由于行事果决干练、御下严格而不失亲切，施佩获得了颇高的人气，因此官运亨通、步步高升：1887年~1888年间在德国殖民地的喀麦隆港任港口司令并晋升中尉。1889年28岁的施佩改任练习舰"毛奇"号教官并结婚。1892年晋升为上尉，以巡洋舰"巴伐利亚"号副舰长的身份进修炮术。1897年36岁的施佩调任巡洋舰队第二分队副司令官兼参谋，并在1899年过完38岁生日后晋升为少校。1901年2月40岁的施佩担任扫雷舰"塘鹅"号舰长，这是他加入德国海军后第一次独立指挥军舰。但这个舰长没当两年就在1903年离舰上岸调任海岸防卫部长，1904年晋升为中校。1905年1月27日晋升海军上校（时年44岁）并被任命为前无畏舰"巴腾堡"号舰长；1908年再次离舰上岸担任德国北海舰队（公海舰队的前身）参谋长。1910年1月27日施佩晋升海军少将（时年49岁）；1912年9月19日，赞赏施佩能力的德皇威廉二世钦点他为东亚支队司令官。并在他来到上海登上停泊于此过冬的东亚支队旗舰"沙恩霍斯特"号就任后不久提升他为海军中将。这一年，马克西米连·冯·施佩只有51岁，在一堆"老容克"扎堆的德国海军高级军官团中显得年富力强而光彩夺目。

施佩接掌东亚支队时这支舰队颇具实力：拥有"沙恩霍斯特"号、"格奈森瑙"号两艘装甲巡洋舰；"埃姆登"号、"莱比锡"号和"纽伦堡"号3艘轻巡洋舰；"美洲虎"号、"虎"号、"鸡貂"号、"猞猁"号4艘大型炮舰；"青岛"号、"祖国"号、"水獭"号浅水炮舰；"S90"号、"大沽"号（原清政府海军"海青"号，1900年被俘改名）驱逐舰和"泰坦尼亚"号补给舰。为了表示自己一家满门效忠德皇陛下、报答陛下知遇之恩的决心，马克西米连·冯·施佩伯爵将自己的两个儿子奥托·斐迪南·冯·施佩和海因里希·弗朗茨·冯·施佩也带到了东亚支队，分别被安排在轻巡洋舰"纽伦堡"号和装甲巡洋舰"格奈森瑙"号上服役。

大战前的备战

走马上任成为独当一面的舰队司令官的施佩并没有几天安生日子可过了，因为此时欧洲的局势已经阴云密布，战火一触即发。战争的紧张气氛已经传到了远东，施佩伯爵审时度势，认为青岛基地虽然有船坞、修理厂之类的较为完备的舰队维护设施，但地理位置孤悬海外，陆上防卫能力又十分薄弱，一旦战端开启，面对驻扎在旅顺（日俄战争结束后旅顺就一直由日本占据）的日本海军和驻扎在威海卫（1898年英国强租威海卫25年作为对德国强

> 施佩伯爵

租青岛的回应）的英国皇家海军远东舰队的攻击，青岛基地陷落只是一个时间问题。

有鉴于此，施佩带领完成大修的两艘装甲巡洋舰于1914年6月20日离开了青岛基地，在太平洋上辗转到7月7日驶入临时锚地特鲁克环礁，同时命令在远东的所有可以出海的德国舰只以最快的速度往特鲁克环礁集结。收到命令后，仍留守青岛基地的轻巡洋舰"埃姆登"号、驻泊在墨西哥西海岸的"纽伦堡"号和准备去墨西哥接替"纽伦堡"号的"莱比锡"号，以及停泊在海地太子港、本不属于东亚支队编制，但按照德国海军部命令归施佩伯爵战时指挥的"德累斯顿"号和"卡尔斯鲁厄"号轻巡洋舰陆续起锚或者改变航向，自1914年7月28日至8月12日陆续和东亚支队主力汇合。8月6日，东亚支队离开特鲁克环礁北上于11日抵达蒲甘岛锚地，12日最后两条归队的军舰"纽伦堡"号轻巡洋舰和"弗里德里希亲王"号辅助巡洋舰也抵达蒲甘岛锚地，至此东亚支队主力已经完成战备。而早在8月6日施佩伯爵就收到了德国与英国、法国正式进入战争状态的电报。

摆在施佩伯爵面前的选择其实并不多，要么一路向西，取道印度洋、好望角、绕过整个非洲和大西洋东岸回国，这条路又长又充满着危险，很快就于8月13日在旗舰"沙恩霍斯特"号上举行的支队舰长会议上被否决了。那剩下的一条路就只有一路向东，取道尚处在中立地位的南美、经麦哲伦海峡进入大西洋伺机返回本土，顺带还能一路打击协约国的海上交通线。最终这个方案获得了除"艾姆登"号舰长冯·穆勒上校（他要求单舰前往印度洋执行破交任务）之外的全体舰长的同意。

胜利的喜悦和追兵的集结

在一路向东的航程中，东亚支队并没有纯粹埋头赶路，施佩伯爵率领舰队在1914年9月21日炮击了法国殖民地塔希提岛，摧毁了驻扎在该岛的法国海军"泽勒"号殖民地炮舰；并于1914年11月1日在靠近智利的科罗内尔海域与海军少将克里斯托弗·克拉多克爵士指挥的英国皇家海军南美分舰队爆发的海战（史称科罗内尔海战）中取得胜利，击沉"好望角"号和"蒙默斯"号

> 施佩的旗舰"沙恩霍斯特"号装甲巡洋舰

两艘装甲巡洋舰、击伤"格拉斯哥"号轻巡洋舰和"奥特朗托"号辅助巡洋舰，克拉多克少将以下1578人（另有"好望角"号上的吉祥物大角山羊一头以及克拉多克爵士私养的猎犬两条）葬身大海，而东亚支队自身损失极其轻微："沙恩霍斯特"号被命中两次，无人伤亡；"格奈森瑙"号被命中4次，两人受伤；轻巡洋舰毫发无损。这算是一场一边倒的胜利，也是东亚支队在开战以来首次在海上舰队对舰队之间的海战中取胜。在双方军舰纸面性能接近的情况下取得如此大胜让施佩伯爵心情大悦，在11月2日向东亚支队全体官兵的致辞中他这么说道："在上帝保佑之下，我们已经取得了巨大的胜利，本人在此向全体官兵致以感谢和祝贺。"同时施佩伯爵在个人在东亚支队的威望达到了巅峰。

科罗内尔海战后东亚支队的主要实力由"沙恩霍斯特"号、"格奈森瑙"号两艘装甲巡洋舰和"纽伦堡"号、"莱比锡"号、"德累斯顿"号3艘轻巡洋舰组成（"卡尔斯鲁厄"号轻巡洋舰被留在太平洋执行破交行动，并于1914年11月4日18时30分在巴巴多斯附近海面突然发生大爆炸，仅半个小时即宣告沉没，全舰只有129名幸存者被补给船救起）。东亚支队于11月2日下午进入智利的帕尔瓦莱索港休整（按照国际法只允许3艘交战国的军舰同时进入同一个中立国港口停泊休整，因此只有两艘装甲巡洋舰和轻巡洋舰"纽伦堡"号入港，"莱比锡"号和"德累斯顿"号则只好在港外下锚待命），经过一天的休整和受到帕尔瓦莱索的德国侨民的热情款待后东亚支队起锚向东南航行，穿越麦哲伦海峡然后转向东北，航行期间轻巡洋舰"德累斯顿"号和"莱比锡"号还击沉了原属克拉多克舰队的辅助巡洋舰"北威尔士"号，11月18日，施佩接到德国海军部发来的最新命令："停止破交作战，你舰队可穿越大西洋经丹麦海峡返回本土，我们在那里会安排补给船接应。"

协约国方面，克拉多克舰队在科罗内尔海战的战败使英国海军部遭受到来自各方面的压力（两艘战沉的装甲巡洋舰上有大量的刚满18岁的英国皇家海军军校生，这些人背后的家庭和社会能量可想而知），刚刚接任第一海务大臣的约翰·阿巴斯诺特·费舍尔海军上将听闻此消息后更是怒不可遏，不顾大舰队司令约翰·杰利科和战列巡洋舰队司令戴维·贝蒂的反对，从本土舰队战列巡洋舰分队中抽调了"无敌"号和"不屈"号两艘战列巡洋舰，交由弗雷德里克·多夫顿·斯特迪中将统领前往南大西洋，会同已经集结在南大西洋的、由斯托达特中将率领的"卡那封"号、"康沃尔"号、"肯特"号装甲巡洋舰；轻巡洋舰"布里斯托尔"号、"格拉斯哥"号（科罗内尔海战幸存者）；辅助巡洋舰"马其顿"号一起"会剿"东亚支队。同时将"大公主"号战列巡洋舰派往北大西洋，截断东亚支队回国的必经航路。

冲动任性的决断

虽然此时协约国已经因为科罗内尔海战的失利而派出大量的军舰前来围剿东亚支队。但在茫茫大洋上要捕捉和堵截住东亚支队也并非易事。因此东亚支队只要一心赶路，是完全有希望摆脱追捕回国的。

但马克西米连·冯·施佩并不想就这么"低调"地溜回国，在明知道协约国已经派出精锐军舰各处往智利而来以搜捕他的舰队的情报后，施佩伯爵似乎被之前取得的胜利搞得有点"迷之自信"。1914年12月6日东亚支队于匹克顿岛锚地休整时在旗舰"沙恩霍斯特"号上召开的东亚支队各舰舰长的会议上决定带领东亚支队袭击英国在福克兰群岛的基地斯坦利港，抓捕当地总督、夺取或者烧毁当地的存煤，捣毁英国设在该地的无线电站，借此向协约国示威的同时为舰队回国的归途增加几分保险。让施佩没有想到的是：之前对他唯命是从的舰长们这次没有高呼"司令高见"。事实上当这个决定一经提出就遭到舰队中大部分舰长的反对，理由很简单：舰队此时不缺燃煤补给，而且根据已经掌握的可靠情报，在科罗内尔海战后英国派出了一支由两艘战列巡洋舰、三艘装甲巡洋舰和若干艘轻巡洋舰组成的强大舰队来搜捕东亚支队，斯坦利港作为英国海军在南美的重要基地，没准那支强大的英国舰队此时正在斯坦利港休整。面对这些反对意见，此时已经完全自我感觉良好的施佩伯爵一律选择无视，一意孤行地命令舰队进攻斯坦利港。在施佩的威望和强势面前，各舰舰长选择服从命令。行动计划由装甲巡洋舰"格奈森瑙"号和轻巡洋舰"纽伦堡"号在1914年12月8日清晨实施，负责登陆作战的水兵和陆战队集结在"格奈森瑙"号上，按照计划该舰到达斯坦利港外将停船并放下载有登陆队的舰载小艇；而"纽伦堡"号则用炮火为登陆部队提供近距离火力支援。旗舰"沙恩霍斯特"号则带领轻巡洋舰"莱比锡"号和"德累斯顿"号在不远处提供支援和警戒，等待"格奈森瑙"和"纽伦堡"得手后再一拥而入大开杀戒。

高悬着战旗死去

结果正不出那些反对者所料，在"格奈森瑙"号和"纽伦堡"号接近斯坦利港时，由斯特迪中将指挥的英国追捕舰队（两艘战列巡洋舰、三艘装甲巡洋舰、两艘轻巡洋舰和一艘辅助巡洋舰）此时正在斯坦利港进行加煤作业。斯特迪舰队早在12月7日上午就抵达了斯坦利港，进港之后中将立刻下令进行加煤作业，并且严令所有军舰必须能在接到出击命令后的两小时内做好一切出港战斗的准备。事实上这道命令对后来的局势产生了至关重要的影响。

这次一向以严谨守时著称的德国人也犯了错误，东亚支队的参谋们在制

> 描绘福克兰群岛海战的油画

订攻击斯坦利港的作战计划时高估了"格奈森瑙"号和"纽伦堡"号的航速（事实上在海上已经足足奔波了半年的东亚支队各舰因为没有机会入坞大修，导致船底附着的"海鲜"过多、从而普遍跑不出最高航速），使得两舰比预先计划的抵达斯坦利港的时间足足晚了一个小时，而在这一个小时里，昏暗的天色逐渐破晓，原本能掩护两舰的夜色已不复存在，偷袭直接成了阳攻，而这给了作为斯坦利港防卫舰的前无畏舰"卡诺帕斯"号（也是克拉多克舰队的幸存者）为死在东亚支队手里的友舰一个绝佳的复仇机会。该舰于早上7时50分向斯特迪中将发报："两艘不明身份的舰只正从南方接近。"

斯特迪接报后立刻下令舰队中断加煤作业，全体舰只升火备航，负责港口警戒的辅助巡洋舰"马其顿"号已经先行横在入港的主航道上严阵以待，8时45分，最先完成升火作业的装甲巡洋舰"肯特"号与"马其顿"号汇合；9时20分，"卡诺帕斯"号在岸上观察哨的引导下对"格奈森瑙"号和"纽伦堡"号进行了两次双炮齐射，总共发射了4发305毫米炮弹，虽然没有取得命中，但305毫米炮弹激起的水柱彻底击垮了"格奈森瑙"号舰长尤利乌斯·迈尔克上校的斗志，他原本就不主张攻击斯坦利港，这下正好有了撤退的理由。接到迈尔克报告的施佩伯爵也大惊失色，虽然此时已经失去了突袭的条件，但由于刚完成或者中断加煤作业、还未来得及给锅炉升火的英国军舰实际上不具备完全的战斗力，施佩伯爵此时若是孤注一掷地率领全舰队冲进斯坦利港一顿乱炮，英国人的结局恐怕不妙。但施佩伯爵此时再次做出了错误的决定：放弃攻击全速掉头撤退。

9时45分后，斯特迪中将的旗舰"无敌"号和"不屈"号两艘战列巡洋舰以及"卡那封"号、"康沃尔"号、"格拉斯哥"号、"布里斯托尔"号依次驶出斯坦利港的主航道。斯特迪中将在全程一直气定神闲地继续享用他着他的早餐。

与此同时，施佩伯爵收拢了东亚支队以21节的航速向东撤退，10时50分，斯特迪舰队以24节的航速紧追不舍，虽然当中由于"卡那封"号的轮机故障使斯特迪舰队短时间将航速降低到20节以等待"卡那封"号修复主机；但"卡那封"号最终报告无法修复轮机，急不可耐的斯特迪丢下了"卡那封"号，加速到了25节继续追赶。

两艘"无敌"级战列巡洋舰出现在战场后，东亚支队就面临"打不过也跑不掉"的尴尬境地。绝望中的施佩伯爵自觉无法逃离，决心以两艘装甲巡洋舰留在战场拖住英国人，三艘轻巡洋舰以最高航速四散撤离。但斯特迪中将看穿了施佩的意图，也命令舰队分兵，两艘战列巡洋舰继续追赶装甲巡洋舰；"康沃尔"号和"布里斯托尔"号追赶"莱比锡"号；"肯特"号追赶"纽伦堡"号，至于"德累斯顿"号已经跑远，只能由它去了。

面对"沙恩霍斯特"号和"格奈森瑙"号摆出的决战架势，斯特迪并不接招，而是始终小心翼翼地将两艘战列巡洋舰的位置摆在德舰210毫米主炮有效射程之外的距离，并仗着305毫米主炮的射程优势对德舰进行"火力融化"，虽然两艘德舰凭借着精湛的炮术多次在远距离命中"无敌"号和"不屈"号，但这个距离已经接近210毫米主炮的最大射程，炮弹已是强弩之末，即便取得命中也不可能对战列巡洋舰造成多大实质性的伤害，除了能证明德国人还有勇气之外毫无作用。最终，"沙恩霍斯特"号于16时16分带着施佩伯爵、舰长菲力克斯·舒尔茨上校和837名官兵沉入大海；"格奈森瑙"号则于18时02分被击沉，舰长尤利乌斯·迈尔克和施佩的次子海因里

> 英国皇家海军舰艇正救援落海德国水兵

希·弗朗茨·冯·施佩以及572人随舰同沉，只有215人幸存（其中1名水兵在被救起后报称自己姓斯托达特，原来他是坐镇"卡那封"号的斯托达特中将的亲戚）。"纽伦堡"号轻巡洋舰在19时27分被"肯特"号装甲巡洋舰击沉（"肯特"号装甲巡洋舰为了追上"纽伦堡"号将舰上所有的木制品统统劈开扔进了锅炉以提高煤炭的燃烧值，结果让这艘设计航速只有24节的老式装甲巡洋舰跑出了25.1节的超速），舰长冯·绍恩伯格上校带着全体舰员随舰同沉；"莱比锡"号于21时30分被"康沃尔"号和"格拉斯哥"号击沉，全舰只有18人幸存，舰长豪恩上校不在幸存者之内。

最终除了航速最快的"德累斯顿"号逃出生天外，整个东亚支队已经全军覆没，而"德累斯顿"号也没多活多久。1915年3月14日该舰被"肯特"号装甲巡洋舰和"格拉斯哥"号轻巡洋舰击沉在马萨蒂拉岛。

若非当时施佩伯爵一意孤行地攻击斯坦利港，攻击稍微遇到抵抗就轻率地放弃攻击仓皇撤退，东亚支队是有可能突破英国人的封锁回到德国的，至少不会全部折损在福克兰群岛海域。因此，葬送东亚支队的人不是英国人，而恰恰是它们的司令施佩伯爵。

14 战列巡洋舰的对决
戴维·贝蒂与多格尔沙洲海战

如果说霍雷肖·纳尔逊的灵魂每隔一段时间就会选择一个性格与其类似的人附身其上，那么在19世纪70年代，伟大的纳尔逊权衡再三，最终选择了一个叫戴维·贝蒂的孩子。

火速晋升仕途背后的秘密

1871年1月17日，戴维·贝蒂生于爱尔兰柴郡的一个叫豪贝克的小村子，其父戴维·朗菲尔德·贝蒂是当地有名的船长，戴维·贝蒂是他的次子，有了这层关系贝蒂从小就显示出与生俱来的对大海的向往。跟大海打了一辈子交道的老贝蒂船长对这个二儿子的志向自然是大为支持，1884年，13岁的小贝蒂以海军候补生身份登上了"大不列颠"号训练舰，正式成为皇家海军的一员。年轻气盛的贝蒂很快以他的勇敢和奋不顾身在同龄人中崭露头角，1896年，25岁的贝蒂晋升海军少校并成为尼罗河舰队副指挥官，率领舰队配合陆军镇压了埃及和苏丹的民族起义和暴动，并因表现突出在1898年27岁那年晋升海军中校；1901年，贝蒂晋升海军上校，这一年他仅仅30岁，成为当时皇家海军最年轻的海军上校之一。

"官场得意"的贝蒂在回国后迎娶了他的"小姐姐"——美国百万富翁的女儿埃塞尔·菲尔德。"情场得意"的同时也实现了"财务自由",成为当时众人羡慕的对象(当时英国皇家海军中年轻军官为实现"财务自由"娶美国富商家小姐的情况并不是个例)。

但贝蒂明显不是那种沉溺于"白富美"的温柔乡的那种人,其锐意进取的志向并没有丝毫的减退。1910年,39岁的贝蒂晋升为海军少将,成为继霍雷肖·纳尔逊之后英国皇家海军最年轻的非贵族出身的海军将官。同时遇到了他仕途中的"贵人"——时任海军大臣温斯顿·丘吉尔,1911年,丘吉尔将40岁的贝蒂调到自己身边担任海务次官,两年后的1913年,贝蒂离开了办公室,时隔17年再次执掌舰队司令大印,成为本土舰队的明星主力部队——战列巡洋舰分舰队(下辖第一、第二和第三战列巡洋舰中队,编有皇家海军全部现役的9艘战列巡洋舰)司令并晋升海军中将。其晋升速度之快堪称坐上直升飞机,令旁人瞠目结舌。究其原因,固然有丘吉尔和时任英国第一海务大臣约翰·阿巴斯诺特·费舍尔上将的着力提拔,但主要还是因为贝蒂的思想开放、能力突出、年富力强以及积极进取的进攻精神符合"攻击至上"的皇家海军的历史传统。而且很快,戴维·贝蒂就以战果来证明他仕途坐上"直升飞机"不是没有原因的。

第一次世界大战于1914年爆发后,第一时间完成战备的英国皇家海军大舰队就力图贯彻将德国公海舰队封锁在本土港口内的作战意图,1914年8月28日,贝蒂亲自率领第一战列中队,会同蒂里特准将的第二驱逐舰队、凯斯准将的潜艇部队、古迪纳夫准将的第二轻巡洋舰中队打上了德国公海舰队家门口,在赫尔戈兰湾截击了德国海军的巡逻舰队,击沉了"美因茨"号、"科隆"号、"阿德里亚涅"号三艘轻巡洋舰和第五驱逐舰分队旗舰V–187号驱逐舰,另外击伤了多艘德舰,击毙包括巡逻舰队司令里希贝特·玛斯少将在内

> 贝蒂

的712人，击伤132人，俘虏318人。是役英国皇家海军只有1艘轻巡洋舰和3艘驱逐舰受重伤，阵亡32人，受伤55人。无疑是取得了一场大胜，尤其是此仗是英国舰队打上门去把德国人摁在了自家家门口暴揍了一顿，令德国海军颜面丢尽，让此战取胜的光环更加耀眼。

要找回场子的德国人

第一次赫尔戈兰湾海战的惨败让德皇威廉二世勃然大怒，下严令要求德国海军找回场子。德国海军还算争气：1914年9月22日，德国海军潜艇部队的U9号潜艇在艇长威丁根上尉指挥下在比利时外海用不到90分钟的时间就击沉英国皇家海军第七巡洋舰中队的"阿布基尔"号、"霍格"号和"克雷西"号3艘1.2万吨级的装甲巡洋舰，造成1500多名皇家海军官兵死亡。10月27日，德国海军在爱尔兰北部海域布下的水雷击沉了英国皇家海军大舰队的"大胆"号战列舰。1914年11月2日和12月15日，弗兰茨·冯·希佩尔海军中将率领的德国海军战列巡洋舰分队凭借高速的优势对英国沿海城市雅茅斯和斯卡伯勒进行炮击，造成英国民众122人死亡，443人受伤，其中包括相当数量的儿童（希佩尔因此得到"婴儿杀手"的恶名），给英国社会造成了一定的恐慌。这些战果虽然辉煌，但毕竟不是在海面上堂堂正正地对决取得的，德

> 德国公海舰队的战列巡洋舰

皇需要的是一场骑士一般的取胜，这才算是真正找回赫尔戈兰湾海战惨败的"场子"，一雪前耻。

1915年初，德国海军的齐柏林飞艇在几次侦察行动中都发现在多格尔沙洲海域有英国轻型舰艇（保护在该海域作业的英国拖网渔船）出没，因此公海舰队参谋部在部长艾克曼少将的主持下制订了一次针对多格尔沙洲的英国巡逻舰艇的突袭行动，时任公海舰队司令的英格诺尔上将虽然并不赞同这个计划，但出于德皇"一雪前耻"的圣旨，他还是批准了这项计划。1915年1月23日16时45分，由希佩尔中将率领的第一侦察中队，下辖"塞德利茨"号、"毛奇"号、"德弗林格"号战列巡洋舰和"布吕歇尔"号装甲巡洋舰，以及伯迪克少将率领的第二侦察中队，下辖"科尔堡"号、"格劳登茨"号、"施特拉尔松德"号和"罗斯托克"号轻巡洋舰，在19艘驱逐舰的护卫下离开威廉港杀向多格尔沙洲，准备在24日拂晓扫荡那里的英国海军舰艇和渔船。希佩尔踌躇满志，准备扬名立万一把。但让他想不到的是：他的舰队此行此去的目的地不是封圣台，而是鬼门关。

守株待兔的皇家海军

德国人的出击在第一时间被英国人知晓（1914年8月26日轻巡洋舰"马格德堡"号在芬兰湾触礁损毁，其密码本被俄国海军缴获后转交给英国，使英国人掌握了德国海军的大致作战方向），大喜过望的英国海军部迅速升帐点兵，命令贝蒂集结起一支强大的舰队，仅仅在希佩尔出港后15分钟就开出罗赛斯港。总体实力为贝蒂亲自率领的第一战列巡洋舰中队（辖"狮"号、"虎"号、"大公主"号战列巡洋舰），阿奇博尔德·穆尔少将指挥的第二战列巡洋舰中队（辖"新西兰"号和"不倦"号战列巡洋舰），古迪纳夫准将指挥的第一轻巡洋舰中队（辖"南安普顿"号、"伯明翰"号、"诺丁汉"号和"洛斯托夫特"号轻巡洋舰），蒂里特准将指挥的哈里奇分舰队（辖"林仙"号、"曙光女神"号、"不惧"号和33艘驱逐舰）。给希佩尔张开了一张大网，准备聚而歼之。

1915年1月24日早7时14分，德国第二侦察中队的"科尔堡"号轻巡洋舰

> 英国皇家海军第一艘战列巡洋舰"无敌"号

发现了一条陌生的舰影,面对对方用探照灯打来的明显不是本方信号体系的识别信号,该舰先发制人,直接打开探照灯,用105毫米舰炮开火射击并有两发命中,遭到攻击的是蒂里特准将麾下哈里奇分舰队的"曙光女神"号轻巡洋舰,该舰在遭受攻击后迅速用152毫米主炮还击,还没来得及庆祝命中敌舰喜悦的"科尔堡"号水线上下的舰体各被一枚152毫米炮弹洞穿,迅速没了先拔头筹的胜者风范,一边狼狈规避一边向希佩尔发报求援。

接报后的希佩尔想当然地认为这只是在多格尔沙洲保护渔船的英国海军轻型舰艇,立刻下令第一侦察中队的4艘战列巡洋舰("布吕歇尔"号算"伪战列巡洋舰")迅速向"科尔堡"号靠拢,在他的脑海里,一场一边倒的屠杀式的美好战斗画面已经构成,他甚至开始浮想联翩地脑补待他取得大胜凯旋后码头上沸腾的欢迎人群、鲜花掌声,以及由德皇陛下亲手颁发的"蓝色马克斯"勋章正在向他招手。

还没等希佩尔"美"过瘾,担任舰队前哨的"施特拉尔松德"号轻巡洋舰突然发来电报:西北偏北方向出现大型战舰的烟柱!并且无线电侦听部门报告:在截听到的英国人的电报呼号中听到了"第一战列巡洋舰中队"和"第二战列巡洋舰中队"的番号,希佩尔的心凉了半截,立刻下令全舰队转向撤退。

"这样一支强大舰队的出现，预示着英国舰队的其他部分可能正在接近，尤其是在截获的无线电报中发现了第二战列巡洋舰中队的呼号后，我决定通知舰队转向撤退。"

但为时已晚！

打不过！跑不掉！

第一侦察中队编制中的"布吕歇尔"号装甲巡洋舰由于采用老旧的三胀往复式蒸汽机，最高航速只能跑24.5节，而又因为常年使用的缘故，此时的航速不超过23节。但贝蒂麾下的两个战列巡洋舰中队的5艘战列巡洋舰的编队航速都超过27节；并且英方的24门343毫米和16门305毫米主炮的组合在火力上也全面压倒德方的8门305毫米、20门283毫米和12门210毫米主炮的组合。希佩尔舰队一下子陷入了打不过又跑不掉的尴尬境地，此时摆在希佩尔面前的有两种选择：要么直接撇下"布吕歇尔"号，剩下的德舰开足马力拼命"扯呼"。这样自然是可以在被英国人追上前逃出生天，但"布吕歇尔"号上的1000多人则必死无疑，更何况还没开打就临阵脱逃，作为德意志帝国海军军人无论如何不能接受这等奇耻大辱；因此希佩尔毫不犹豫地选择带着"布吕歇尔"号逃跑！实在跑不掉的话，那就只能迎战。

经过一个多小时的追逐后，戴维·贝蒂的旗舰"狮"号战列巡洋舰距离"布吕歇尔"号2万码，也就是其343毫米主炮最大的有效射程的距离，在8时52分开始用舰艏的A炮塔和B炮塔的四门343毫米主炮向"布吕歇尔"号射击；几分钟后，同样装备343毫米主炮的"虎"号和"大公主"号也开始用舰艏炮塔向"布吕歇尔"号开火，这种慢吞吞的远距离射击持续了一个多小时，准头也随着距离越来越近而越来越高（接近到1.8万码），9时09分"布吕歇尔"号开始中弹起火，为了挽救毫无还手之力的"布吕歇尔"号（其装备的210毫米主炮因为射程有限无法射击），9时11分，希佩尔命令旗舰"塞德利茨"号向"狮"号开火，几分钟后"毛奇"号和"德弗林格"号也开始射击，目标集中在"狮"号和"虎"号上，因为距离较近，德国人的准头比英国同行稍微好一些，射了17分钟后就取得了命中：一发283毫米炮弹命中了"狮"号水线下的舰体，但对"狮"号的战斗力影响微乎其微。

当距离缩短到1.75万码时贝蒂下令"各舰向敌队列中对应战舰射击"，

但命令在传达的时候掌管信号发送的通信主官西摩尔中校出现了失误，在发布信号的时候没有把尚未进入主炮射程的"不倦"号战列巡洋舰算在"各舰"之内，导致"新西兰"号和"不倦"号两舰的舰长都认为本舰应该射击"布吕歇尔"号。而此时战列巡洋舰"虎"号上的炮术军官忙中出错，误将"狮"号向"塞德利茨"号射出的炮弹激起的水柱当作成本舰炮弹所为，所以以这些水柱当作参照物测定距离，导致"虎"号射出的炮弹无一例外地全部落入距离"塞德利茨"号远达3000码以外的海面，而原本应该由"虎"号负责的"毛奇"号战列巡洋舰则根本没有受到任何攻击（"大公主"号负责射击"德弗林格"号）。

急于建功的贝蒂命令将"狮"号的航速提升到29节的极速以继续拉近距离提高命中率，这道命令在9时40分获得了回报：一发343毫米炮弹命中了"塞德利茨"号的Y炮塔，击穿了炮座并在弹药提升井内爆炸，引爆了提升通道内上升到一半的发射药筒引发熊熊大火，分成上下两股分别向炮塔操作室和弹药库蔓延。炮塔操作室内的炮组成员瞬间被烧成焦炭，而弹药库部分惊慌失措的人员为了逃生打开了和邻近的X炮塔的装甲联络门，导致大火跟着逃生的人群蔓延到了X炮塔。幸亏损管部门及时向X、Y两座炮塔的弹药库注水，没有让弹药库引爆进而毁掉整艘军舰，但两座炮塔的两个炮组共159人无一生还，同时让"塞德利茨"号丧失了一半的侧舷火力，战斗力大受影响。

局面对贝蒂而言一片大好，他相信只要这么打下去，整支希佩尔舰队将成为他的盘中餐。

一场虎头蛇尾的海战

但一场发生在"狮"号上的意外打破了贝蒂的如意算盘：10时18分，德舰"德弗林格"号的一次对准"狮"号的八炮齐射取得了两发命中，其中一发打在较厚的左侧舷主装甲带上后弹开，并未造成多大损失；另一发在接近"狮"号侧舷前一头扎入水中，在水中"行进"了一小段距离后击穿了较薄的水下装甲带，造成左舷的一个锅炉舱进水，锅炉用水被海水严重污染，半个小时后，不堪海水污染的左舷锅炉"集体罢工"，连带着左舷主机也被迫

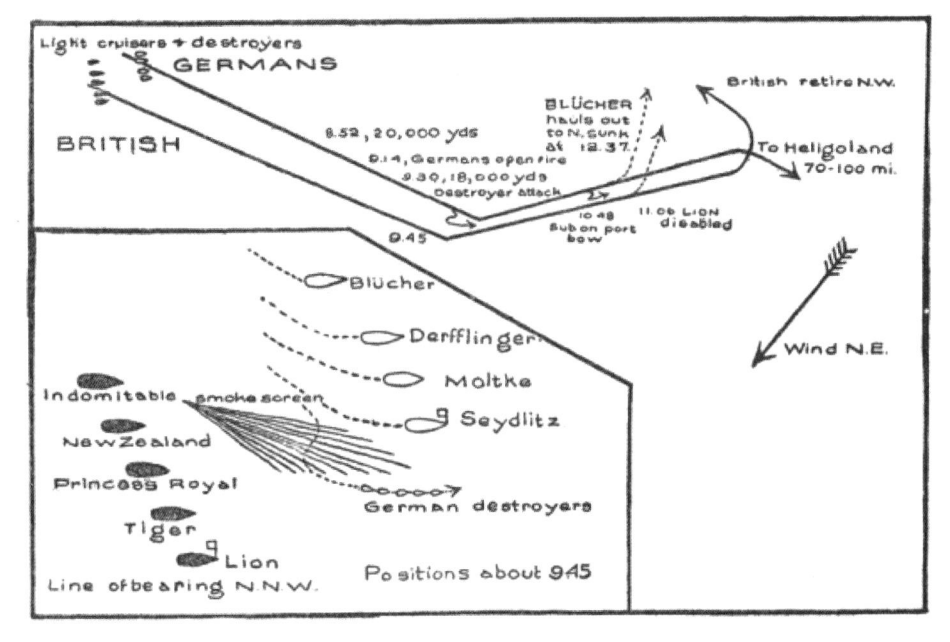

> 英文版双方阵型示意图

"歇脚",导致"狮"号的航速从29节一下子跌到了15节;雪上加霜的是,全舰的三台发电机在10时01分被"塞德利茨"号的一发283毫米炮弹打坏了两台,最后一台也在此时因为不堪重负停止了运作,导致"狮"号全舰电力供应中断,顷刻间丧失了战斗能力(炮塔的转动和俯仰都需要电力驱动),只好脱离战列后撤自救,贝蒂被迫将指挥权暂时移交给坐镇"新西兰"号上的第二战列巡洋舰中队司令穆尔少将。

在移交指挥权之前,贝蒂通过信号旗语向穆尔下令"攻击敌尾部",贝蒂原打算下达的命令是"近敌攻击",但旗语体系中没有这个词对应的旗语。结果穆尔少将把按照贝蒂的命令应该攻击"德弗林格"号的"攻击敌尾部"理解成了攻击已经满身烈火,正在倾斜的"布吕歇尔"号的"攻击尾部敌舰",当"狮"号上的贝蒂在望远镜中看到穆尔正带队扑向"布吕歇尔"号时,顿时气不打一处来,但也无可奈何,只能眼睁睁地看着希佩尔带着三艘战列巡洋舰逃之夭夭。

其实希佩尔是真的不想丢下"布吕歇尔"号的,原本希佩尔观察到

"狮"号受伤脱离队列的时候打算回身拯救"布吕歇尔"号,但慑于英舰的猛烈炮火和驱逐舰雷击的威胁而无法靠近,且本方各舰剩余弹药已经不足(三艘战列巡洋舰上的主炮炮弹平均剩下不足200发),再要去救"布吕歇尔"号的话,非但救不出,反而会把整支舰队赔进去。因此希佩尔命令全部舰队航向东南,开足马力撤离战场。而可怜的、1.72万吨的"布吕歇尔"号则在12时10分挨了50多发343毫米和305毫米炮弹和两条鱼雷后向左舷倾覆沉没。舰上的幸存官兵像下饺子一般落水,英舰纷纷放下舢板搭救落水的德国人,而此时到达战场上空的L5号齐柏林飞艇看到了露出海面的"布吕歇尔"号的红色舰底,以为是一艘被击沉的英舰,周围的英舰在搭救"自己人",本着"痛打落水狗"的原则L5号飞艇向海面上胡乱扔下了炸弹进行"无差别轰炸",炸死了不少德国官兵。

对放跑希佩尔愤怒之极、骂骂咧咧不已的贝蒂于12时20分乘坐驱逐舰"进攻"号回到战场并登上了"大公主"号战列巡洋舰,重新执掌指挥权。可此时希佩尔早就跑得没了踪影,倒是目睹了L5号飞艇的"无差别轰炸",对穆尔的恨意顿时又加深了一层。起先他还下令追击希佩尔,但不久后他就改变了主意,即便是全速追赶,也需要两个小时才能追上,万一公海舰队主力出港接应希佩尔,那他将很快从猎手沦为猎物,心有不甘的贝蒂命令召唤"不倦"号,由其拖曳"瘸"了的"狮"号返回罗赛斯。当舰队入港时受到了热烈的欢迎,据说一名兴奋得忘乎所以的水兵激动地拉住在场迎接舰队凯旋的海军大臣温斯顿·丘吉尔的手指着贝蒂喊道:"纳尔逊回来了!"

嘉奖和清算

仗打完了,接下来要做的自然就是该赏的赏,该罚的罚。

德国方面,由于轻信了L5号飞艇发回来的"一艘英舰(实则是"布吕歇尔"号)翻沉"的报告,德国公众听到的消息是:伟大德皇陛下的海军在多格尔沙洲赢得了一场"大胜"。实际上是德国海军损失了"布吕歇尔"号大型装甲巡洋舰,希佩尔的旗舰"塞德利茨"号被重创,伤亡1034人(其中945人阵亡),被俘189人;公海舰队司令英格诺尔海军上将被暴怒的威廉二世撤职。

> "塞德利茨"号在多格尔沙洲海战中遭重创

  英国方面,民众听到的自然是一场毫无疑问的"大捷",事实上也确实可以称之为"胜利",毕竟击沉了一艘敌舰并重创了另一艘,自己则只有重伤轻伤各一艘战列巡洋舰、阵亡15人,伤80人。戴维·贝蒂成了公众心目中的英雄,"纳尔逊再生转世"。而因为理解错信号、满足于围攻"布吕歇尔"号而最终放跑德国人的阿奇博尔德·穆尔少将则备受各方谴责,最终前程尽毁,被迫提前退役。对多格尔沙洲之战让希佩尔逃跑成功一直耿耿于怀的贝蒂在回忆录中这么回忆道:"那天的失望使我不堪回首。我是打定主意要击沉全部四艘(敌舰)的,我本来也是能够完全实现的!"

15

胜利从手中划过
约翰·杰利科与日德兰海战

谨慎和小心是一个优秀海军将领必备的素质，但是一旦谨慎和小心过头，会给海战进程造成诸多不必要干扰。战斗局势瞬息万变，战机稍纵即逝，一个冷不丁就会让局面发生戏剧性的转变，规模越大的海战就越要求参战的将领胆大而又心细，两者缺一不可：如若胆大有余心细不足，可能会让原本大好的局面逆转成败局；如若心细有余而缺乏胆识，则亦有可能让原本唾手可得的胜局从手中溜走，在第一次世界大战著名的日德兰海战中，英国皇家大舰队司令约翰·杰利科就是属于谨慎有余而胆识不足的人，所以他和一场大胜失之交臂。

因支持改革而获重用的"费舍尔帮分子"

约翰·杰利科于1859年12月5日出生在英国南部港口城市南安普敦的一个商船船长家庭。家庭的熏陶使小杰利科从小就对海洋充满向往，起先为商船船长后升任皇家邮船公司船队高级官员的父亲老杰利科也理所当然地认为自己的儿子应该在海上取得比他更为辉煌的成就，而家族中出过多位海军军官的母亲老杰利科夫人也大力支持儿子拥抱海洋、拥抱海军。终于，在1872年，

13岁的杰利科以见习水手的身份加入英国皇家海军并登上海军学校所属的训练舰"不列颠尼亚"号进行舰上历练和航海训练，其间因聪颖勤奋深获上司欣赏。1874年，15岁的杰利科受训完毕走下"不列颠尼亚"号成为一名候补少尉。1880年，21岁的他晋升中尉并被派到地中海舰队服役，并随队参加了1882年的埃及战争。作为一名炮组组长参加了炮轰亚历山大港的战斗，在战斗中杰利科表现突出，获得了约翰·阿巴斯诺特·费舍尔（时任"不屈"号铁甲舰的上校舰长）的注意；战后杰利科被推荐进

> 约翰·杰利科

入格林威治皇家海军学院炮术专业进修正规军官教育一年，期满毕业后因成绩优秀获得了80英镑的奖金（在当年英国普通公务员一年工资不过30英镑的时代这是一笔不小的钱财）；1884年，25岁的杰利科中尉在费舍尔上校推荐下进入皇家海军"卓越"号炮术学校深造，深造结束后因成绩优异留校任教并晋升上尉，但杰利科的志向在海上。

在杰利科的不断要求下，1886年，27岁的他终于如愿以偿地登上了"蒙茅斯"号巡洋舰的甲板，成为这艘军舰的一名炮术军官，同时军衔也被提升为少校，这时他已经是一位在皇家海军中小有名气的炮术和鱼雷专家了。1888年，29岁的杰利科晋升中校，离开了"蒙茅斯"号上岸担任海军军法署助理三年，随后在1891年晋升上校并被任命为地中海舰队司令、海军上将，同时也是当时英国皇家海军最优秀的信号专家乔治·特雷恩爵士的旗舰"维多利亚"号战列舰舰长，这是杰利科海军生涯中指挥的第一艘军舰。

但命运给杰利科开了个不甚友好的黑色玩笑：在1893年6月22日于贝鲁特举行的地中海舰队海上队列机动演习中，由于乔治·特雷恩爵士的错误转向命令，杰利科的"维多利亚"号战列舰被"坎伯当"号战列舰舰艏撞角刺入右舷前部，导致大量进水最终倾覆沉没，包括特雷恩上将在内的358人遇难，而作为"维多利亚"号舰长的杰利科上校死里逃生。但他还是因为军舰沉没受失职指控而被送上军事法庭。不过在军事法庭上为人谨慎仔细的杰利科出示了他在收到特雷恩转向的命令后认为不妥先后三次向特雷恩确认、最后在

特雷恩严令下执行命令的证词，最终军事法庭以执行军令为由判决杰利科在这次事件中无罪，已经随"维多利亚"号一起沉没的特雷恩上将承担主要责任（事实也确实如此）。

恢复清白的杰利科转到战列舰"拉米雷斯"号上任舰长，直到1898年转任战列舰"百夫长"号舰长获颁"巴斯勋位大十字骑士"爵位封号。

伤愈归队的杰利科被调入海军部，担任第三海务大臣（这个职务主管范围是海军军备技术研发和舰船建造项目的审计）的助理（此时的费舍尔担任第二海务大臣），但这个办公室职务杰利科并没有干多久；1903年8月，杰利科出任新锐装甲巡洋舰"德雷克"号的舰长；两年后的1905年，杰利科回到海军部出任第三海务大臣管辖下的军械署署长，在任期间大力支持时任第一海务大臣的费舍尔对皇家海军的大规模改革，被海军部的那些保守派视为"费舍尔帮"的重要成员（费舍尔对杰利科在专业技术领域所表现出的锐意进取十分赞赏，在备忘录中甚至称杰利科为"未来的纳尔逊"；"费舍尔帮"的另外一个重要成员是戴维·贝蒂，激进暴躁的贝蒂和老成持重、随和谦逊的杰利科成为帮助费舍尔推进皇家海军改革的"哼哈二将"，由于性格寡言少语，杰利科获得"沉默杰克"的绰号）；1907年，48岁的杰利科晋升为海军少将，再次离开海军部前往大西洋舰队任副司令；但仅仅只在舰队又待了不到一年就在1908年被费舍尔召回海军部担任海军部审计官，负责监管舰只建造、装备和修理部门，不久后被费舍尔提升为第三海务大臣（费舍尔阁下在当少将的时候也担任过这一职务），具体负责海军军械的现代化和无畏级战舰的装备计划。

1910年12月，51岁的杰利科晋升海军准将，担任大西洋分队司令，不久后奉调进入本土舰队出任第二战列舰分队司令。1911年11月，杰利科晋升海军中将，任本土舰队副司令（按照资历，杰利科在当时英国皇家海军全部22名中将中排名倒数第二，但因为费舍尔向时任海军大臣的丘吉尔极力推荐杰利科，从而让他获得了这个要职）。在他担任这一职务期间，英国皇家海军掀起了炮术革命，1912年在杰利科的主持下，安装有珀西·斯科特上校发明的"斯科特机械式射击指挥仪"的"雷鸣"号战列舰和没有安装该系统的同级舰"猎户座"号相互以对方为目标进行了一次模拟对射试验，最终"雷鸣"号取得完胜，这次试验的结果是"斯科特机械式射击指挥仪"成为英国皇家海军战列舰和战列巡洋舰的"标配"（其实民间发明家阿瑟·亨格福德·坡伦发明的"坡伦火控系统"在技术上更加先进，但由于发明家不是军方"体制内"的人且这种火控系统太过昂贵导致没能在皇家海军中推广使用，仅在战列巡洋舰"玛丽女王"号上安装了一套）。

"交战双方中唯一能在一个下午就输掉这场战争的人"

1913年，五十四岁的杰利科在原有本土舰队副司令的职务外又兼任了负责皇家海军人事、教育、训练和征募的第二海务大臣。同年，杰利科以大舰队副司令的身份参加了皇家海军军演并在演习中表现出色。费舍尔认为：一旦战争爆发，杰利科是率领大舰队的最佳人选。因此，在1914年8月4日第一次世界大战爆发时，55岁的杰利科中将取代了他的前任乔治·卡拉汉爵士，成为由本土舰队改编而成的英国皇家海军大舰队司令（大舰队的实力包括当时英国皇家海军全部的无畏舰和战列巡洋舰，而老式的前无畏舰则被"发配"到地中海舰队服役）。也是继1588年的查理·霍华德上将之后第一位在战争中指挥整个英国皇家海军主力舰队的人。责任之重大被丘吉尔比作"交战双方中唯一能在一个下午就输掉这场战争的人"。就任后的杰利科立刻下令将舰队备战等级提高到最高并开始在北海进行战斗部署，明确以德国海军公海舰队为主要作战对象，1915年3月，约翰·杰利科晋升海军上将。

鉴于德国公海舰队拥有一定的实力，杰利科并没有采用全线压上的冒进做法，而是将大舰队主力进驻斯卡帕湾，以此为基地对德国实施卓有成效的远程封锁。使得战力不俗的公海舰队在大部分时间里只能龟缩在母港内无所事事，只能偶尔派航速较高的战列巡洋舰出海对英国沿海城镇进行骚扰性炮击和布雷。而这种骚扰在1914年8月28日的第一次赫尔戈兰湾海战（此战英国击沉了三艘德国轻巡洋舰和一艘驱逐舰）和1915年1月24日的多格尔沙洲海战（此战英国击沉了一艘德国大型装甲巡洋舰）后得到有效抑制。

从军事上看，杰利科采取的措施无疑是正确的。但在政治上却并非如此：公众和政客们普遍期待强大的皇家海军在北海进行一次特拉法加式的海上主力决战，一举将德国人碾碎。在"不明真相的吃瓜群众"的眼里：杰利科采取的谨慎防御性态度无疑是胆怯的、"非纳尔逊"的表现（相反带领舰队取得了第一次赫尔戈兰湾海战和多格尔沙洲海战胜利的战列巡洋舰队司令戴维·贝蒂在公众心目中成了"纳尔逊再生"）。

面对舆论压力，杰利科并不为所动，继续执行他的舰队远程封锁。即便是德国第一阶段的"无限制潜艇战"给英国商船队造成巨大损失，公众和一部分海军军官要求海军派出军舰为商船护航的呼声高涨，作为一个商船船长的儿子，杰利科依旧以护航队会削弱大舰队力量、影响对德远程封锁效果为由加以拒绝。

1916年，德国公海舰队司令换了人，老朽昏庸的波尔上将被更加好斗的莱因哈特·舍尔上将取代，随之而来的变化是：德国海军一改之前龟缩在母港的"胆小鬼"状态，不断积极出港巡战、以求打破英国皇家海军的封锁态势。此举正中杰利科下怀，他等的就是德国人主动求战的这一天。这一年，杰利科57岁。

一场世纪大海战的最高指挥官

1916年5月31日1时至2时20分，德国公海舰队全体起锚陆续离开母港威廉港，以希佩尔中将的第一侦察舰队（战列巡洋舰队，计5艘战列巡洋舰）为诱饵先行前往挪威海岸以南的斯卡格拉克海峡游弋，以引出英国大舰队的部分兵力前来拦截。一旦英方中计，在希佩尔舰队后方80海里尾随的公海舰队主力会猛扑上去将这部分英国人一口吞掉。为迷惑英国人，舍尔在威廉港设置固定电台冒充他的旗舰"腓特烈大帝"的无线电呼号，造成公海舰队主力依然留驻威廉港的假象。

和多格尔沙洲海战的情况类似，通过破译公海舰队司令部发往柏林的密电码，英国海军部获悉了公海舰队将要有大动作的消息，随即在5月30日傍晚17时40分，也就是舍尔向公海舰队下达"第二天出击"的命令后仅仅两个小时，海军部即向杰利科下令：大舰队前出至阿伯丁海岸以东约176千米的海域待机。得令后的杰利科上将于20时30分率领大舰队主力（第一、第四战列舰中队、第三战列巡洋舰中队以及附属舰只、主力为16艘战列舰、3艘战列巡洋舰）离开斯卡帕湾、海军中将杰拉姆指挥的第二战列舰中队以及附属舰只（主力为8艘战列舰）也在差不多的时候从克罗默蒂的马里湾启航；当晚23时整，戴维·贝蒂中将率领第一、第二战列巡洋舰中队、第五战列舰中队以及附属舰只（主力为6艘战列巡洋舰和4艘战列舰）从罗塞斯的福斯湾启航，杀气腾腾地向预定海域驶去。由于兵分三路出发，造成负责监视的德国潜艇发回的信息不完整。使舍尔坚信英国大舰队主力没有出动，出动的只是部分兵力。同时舍尔将电台留在威廉港的举动也成功地欺骗了杰利科，认为出动的只有希佩尔的第一侦察舰队。最终，大家都认为对方只出动了一部分兵力，都自信能用自己手里的兵力将对方一举踏平。

1916年5月31日14时15分，根本不知道对方存在的贝蒂和希佩尔几乎同时发现了恰巧闯入他俩之间海域的丹麦货轮"弗约尔"号，贝蒂派出轻巡洋舰"加拉蒂亚"号和驱逐舰"费顿"号，希佩尔则派出轻巡洋舰"埃尔宾"号和两艘驱逐舰前去查看这艘货轮。14时20分，双方几乎同时发现了对方，"加拉蒂亚"号发出灯光识别信号，但德国人并不回应，前出的两艘驱逐舰掉头往"埃尔宾"号驶去求保护，英国人则紧追不舍，14时28分，"加拉蒂亚"号和赶来支援驱逐舰的"埃尔宾"号开火，射出了日德兰海战的第一发炮弹，"埃尔宾"号迅速还击，两舰一边对射一边向各自的"领导"发报，随后越来越多的双方轻型舰艇加入战团，日德兰海战的规模逐渐升级。

15时20分和15时25分，希佩尔和贝蒂先后发现了对方。当贝蒂率队向希佩尔压过去的同时由于旗语和无线电的延误，导致伊文·托马斯少将的第五战列舰分队未能及时跟上贝蒂，等托马斯反应过来的时候，第五战列舰中队已经离贝蒂16千米，且第五战列舰中队的4艘"伊丽莎白女王"级战列舰的航速比贝蒂的战列巡洋舰慢2节，就算使出吃奶的劲也追不上，导致4艘强大的"伊丽莎白女王"级战列舰错失了贝蒂和希佩尔初期的战斗。

贝蒂率领第一和第二战列巡洋舰中队的6艘战列巡洋舰以27节的高速直插希佩尔第一侦察舰队的5艘战列巡洋舰队列，但在接近过程中，由于天气原因，英国观瞄人员对本方和对方的距离产生了严重误判：认为德舰还没进入射程。空有射程的优势而丧失了宝贵的先敌开火时机，反倒让德国人于15时

48分抢先开火，如梦初醒的贝蒂于3分钟后下令还击。一切跟贝蒂想的都不一样，但更糟糕的还在后头。

开局糟糕，但好歹把德国人引过来了

得益于精良的蔡司观瞄系统，德国人在这场战斗中展现出远比英国同行更优秀的炮术水平：从15时51分到58分这短短的7分钟里，"狮"号、"大公主"号和"虎"号就被连连命中；而装备斯科特指挥仪的英舰受战场因素影响较大，测距距离往往过远，导致在这段时间内英国人的射击成绩惨不忍睹，反而是装备坡伦火控系统的"玛丽女王"号战列巡洋舰接连命中目标"塞德利茨"号战列巡洋舰。皇家海军为当时的傲慢（看不起坡伦的"非体制"身份）和抠门（嫌弃坡伦火控系统太贵）付出了代价。

16时整，贝蒂的旗舰"狮"号被希佩尔旗舰"吕佐夫"号的一枚炮弹命中了中部Q炮塔，引燃了发射药，就如同在多格尔沙洲海战中"塞德利茨"号上发生的事情一样，肆虐的火焰瞬间吞没了这座炮塔内的70多名官兵，全靠身负重伤的炮塔指挥官——陆战队少校哈维在生命结束前下令关闭弹药库舱门，开启通海阀朝弹药库注水，最终保住了连同贝蒂在内的"狮"号一船人的性命。

16时02分，和德舰"冯·德·坦恩"号捉对厮杀的英舰"不倦"号被前者的一次六炮齐射命中了三弹，3分钟后，这艘战列巡洋舰的弹药库发生惊天殉爆，残骸碎片最高飞到60米的空中，瞬间沉没，全舰1017人只有2人幸存。

"不倦"号沉没后仅仅一分钟，伊文·托马斯的第五战列舰中队终于赶到战场，并开始炮击希佩尔舰队后部的"冯·德·坦恩"号和"毛奇"号，刚失去友舰的"新西兰"号战列巡洋舰和"虎"号见状士气大振，

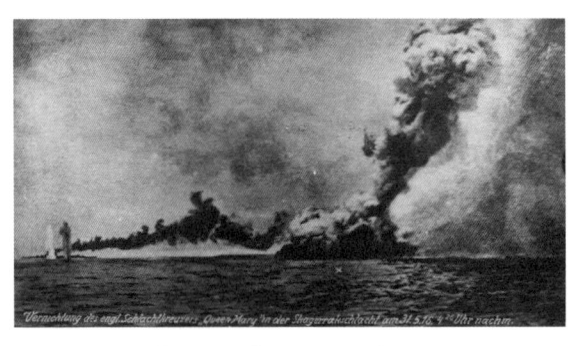

> 起火爆炸的"玛丽女王"号战列巡洋舰

也将目标对准这两条德舰和战列舰两面夹击，使这两艘德舰连续中弹。而"冯·德·坦恩"号对第五战列舰分队旗舰"巴勒姆"号的还击犹如隔靴搔痒，根本啃不动战列舰厚重的装甲。

还没等英国人松口气，承受着两艘德舰夹击的"玛丽女王"号战列巡洋舰在16时25分被"德弗林格"号一连命中五弹，导致B炮塔弹药库大爆炸折断了舰体，在几分钟内消失在海面上，1274名官兵中仅8人生还（"玛丽女王"号在沉没之前是贝蒂舰队中炮术最佳、命中德舰次数最多的一艘）。

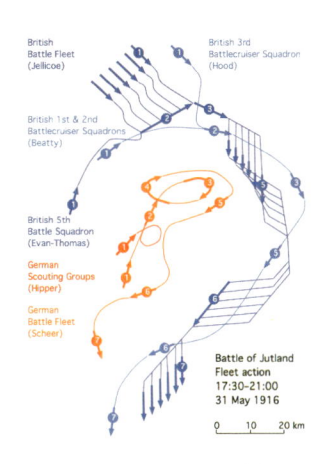

> 英文版日德兰海战要图

目睹本方折损两艘战列巡洋舰后的贝蒂，对"狮"号舰长查特菲尔德上校说："我们这些该死的船今天出了点毛病！"不过他并没有下令后退，反而命令继续靠近希佩尔，因为他自信4艘战列巡洋舰加上4艘战列舰也足够将希佩尔的全部5艘战巡打进鱼腹。

但在16时38分，第二轻巡洋舰中队司令古迪纳夫准将的旗舰轻巡洋舰"南安普敦"号给贝蒂发来电报："紧急！发现敌方战列舰队，位置东南，航向正北。"

闻讯之后的贝蒂当即下令转舵撤退，同时向海军部和杰利科发报："大洋舰队出动了！"留下第二轻巡洋舰中队殿后，但第五战列舰中队再次没能及时领会贝蒂的意图，转向迟缓导致4艘战列舰遭到了公海舰队的集中轰击，幸亏"伊丽莎白女王"级战列舰拥有比德舰更快的航速和更强的火力，即便全部4艘战列舰身负创伤还能凭借高速撤出德舰的有效射程，然后凭借自己射程较远的15英寸巨炮从容还击。

舍尔一直盯着贝蒂紧追不舍，但无奈己方舰队中有6艘航速只有18节的前无畏舰，严重拖慢舰队追击的步伐，只能眼睁睁地看着贝蒂的舰队在望远镜中越走越远。而一路狂奔的贝蒂也想当然地认为德舰也会对他紧追不舍，并没有太注意德国人跟没跟得上来。

18时整，贝蒂舰队和杰利科的大舰队汇合，到此时他才发现他把德国人

"弄丢了",坐镇大舰队旗舰"铁公爵"号战列舰的杰利科命令用灯光信号询问贝蒂:"敌人的战列舰队在哪里?"对此也一无所知的贝蒂只能含糊的回答"东南"。此举引发了杰利科对贝蒂极大不满,于18时10分再次询问贝蒂,还没等贝蒂想好怎么回复杰利科,德国人就出现在贝蒂南面,如蒙大赦的贝蒂赶紧就坡下驴地回复杰利科:"敌方战列舰队在我舰西南偏南!"

两次恐怖的火力覆盖

随后伊文·托马斯和古迪纳夫也发来了类似报告,杰利科终于摸清楚德国人的确切方位。随后在18时16分下令大舰队的24艘战列舰展开成史上最长的一列纵队。贝蒂的4艘战列巡洋舰和霍雷斯·胡德少将第三战列巡洋舰中队的3艘战列巡洋舰汇合后继续在大舰队前方担任前锋,伊文·托马斯的4艘战列舰在大舰队的末尾殿后,而舍尔对此依旧一无所知。

当杰利科完成排兵布阵后,舍尔的前卫军舰身影在海平线上显露出来,出现在大舰队后卫舰的视野内。对于杰利科,这是一个伟大的时刻。18时17分,杰利科下令开火。

而对于舍尔,这不啻等同于世界末日。当舍尔的舰队遭到暴风骤雨般的炮击,并被冲天的水柱所包围之时,他们方才醒悟过来,这才发现自己在毫不知情的情况下一头闯入了杰利科精心布置的火力网。远处海平面那模糊不清的舰影以及忽明忽暗的闪光是来自于大英帝国那引以为豪的主力战列舰队之齐射。之前已经取得击沉英方第一巡洋舰中队旗舰"防御"号装甲巡洋舰(包括中队司令阿巴斯诺特少将在内的903人无一生还)、重创"武士"号装甲巡洋舰后沾沾自喜的舍尔完全被打懵了,位于先头的4艘"国王"级战列舰最先遭到打击,先后燃起大火,"仿佛燃烧的干草堆"。如果再不采取对策,用不了多久整支公海舰队将完全暴露在杰利科恐怖的炮火之下。18时30分,舍尔下令全体主力舰就地调转180度掉头,同时命令驱逐舰队拼命释放烟幕并向英舰发动雷击以掩护主力舰逃跑。

贝蒂的战列巡洋舰追了上去,但不幸的是霍雷斯·胡德少将的旗舰"无敌"号战列巡洋舰于18时34分被"德弗林格"号命中中部Q炮塔继而引爆了弹药库，包括胡德少将在内的1034人中仅6人生还。但"无敌"号在沉没前也彻底打残了希佩尔的旗舰"吕佐夫"号，迫使希佩尔将旗舰更换到受伤较轻的"毛奇"号上。

因为德国人跑得比想象中的快，同时杰利科因为担心希佩尔发动的鱼雷进攻而采取防御性转向，使得舍尔得以率部逃脱，这次完美的展开并未能为他赢取大胜。此时在"铁公爵"号上，杰利科拒绝了参谋们进行追击的建议。在他看来，德国舰队现在正在远离自己的基地，所以他们肯定还要回来。与其把舰队投入一场互有损伤的平行炮战，不如将整个战列迅速转向90度，横挡在舍尔东面，这样既截断了德国的归途，又可以使自己的舰队再次处于"T"字阵型的横列有利位置上。

舍尔的下一步行动果然不出杰利科所料，19时10分，德国舰队冲出薄雾，迎头撞向主力舰队战列左舷的中部，再一次一头撞进大舰队的火力范围。此时天色更晚，英国舰队几乎完全隐蔽在夜色当中，而德国舰队还在西方微明的天色中显露出剪影。有利于英国火控军官的瞄准而让德国同行几乎无法观瞄，形势对英国人极其有利。在9000码的距离上，英国人开始齐射。这次对德国人的形势比上一次糟糕得多，公海舰队主力的队形已经发生混乱，再用"原地转向180度"的法子已经不可能了，英军的炮火打得又准又狠，如若放任不管，失去对舰队的指挥只不过是时间问题。情急之下横下一条心的舍尔于19时12分命令驱逐舰前出并释放烟幕，并在19时14分命令希佩尔的第一侦察舰队剩下的4艘伤痕累累的战列巡洋舰（原旗舰"吕措夫"号已经完全不堪操纵被放弃，希佩尔此时身处"毛奇"号上）"不计后果，向敌舰冲锋"。

得令后的希佩尔率领4艘战列巡洋舰毅然决然地投入了死亡突击，一直突进到距离大舰队不到8000码的位置，大舰队凶猛的炮火横扫了希佩尔的每一艘军舰，4艘战列巡洋舰所有的主副炮都被打哑，完全丧失了战斗力，凭借出色的防护设计，希佩尔的四艘战列巡洋舰居然还能在水面挣扎着航行。

借着希佩尔的拼死突击吸引住了大舰队的火力，舍尔得以在19时25分艰难完成转向，虽然全部德舰都或多或少挂了彩（舍尔的旗舰"腓特烈大帝"号身中三弹，甲板上一片狼藉），但好歹完成了转向，后卫变前锋，向西南偏西方向全速逃离。跟在舍尔身后的是希佩尔的4艘已经变成一堆航行废铁的战列巡洋舰。

胜利从手中划过

负责掩护的德国驱逐舰在烟雾掩护下向英国舰队发射了31枚条鱼雷。为规避鱼雷，杰利科指挥舰队进行了两次急转，总共转了25度，在此方向上航行了25分钟，这个航向正好与舍尔背道而驰，给了舍尔舰队逃跑的时间。当天夜里，当他得知德国舰队向和恩角突围的情报时，他仍然可以将大洋舰队的后卫拦截下来加以歼灭。但杰利科并没有这样做，他担心主力舰队在夜战中会有损失，只是命令后卫的驱逐舰分队按战场情况，以单舰或分队单位予以攻击，这样就放了德国舰队一条生路。

双方轻型舰艇的夜间互殴互有伤亡，而杰利科接报后只认为是双方外围舰艇的零星战斗而未加以理会，他依然坚信公海舰队的主力依然被严严实实地堵在大舰队的西面，最后截住德国舰队的机会在23时05分，"铁公爵"号收到海军部汇总的电报："德舰队于21时14分返航，航向东南偏东，航速16节。"但杰利科拒绝相信海军部电报的真实性，依旧保持既定的西南偏南航向，然后拖着疲惫的身躯回舱睡觉了。15分钟后的23时20分，德国舰队切过大舰队留下的尾迹，随后两支舰队分道扬镳。在随后的夜战中舍尔冲破了几支英国驱逐舰队的堵截，击沉了英国装甲巡洋舰"黑王子"号和5艘驱逐舰，而自己也付出了前无畏舰"波莫恩"号、轻巡洋舰"罗斯托克"号、"埃尔宾"号、"弗劳恩洛布"号和一艘驱逐舰被击沉的代价，6月1日1时45分，原希佩尔的旗舰"吕佐夫"号终于支持不住宣布弃舰后被随行驱逐舰击沉。3时30分，英国驱逐舰"冠军"号向正在救援"吕佐夫"号幸存官兵的G38号驱逐舰开了日德兰海战的最后几炮后调头返航，日德兰海战就此落下帷

> "狮"号被德舰击中燃起大火

幕。

当1916年6月1日4时15分一觉睡醒的杰利科收到了海军部发来的"公海舰队位于你方东南30英里，距离合恩礁16英里"消息，如梦方醒的杰利科意识到歼灭德舰的机会就这么轻易地被他放弃了，只好在5时整下令返航。

日德兰海战中，英国皇家海军参战舰艇共计战列舰28艘、战列巡洋舰9艘、装甲巡洋舰8艘、轻巡洋舰26艘、驱逐舰77艘、布雷舰支援舰和水上飞机母舰各一艘。损失战列巡洋舰3艘、装甲巡洋舰3艘、驱逐舰8艘，6094人阵亡、674人受伤、177人被俘；德国海军参战舰艇共计战列舰22艘（含6艘前无畏舰）、战列巡洋舰5艘、轻巡洋舰11艘、驱逐舰61艘。损失战列巡洋舰1艘、前无畏舰1艘、轻巡洋舰4艘、驱逐舰5艘，2551人阵亡、507人受伤。从损失数字来看，无疑是英国人的损失更大一些。

由于杰利科"轻易"放跑了敌人，使他遭受到英国国内的巨大非议。人们普遍认为大舰队辜负了海军部，辜负了舰队全体官兵，辜负了英国人民的期望。但是公正地说，虽然舍尔在日德兰获取战术上的胜利，但是英国大舰队依然牢牢地控制着制海权，使德公海舰队不敢出动。杰利科毫无疑问地夺取了战略上的胜利。

人们常常拿杰利科与他可能的继任者戴维·贝蒂相比，而这种比较在这种情况下对杰利科相当不利。但无论如何，皇家海军的主要任务是提供英国远征军的补给和保持对德国的经济封锁。杰利科做得非常成功，一直保持着对德国公海舰队的战略优势，这很大程度上是因为他不愿意让他的战舰冒任何不必要的危险。后来他的继任者戴维·贝蒂也基本遵循了这样的战略。

> 遭重创的德国海军"塞得利茨"号战列巡洋舰

16 开舰载机空袭军港之先河的"ABC将军"
安德鲁·布朗·坎宁安与夜袭塔兰托港

一个优秀的舰队统帅,不止是在一手好牌的顺风顺水"顺风仗"条件下碾压对手取胜,更是要在"逆风仗"情况下选择最佳时机打出手中的王牌并取胜。做得到这点海军将领,就能被称为"名将"。安德鲁·布朗·坎宁安将军就是这样一个典型的"名将"。

从想当舰队司令的小孩子成为ABC将军

1883年1月7日,小坎宁安生于爱尔兰都柏林南部的拉斯曼斯(换句话说,要是按照现在的国家行政区划他的祖国不是英国而是爱尔兰,但当时的爱尔兰属于英国版图,可是坎宁安的父母都来自苏格兰),父亲是爱丁堡大学一位解剖学教授,因此家境颇为优渥。1893年,年仅10岁、搁现在还在爹妈怀里撒娇索关怀的小坎宁安被家人送入了位于达特茅斯的英国皇家海军学院学习(是英国培养海军初级军官的主要院校,被誉为英国海军军官的"摇篮",学制1年~4年。主要课程有文学、外语、算数、物理、化学、天文、航海、炮术等海军共同课目和专业训练),从此开始了他的海军生涯(入学前,父亲曾问他,"你愿不愿意参加海军?"小坎宁安几乎不假思索就回答道："愿意。我还想成为舰队司令。"）。

1897年，14岁的坎宁安结束了理论知识的学习被送上"大不列颠"号训练舰进行舰课训练，正式成为一名海军少尉候补生。在舰课实习过程中，坎宁安结识了两个志同道合的"小伙伴"：12岁的约翰·托维和15岁的詹姆斯·萨默维尔，三人相约"好好学习、天天向上"，将来一同在英王陛下的皇家海军中建功立业（最终三人都成为英国皇家海军的一代名将并且三人的友谊相伴终生）。1898年4月，15岁的坎宁安以优异的成绩从"大不列颠"号上毕业，他的数学成绩名列前茅，驾驶术成绩也是一等的。1899年至1902年，年轻的坎宁安少尉随"多利斯"号军舰参加了英国与布尔第二次布尔战争，首次经历了战火的洗礼。1902年，19岁的坎宁安先后在普茨茅斯和格林威治接受专业海军军官教育。1903年坎宁安晋升海军中尉，登上地中海舰队的前无畏"躁动"号上服役。6个月之后的1903年9月，坎宁安被任为驱逐舰"蝗虫"号的大副。1904年，坎宁安晋升海军上尉，先后在"北安普顿"号，"霍克"号和"萨福克"号巡洋舰上服役。1908年，坎宁安第一次得到独立指挥权，成为第14号鱼雷艇艇长。

1911年，28岁的坎宁安被晋升为少校并受命成为驱逐舰"蝎子"号舰长。1914年至1918年坎宁安的"蝎子"号被编在地中海舰队服役并在达达尼尔海峡战斗中表现突出。1918年4月，对坎宁安颇为赏识的海军中将罗杰·凯耶斯调他为"纳尔伯勒"号驱逐舰舰长，加入凯耶斯麾下的"多佛海峡巡逻队"，并在几次对德海战中表现出色。1922年，39岁的坎宁安晋升中校，并被任命为第6驱逐舰分队的指挥官，开始独当一面。1923年奉调指挥第1驱逐舰分队。1926年到1928年，坎宁安成为寇文中将的首席参谋长在美洲与西印度分舰队服役。1929年，46岁的坎宁安前往帝国国防学院深造。次年毕业后晋升上校，被调任为新式战列舰"罗德尼"号的舰长。1932年，坎宁安晋升

> 安德鲁·布朗·坎宁安

少将，出任地中海舰队驱逐舰队指挥官，在轻巡洋舰考文垂号上升起了自己的将旗，平生第一次拥有了自己的旗舰。由于业务能力出色，1937年时年54岁的坎宁安晋升中将。1938年，第一海务大臣罗杰·布莱克豪斯爵士把坎宁安调来作为自己的副手，这在旁人眼中无疑是前途光明、梦寐以求的美差。可是天生作为"水兵"而生的坎宁安却并不这么看，很快他就厌倦了这一成天泡在办公室里面的枯燥的案牍职务，向布莱克豪斯强烈要求回到第一线当"水兵"。他的要求于1939年获得批准，新的任命是皇家海军地中海舰队司令。这在当时是一个十分棘手且具有挑战性的职位。因为当时的地中海舰队被前任司令达德利·庞德折腾得死气沉沉、毫无活力。坎宁安在旗舰"厌战"号上升起将旗后就在全舰队内开展了风风火火的整顿行动，凭借着他长期在地中海舰队任职期间攒下的威望，整治行动进展顺利，大批不称职的军官和水兵被清退下舰，换上新锐进取的新人，经过几个月的整顿，曾经一潭死水的地中海舰队终于重新焕发了活力，坎宁安因此获得"巴斯上级爵士"称号。因为他的全名中三个姓氏首个字母刚好分别是A、B和C（Andrew Browne Cunningham），所以他在皇家海军中有了个有趣的绰号——"ABC将军"。

"艺术"的解决方式

二战爆发后，坎宁安麾下的地中海舰队肩负着维持英国在中东地区控制权的重任，其主要对手"轴心国"在地中海的主力是当时实力排名世界第五的意大利王家海军（德意志第三帝国海军在地中海除了潜艇和小型水面舰艇外几乎毫无存在感）。当意大利宣布参战时，其海军一共拥有经过现代化改造（几乎形同重建的）的战列舰4艘、重巡洋舰7艘、轻巡洋舰12艘、驱逐舰和雷击舰123艘、潜艇115艘。另有4艘战列舰、12艘轻巡洋舰和大量的轻型舰艇以及潜艇正在船厂中加紧建造。这些舰艇舰龄新、航速快、火力猛、防护好，是不可忽视的危险对手。反观自己手头的地中海舰队的家底儿：老式战列舰6艘、航空母舰两艘、重巡洋舰两艘、轻巡洋舰11艘、驱逐舰40艘、潜艇18艘，还不全在自己的直接掌控下。因为其中近三分之一的实力在坎宁安"大不列颠"号上的老同窗、官居海军上将的詹姆斯·萨默维尔驻直布罗陀的H舰队麾下。整个舰队虽然士气高昂，但舰艇备战状态却不容乐观，建于一次世界大战的老式战列舰虽然经过部分现代化改装，但改装程度根本不能和意大利战列舰比肩，更遑论去对阵马上就要建成服役的最新式的"维内托"级战列舰，所有的巡洋舰和驱逐舰因为长期高强度的巡航使用而状态不佳，跑不出最高的设计航速。而英国本土因为直接面对德国的入侵威胁，所有新舰必须优先供应本土舰队（时任本土舰队司令的正是坎宁安在"大不列颠"号上的另一个老同窗、官居海军上将的约翰·托维），孤悬海外的地中海舰队在短时间内无法指望获得新式舰艇增加实力。

昔日盟友法国在1940年6月的迅速败降更是让英国皇家海军在地中海的处境更加艰难，为了防止实力强大的法国舰队被德意所用（若法国在地中海的舰队被德国或者意大利所得，英国皇家海军地中海舰队将面临占压倒性优势的敌方，这是英国战时内阁无论如何也不允许出现的局面），坎宁安的老同学萨默维尔指挥H舰队于1940年7月对让苏尔中将麾下、驻扎在北非米尔斯克比尔和奥兰的法国奥兰分舰队大打出手（导致一艘法国战列舰沉没、两艘重伤、超过1200名法国官兵丧生）；而身处埃及亚历山大港的坎宁安面对通驻一地的法国亚历山大分舰队的处理方式则"艺术"得多，通过其与该分舰队司令哥德弗瓦中将深厚的私交，在一番嘘寒问暖但背后藏着大棒的"劝说"下，哥德弗瓦将军顺从地交出了法国分舰队的指挥权。使得坎宁安解除了后顾之忧，得以专心地对付意大利人和德国人。

刚解决完了法国人，坎宁安就率地中海舰队主力开始频频出击，给予意大利海军好几个下马威：1940年7月9日的卡布里亚海战中击伤了意大利的"凯撒"号战列舰（装备10门320毫米主炮）和"博尔萨诺"号重巡洋舰；7月19日的斯潘达角海战中击沉击伤意大利轻型巡洋舰各1艘。一举使原本士气就不怎么高的意大利海军面对英国皇家海军时更加束手束脚，相反使英国人面对意大利人信心大增。

实力不俗但龟缩不出的意大利人

好景不长，新的坏消息接踵而至：1940年7月15日，意大利两艘战列舰"卡·欧·杜伊里奥"号和"安德烈亚·多里亚"号（各装备10门320毫米主炮）完成了现代化改装。8月2日，新锐的战列舰"利托里奥"和"维托里奥·维内托"号（各装备9门381毫米舰炮）建成服役。再加上之前已经完成现代化改装的"加富尔公爵"号（"凯撒"号在卡布里亚海战中被击伤被迫退出舰队修理）使得意大利舰队的力量大大增加。在战列舰方面对坎宁安形成了5∶3（数量上和质量上）的绝对优势。如何解决这个棘手的难题，成为横梗在坎宁安心头的一块心病。

在经过几次中小规模的海战的失利后（在这几次和英国的海上作战中，意大利海军总共损失轻巡洋1艘、驱逐舰1艘、雷击舰两艘；伤战列舰1艘、重巡洋舰1艘、轻巡洋舰1艘），意大利海军将主力集中在防守严密的塔兰托军港。塔兰托位于意大利靴形半岛的后跟部，分为海外港格兰德和较小内港皮克洛港，港面宽阔，是意大利最大的海军基地。格兰德港区海宽水深，用于停泊战列舰，而巡洋舰、驱逐舰则停泊在水深较浅的皮克洛港。港区四周有300门轻重高射炮，配合以探照灯和阻塞气球和防潜/防雷网，防御可谓固若金汤。

对坎宁安而言，指望手头的"厌战"号、"刚勇"号、"巴勒姆"号（都属"伊丽莎白女王"级战列舰，各装备381毫米主炮8门）3艘老式战列舰开到塔兰托港外去和意大利人的5艘新式战列舰对轰，基本就是拿着左轮冲到冲锋枪口下找麻烦——送死，拿巡洋舰和驱逐舰去填则更是肉包子打狗有去无回。手头能用的、能对意大利人形成不对称优势的唯一王牌就是"光辉"号和"鹰"号两艘航空母舰了。

"既然你缩在家里不肯出来，那我就打上你家门把你堵在家里揍！"

具体的行动计划由地中海航母部队司令利斯特少将提出，此君在担任"暴怒"号航空母舰舰长的时候就开始潜心研究利用舰载机空袭敌方设防严密的军港基地的可能性。计划以"光辉"号和"鹰"号航母上搭载的两个中队30架费利"剑鱼"鱼雷轰炸机分两个攻击波次趁夜色对塔兰托港进行空

> 参加行动的"光辉"号航空母舰

袭，部分飞机携带鱼雷攻击泊于港内的军舰；剩下的飞机则携带炸弹攻击港内的储油库、修理厂、机场等岸上设施。方案呈报到坎宁安跟前后立刻得到独具慧眼的上将大人的首肯，几乎毫不犹豫地就批准了该项计划。坎宁安相信：面对塔兰托内的意大利舰队，唯有此法是最有效的消灭手段。

为了验证这种思路的可行性，1940年8月22日，三架从陆上机场起飞的"剑鱼"攻击机空袭了停泊于利比亚的邦巴湾的意大利舰艇。用携带的三枚鱼雷击沉了两艘潜艇，一艘潜艇供应舰和一艘驱逐舰（其中驱逐舰是被停泊在旁边的潜艇供应舰上的鱼雷和油料引发的大爆炸冲击波"拍"进海底的）。这次辉煌的攻击坚定了坎宁安空袭塔兰托的决心。

但幸运之神此时并不站在坎宁安这边，方案刚刚敲定，原先就有伤在身的"鹰"号航空母舰（1940年7月该舰在一次空袭中被德国空军炸伤）再也无法坚持放飞飞机所需要的最低航速，只能脱离战斗序列返回本土进行大修。攻击行动只能由"光辉"号航母独自执行。而"光辉"号航母由于机库容量有限，无法完全收容原先搭载在"鹰"号航母上的"剑鱼"中队，经过一番强行加塞也只勉强收容了五架"剑鱼",使得攻击波总数一下子从30架减少到了24架(等于少了五分之一的攻击兵力)。

鉴于从航母放飞舰载机的出发点到塔兰托港的直线距离达170海里(约合315千米)左右,算上空袭时间和回程的距离,可能要超过"剑鱼"鱼雷机的最大重载作战半径,因此所有参加攻击的"剑鱼"都做了必要的改装:原本3人的攻击机组被精简为两人,空出的中部座位上加装了一个容积为270升的额外油箱以增加飞行航程。

目标:塔兰托

1940年11月6日13时,攻击舰队从亚历山大港出航,在航行途中先后有三架"剑鱼"在反潜巡逻飞行中坠毁损失,攻击队实力又减少了十分之一,降为21架。11日18时,"光辉"号在4艘轻巡洋舰和四4艘驱逐舰护卫下告别地中海舰队主力编队前往"X阵位"——放飞攻击波的出发点,身处"厌战"号上的坎宁安目送攻击队的远去:"先生们,祝你们好运。"

19时30分,攻击舰队抵达"X阵位"。"光辉"号上的利斯特少将下达了"舰载机出发"的命令,19时45分,"光辉"号增速到28节,逆风疾驶,第

> 塔兰托战役中,正在由拖船抢救的意大利"利托里奥"号战列舰

开舰载机空袭军港之先河的"ABC将军" | 安德鲁·布朗·坎宁安与夜袭塔兰托港

> "剑鱼"攻击机

一攻击波的12架"剑鱼"机在指挥官威廉森海军少校（座机编号"L4A"号）率领下，组成四个箭形三机小队（其中6架各挂1枚457毫米航空鱼雷，4架各挂6枚112千克炸弹，两架各挂4枚112千克炸弹和16枚照明弹），以每小时140千米的时速趁着夜色扑向塔兰托。

黑尔海军少校指挥的第二波攻击波的9架"剑鱼"于21时20分从"光辉"号上起飞，但放飞过程中突发状况："L5F"号机在起飞时偏离了起飞线、机翼擦碰上了航母上层建筑，被迫中断起飞进行紧急抢修；"L5Q"号机在起飞后不久加装在中部座位上的270升副油箱意外脱落坠海，导致飞机无法满足作战半径而被迫返回母舰，全队只剩下7架飞机向目标飞去。

入夜23时，威廉森少校率领的12架"剑鱼"从海洋方向冲进塔兰托港区，毫无防备的意大利人面对从天而降的"剑鱼"一时间慌了手脚以至于忘了射击。从而让两架携带照明弹的"剑鱼"从容投下了照明弹，悬在小降落

> 意大利海军高炮正在反击空袭

伞下的照明弹使港区耀如白昼，随后这两架飞机又将剩下的8枚112千克炸弹投向了港区的储油库。6架携带鱼雷的"剑鱼"在威廉森少校的带领下避开阻塞气球的钢索间，迎着反应过来的意大利防空部队投射过来的探照灯光和高炮弹雨向停泊在格兰德港内的战列舰冲去。威廉森少校所在的三机编队首先发起攻击，攻击过程中少校的"L4A"号座机被意大利人防空炮火击中坠落，机组两人都当了意大利人的俘虏。但他们投下的鱼雷准确地命中了战列舰"加富尔公爵"号，该舰最终因为损管不力坐沉在泊位上；另两架僚机投下的鱼雷射失。另一个三机编队以战列舰"利托里奥"号为目标投下的3枚鱼雷有两枚击中该舰的首部右舷和尾部左舷。4架携带炸弹的"剑鱼"机攻击了皮克洛港内的巡洋舰、驱逐舰和水上飞机基地。当第一波剩下的11架飞机结束攻击撤出战斗后，港内依然一片混乱，探照灯还在四处乱扫，高射炮还在朝天漫无目标地胡乱射击。

第二攻击波的7架"剑鱼"机于23时55分抵达塔兰托上空，两架负责照明的"剑鱼"机以15秒间隔投下了22枚照明弹。5架挂载鱼雷的"剑鱼"机分两组连续攻击了"利托里奥"号和"卡·欧·杜伊里奥"号战列舰，"利托里奥"号左舷下部再次中雷一枚，再加上之前被命中的两枚鱼雷导致这艘新锐的战列舰舰艏严重下沉，瘫在了泊位上；"卡·欧·杜伊里奥"号的第一、第二号弹药库间中了一枚鱼雷，战列舰瞬间遭到重创并丧失作战能力。英国人的代价是在攻击过程中"E4H"号机在投雷时被击落。半小时后，先前起飞时撞坏的"L5F"号机花20分钟抢修好后又再次起飞赶来参战，该机飞进了早就乱成一锅粥的皮克洛港，向重巡洋舰"特伦托"号投下了它携带的鱼雷并取得命中，然后在密集的防空弹雨中从容撤离。两波空袭总共持续了一个多小时，1941年11月12日凌晨，最后一架"剑鱼"机也就是"L5F"号机安全返回母舰。

一笔划算的买卖和一场生动的集体课

该次空袭取得了重大战果，"光辉"号航母上的21架"剑鱼"式双翼鱼雷机用了65分钟的时间击沉意大利战列舰1艘（"加富尔公爵"号），重创两艘（"利托里奥"号、"卡·欧·杜伊里奥"号），击伤意大利巡洋舰及驱逐舰各两艘，英军的损失仅仅是两架属于雷击队的"剑鱼"（"L4A"号机和"E4H"号机）。这次袭击改变了二战初期英意两国在地中海的海军力量对比（战前4∶6，战后4∶3），闻风丧胆的意大利人放弃了塔兰托这个基地，将舰队主力撤往更加北部的那不勒斯港，拱手将地中海的制海权让给了英国人，英国皇家海军取得了在地中海周边区域的绝对战略优势。

当"光辉"号航母回到地中海舰队基地亚历山大港时受到了热烈的欢迎，坎宁安满意地看着这令人热血沸腾的场景，至少在接下来的几个月的时间里，向北非战场运送兵员和装备给养物资的运输船队可以只需要防备空中和水下而不用顾忌来自水面的攻击了，而取得这一暂时优势的英国皇家海军地中海舰队可以将更多的力量转到更加需要舰队支援的方向。而这次堪称神来之笔的攻击行动在再一次教意大利人"学做人"之外也给世界海军强国集体上了一课：原来航母舰载机是可以这么用的。

击沉"胡德"号
吕特晏斯与丹麦海峡海战

提起海战史中的德国，大部分人想到的是它的潜艇和"狼群战术"，抑或是那支耗费巨资建设、却留在港口里自沉的"存在舰队"——公海舰队。但作为历史上的欧洲列强之一，德国虽不像英国那样有着浓厚的海洋文化氛围，但同样培养出了一些海军指挥官。其中，指挥"俾斯麦"号战列舰、"欧根亲王"号重巡洋舰编队，在丹麦海峡海战中击沉英国皇家海军"胡德"号战列巡洋舰的约翰·君特·吕特晏斯海军上将就是其中的代表。

平凡的早年生活

约翰·君特·吕特晏斯1889年出生于德意志帝国的黑森·拿骚省，其父是一名商人。17岁时，吕特晏斯在贝特尔德寄宿高中拿到了大学预科证书。但吕特晏斯并未选择一所地方大学读书，而是在1907年4月3日进入基尔的德意志帝国海军学院学习，在那里接受了基本训练后，以海军中士的身份加入德意志帝国海军。

在"弗雷亚"号防护巡洋舰上完成舰上训练，并进行了第一次航行后，吕特晏斯参加了米尔维克海军学院的军官课程。在160名同学中，吕特晏斯以第20名的成绩毕业，随后晋升为高级上士，可见吕特晏斯的成绩还是不错的。毕业后，吕特晏斯又在基尔海军炮兵学校和"符腾堡"号战列舰上分别学习了海军炮兵和鱼雷课程。

1909年10月1日，吕特晏斯登上"艾尔萨斯"号战列舰服役，在这之前，又跟随第2海军营参加了另一个步兵课程，这从侧面反映出德意志帝国海军对步兵课程的重视，不过对海军人员进行那么多的步兵训练，除加强纪律性外，似乎对海战没有太多帮助。

1910年9月28日，吕特晏斯晋升为海军少尉。随后在"威廉王"号候补军官训练舰、"汉萨"号防护巡洋舰舰上服役，于1913年9月27日晋升为中尉。此后，吕特晏斯被调往鱼雷艇部队，担任过鱼雷艇师的连队军官和值班军官。

吕特晏斯的家庭不是什么贵族，所以没有"冯"这个德意志贵族的中间名，父亲是一位商人，幼年的吕特晏斯也没有表现出对海洋的浓厚兴趣。本书介绍的德国海军将领中，提尔皮茨、邓尼茨和吕特晏斯，他们三人的幼年都未对海洋产生浓厚的兴趣，提尔皮茨加入海军的决定甚至属于随大流，但三人后来都成为德国海军历史上的重要人物。这或许是因为德国是一个陆权国家，海洋文化氛围、海军的影响都不够大，没有激发青少年对海洋兴趣的土壤。但正是这些年少时对海洋没啥兴趣的人，却成为德国海军历史上的重要人物。

一战及战后的经历

第一次世界大战期间，吕特晏斯以鱼雷艇部队指挥官的身份参战。1917年3月23日，吕特晏斯指挥鱼雷艇小队突袭了法国的敦刻尔克。当年5月2日，他指挥鱼雷艇小队与4艘英国鱼雷艇交战，19日带领5艘鱼雷艇同4艘法国海军驱逐舰交战。1917年5月24日，吕特晏斯晋升为上尉，同时还获得过数枚勋章。

吕特晏斯与邓尼茨不同，吕特晏斯一直在水面舰艇部队服役，同时在一战期间始终在鱼雷艇部队服役。而邓尼茨则是先在巡洋舰上服役，然后才转入潜艇部队服役的。虽然现在无法了解吕特晏斯在一战期间战斗的细节，但从他执行的这几次任务来看，吕特晏斯也是位敢打敢冲的指挥官。

突袭港口以及与英国鱼雷艇交战，如果说更多是因鱼雷艇这种武器的攻击性质决定的，那么率领5艘鱼雷艇与4艘法国海军驱逐舰交战则是非常有魄力的行为。第一次世界大战时期的鱼雷艇，吨位和火力都很羸弱，除了鱼雷，并无什么可与对方舰艇交火的有力武器。而驱逐舰本来就脱胎于鱼雷艇，是一种为了消灭鱼雷艇而产生的舰艇类型，虽然在航速上可能不如鱼雷艇，但拥有更多的火炮和更大的吨位。况且，在数量上，吕特晏斯的鱼雷艇队也不占优势。在这样的情况下，能够与驱逐舰交战，吕特晏斯在指挥上也必须有一套。

第一次世界大战后，吕特晏斯先后在两家海运集团工作，似乎将告别海军。但随着《凡尔赛和约》的落实和魏玛共和国及其国家海军的建立，吕特晏斯又被召回海军服务。在海防部门工作一段时间后，吕特晏斯进入魏玛共和国海军的舰队部门，进行战略和舰队政策方面的研究，同时对当时华盛顿会议进行观察和研究。1923年，吕特晏斯再次回到鱼雷艇部队任指挥官。之后，吕特晏斯担任过鱼雷训练教官，在军衔晋升的同时，也接受了军官、领导人和导航等训练，1931年晋升中校，1933年晋升上校。

1933年9月16日，吕特晏斯成为"卡尔斯鲁厄"号巡洋舰的舰长，并指挥该舰完成了环球航行，于1935年6月15日返回德国。1936年，吕特晏斯担任德国海军人事部主席。值得注意的是，在吕特晏斯担任该职务期间，他从未按照纳粹政府的要求对海军中的不同人种采取区别政策。同时，在"水晶之夜"反犹太人活动后，吕特晏斯还写信给雷德尔表示抗议。

1937年，吕特晏斯成为德国海军鱼雷艇部队的最高指挥官，并很快晋升为少将。

二战爆发后晋升舰队司令

第二次世界大战爆发时，吕特晏斯正担任一支侦察部队的指挥官，该侦察部队由鱼雷艇、驱逐舰和巡洋舰组成。在德国对波兰发起入侵的两天后，吕特晏斯指挥两艘驱逐舰对波兰海军港口内的两艘驱逐舰发起进攻，但由于波兰海军得到岸防火力的支援，加之当时德军驱逐舰炮手的炮术太差，吕特晏斯并没有占到什么便宜，反倒是自己的驱逐舰受轻伤，数名水手伤亡。

此后，吕特晏斯指挥部队在北海进行布雷作战，几天后路过布雷海域的英国运输船队因触雷损失惨重，但吕特晏斯并未再进一步展开行动。不久，吕特晏斯晋升为中将。

在1940年入侵丹麦和挪威的"威悉演习行动"中，由于威廉·马绍尔中将抱病，便由吕特晏斯指挥包括"格奈森瑙"号和"沙恩霍斯特"号战列舰在内的掩护舰队，掩护德军的登陆行动。虽然吕特晏斯成功将登陆部队送上海岸，但与英国皇家海军一支拥有战列舰的特遣队遭遇。由于双方遭遇时，德国舰队处于光线较亮的东方海面上，容易形成清晰、易于瞄准的轮廓，所以吕特晏斯选择率领掩护舰队撤离。但此举使得10艘驱逐舰组成的运输舰队处于英国皇家海军的优势兵力威胁下，后来这10艘驱逐舰被英国皇家海军全歼。虽然吕特晏斯的撤退决定得到了德国海军司令雷德尔的肯定，但吕特晏斯一直内疚自己的决策造成了运输舰队的全军覆没，以及运输舰队指挥官弗里德里希·本特的阵亡。

由于德国海军司令雷德尔与舰队司令威廉·马绍尔因"沙恩霍斯特"号和"格奈森瑙"号在战斗中遭损伤产生矛盾，雷德尔解除了马绍尔的职务，由吕特晏斯接任舰队司令。相比雷德尔与马绍尔之间关系的剑拔弩张，雷德尔个人非常喜欢吕特晏斯，也欣赏、信任他。战争结束后，雷德尔对于提拔吕特晏斯表现得非常坦率，他说："吕特晏斯在军官工作中非常有经验。他作为和我密切合作多年的人事部长，已经赢得了我最特别的信心。"想必吕特晏斯在海军司令部工作以及负责人事工作期间的表现，非常合雷德尔的心意。

虽然吕特晏斯是因为雷德尔的信任获得了舰队司令一职，但吕特晏斯无论是在品格、能力方面，都受到了广泛的支持。吕特晏斯对下属并不亲近，还十分严格，但行事公正正直，也受到了基层官兵的拥戴。

在率领舰队出海执行一次吸引盟军兵力的行动后，吕特晏斯按照命令开始准备筹划登陆英国的"海狮计划"，此时德国已经取得法国战役的胜利，控制法国的希特勒开始考虑征服英国，庞大的登陆舰队当然离不开吕特晏斯指挥的水面战斗舰舰队的保护。不过，德国的国力无法支持如此庞大的登陆行动，同时争夺英吉利海峡制空权的不列颠战役也以英国的胜利而告终，所以"海狮计划"最终取消，希特勒开始将进攻矛头转向苏联，而德国海军的作战重心也转向了破坏英国的海上交通线，打击英国的运输船队。

毁誉参半的"柏林行动"

接任舰队司令后，随着"沙恩霍斯特"号和"格奈森瑙"号两艘战列舰修复完毕，1941年1月，吕特晏斯率领舰队出海，准备在大西洋上截击英国的运输船队。由于德国海军没有足够的潜艇和驱逐舰护送吕特晏斯的两艘战列舰进入大西洋，所以任务不得不推迟了几日。吕特晏斯之后指挥舰队从冰岛和法罗群岛之间进入北冰洋，然后再由北冰洋进入大西洋执行破交作战。为了避免吕特晏斯舰队威胁英国运输船队，英国皇家海军派出了由3艘战列舰、8艘巡洋舰和11艘驱逐舰组成的拦截舰队。但不知是吕特晏斯运气好，还是英国皇家海军点太背，虽然英国特工发回了吕特晏斯舰队出港的情报，1艘英国驱逐舰也发现了吕特晏斯舰队的踪迹，但英国本土舰队司令约翰·托维认为驱逐舰发回的情报是错误情报，使得吕特晏斯舰队顺利进入了大西洋。

在大西洋中，虽然吕特晏斯指挥舰队遭遇了为运输船队护航的英国皇家海军战列舰，但他谨遵海军部的命令，不与敌主力舰交战，而英国皇家海军的战列舰也因为情报和观察问题，没有发现吕特晏斯整支舰队。随后，吕特晏斯指挥舰队在海上袭击了多支英国运输船队，取得了较大战绩。而在破交作战期间，吕特晏斯和他的舰队也多次险些陷入险境。在3月15日击沉数艘英国商船后，吕特晏斯的旗舰"格奈森瑙"号被英国皇家海军的"罗德尼"号战列舰发现，吕特晏斯用无线电谎称他的旗舰是英国皇家海军战舰，成功骗过"罗德尼"号，使其集中注意力于援救落海商船船员，而吕特晏斯则争取到宝贵的时间，撤出战场。在驶往法国布雷斯特途中，吕特晏斯舰队又被英国皇家海军的"皇家方舟"号航空母舰的舰载机发现，但也顺利逃脱跟踪，于22日7时到达布雷斯特。在59天的作战中，吕特晏斯指挥舰队航行1.78万海里，打破了德国主力舰的航行记录。

虽然德雷尔一如既往地对吕特晏斯的指挥非常满意，但海军部却颇有意见，主要是对于其战术决策持不同意见。

"莱茵演习行动"前的诡异表现

"柏林行动"结束后，为不给英国皇家海军以喘息的机会，德国海军决定立即准备开始"莱茵演习行动"，在大西洋袭击英国运输船队，破坏英国的海上交通线。本来德国海军计划由"俾斯麦"号、"提尔皮茨"号、"沙恩霍斯特"号和"格奈森瑙"号4艘战列舰执行此次任务。如果这4艘战列舰全部参加行动的话，这将是德国海军在水面舰艇战斗中所摆出的最强阵容，对于完成这次任务也是很有助益的，会给英国皇家海军带来不小的麻烦。但由于种种原因，除"俾斯麦"号外，其他3艘战列舰都无法执行任务，"欧根亲王"号重巡洋舰被安排配合"俾斯麦"号作战。

原本计划中的实力只剩下四分之一，吕特晏斯似乎感觉到此次行动凶多吉少。吕特晏斯虽然同意雷德尔应当尽快发起新的破交战，不给英国皇家海军以喘息时间的观点，但对于只有1艘主力舰出海作战十分不满。虽然在"柏林行动"中，吕特晏斯手上也只有两艘军舰，但毕竟是两艘实打实的战列舰、主力舰。"莱茵演习行动"给他的兵力近乎减半，换成谁都没信心。吕特晏斯向雷德尔表示，不应该"一勺一勺"地将德国海军的军舰投入战场。同时，德国海军部组织了数次兵棋推演，每次推演的结果都不乐观，无论采取何种办法，"俾斯麦"号都会被英国皇家海军及其盟友发现。

吕特晏斯虽然同雷德尔进行了争论，但并没有说服雷德尔，这是第一次也是最后一次吕特晏斯没有说服雷德尔。在与同僚、朋友的交流中，吕特晏斯的观点也得到了更多的支持，但责任心很强的他生怕违抗上级命令会被别人看做懦夫，依然开始了行动的准备工作。在同朋友聊天时，吕特晏斯曾说："这次行动双方军力对比悬殊，我恐怕早晚会搭上老命。我的私人生活就此终结，我已决意执行指派给我的任务，无论会有什么结

> "俾斯麦"号战列舰

果。"在临行前,吕特晏斯还通过同僚向雷德尔传递了口信,"此行一定有去无回"。

可以说,吕特晏斯在得知只有"俾斯麦"号和"欧根亲王"号两艘军舰可以执行任务后,虽然进行了抗争,但在上级坚持原有命令的情况下,依然带队出海。不过,吕特晏斯此时的心理状态可能未必很好,一连多次表示此次行动将有去无回,不得不说十分诡异。这种心理状态,与置之死地而后生还不同,显然是没有信心活着回来,而这种诡异的心理状态,与其在这次行动中的多次决策失误有着密切的关系。

决策连续失误,指挥出现问题

5月18日,吕特晏斯率领"俾斯麦"号战列舰、"欧根亲王"号重巡洋舰启程出发。在挪威海域的一处峡湾,吕特晏斯下令为两艘军舰补充燃油。但在"欧根亲王"燃油补充完毕后,吕特晏斯却没有为"俾斯麦"号补充燃油。出发前，因一根输油管道的破裂，"俾斯麦"只加注了6000吨燃油，还有2000吨燃油需要在海上补充。"俾斯麦"号驶出波罗的海消耗了200吨燃油，到达挪威海域后又消耗了1000吨燃油。吕特晏斯计划在北冰洋通过油轮补充，但后来行动的变化，使得"俾斯麦"直至被击沉也没有机会得到燃油补充，而这使得"俾斯麦"之后的行动十分被动。这是吕特晏斯在"莱茵演习行动"中犯下的第一个错误。

22日，吕特晏斯接到情报，英国皇家海军的数艘战列舰，或许还有1艘航母，以及1支护航驱逐舰舰队停泊在斯帕卡湾。吕特晏斯认为，应趁机进行突破，进入大西洋。这一决策，使得吕特晏斯舰队错过了前往北冰洋进行燃油补给的机会，而且没有同上级商议，也没有与两艘军舰的舰长讨论。虽然一路小心，但吕特晏斯舰队还是被挪威和瑞典的抵抗组织发现，并通知给英国皇家海军。这是吕特晏斯犯下的第二个错误。

23日，吕特晏斯舰队与英国皇家海军两艘重巡洋舰遭遇，双方虽进行了交火，但都没有什么严重损失，随后双方脱离了接触，但英军舰一直跟踪吕

> "欧根亲王"号重巡洋舰

特晏斯舰队，而这就使得英德两国舰队主力舰的交战不可避免。但吕特晏斯在随后的战斗中，极力避免与敌方主力舰交战。

24日早晨，"欧根亲王"号的水下探测仪发现了两艘大型水面舰艇在靠近，这是英国皇家海军的"胡德"号战列巡洋舰和"威尔士亲王"号战列舰。吕特晏斯得到这一情报后，选择调转航向，以拉开与英舰的距离，同时争取时间考虑对策。

在得知英国皇家海军舰队的旗舰是"胡德"号后，吕特晏斯避战的想法又变得更为强烈。虽然英国军舰已经开始对德舰的齐射，但吕特晏斯只允许"欧根亲王"号还击，严禁"俾斯麦"号开火，这导致了"俾斯麦"号舰长的不满。吕特晏斯禁止"俾斯麦"号开火，首先是因为英国皇家海军的军舰处于德舰的尾部，处于德舰炮弹的抛物线之外，同时，吕特晏斯也想节省炮弹，在双方距离拉近时，在近距离炮战中争取更好的射击机会。

随着双方距离的拉近，吕特晏斯终于下令"俾斯麦"号开火。由于己方在舰炮火力方面比不上英国皇家海军的两艘战列舰，所以吕特晏斯并没有按

> "胡德"号战列巡洋舰

照德国海军的战术要求,将"欧根亲王"号这一装甲相对薄弱的重巡洋舰,安排在"俾斯麦"号未遭敌火力的一侧,而是命令两舰形成战列线,加强齐射火力。如此做法虽然违反战术要求,而且有可能会使"欧根亲王"遭到重创,但在实力不如对方的情况下,吕特晏斯的做法也不失为一种较好的办法。毕竟,德国的火炮向来性能不错,将"欧根亲王"号列入战列线,可以充分发挥它的火力,部分抵消德国在舰炮数量和口径上的劣势。

在德舰的第五轮齐射中,有一枚炮弹击中了"胡德"号,燃起了大火。这枚命中的炮弹起初似乎对"胡德"号并没有造成什么损害,德舰上的炮手们还以为这是枚哑弹,但很快"胡德"号发生剧烈爆炸,舰体断成两截沉没,舰上人员只有3人生还,而"威尔士亲王"号也遭重创。可以说,在这次交战中,吕特晏斯舰队虽然实力稍逊,但凭借良好的炮术以及一些运气,最终击退了英国皇家海军两艘主力舰的追击。这时吕特晏斯和他的舰队还是受到命运的眷顾的。"胡德"号是英国皇家海军的骄傲,以其高航速和强火力受到了世界的关注。但作为一艘结合了巡洋舰航速、战列舰火力的战列巡洋舰,在继承两种装备优势的同时,也必然带有缺陷,那就是装甲防护能力不足。"胡德"号的水平装甲就较为薄弱,这一直被人诟病,而"俾斯麦"发射的那枚炮弹正是击穿了"胡德"号的水平装甲,引爆弹药库,造成了那场炸毁全舰的大爆炸。如果没有这致命的一枚炮弹,也许吕特晏斯舰队就无法摆脱英舰的追击了。

"俾斯麦"号的舰长请求对负伤的"威尔士亲王"号进行追击,预计2至3个小时就可将其击沉,但吕特晏斯拒绝了这一建议,而是继续执行上级要求的避免与敌方主力舰交战的命令。这一决策相对来说是明智的,虽然在这次战斗中,吕特晏斯舰队取得了胜利,但整体实力相比家底丰厚的英国皇家海军来说还是单薄,追击"威尔士亲王"号有遭遇其他英国军舰的可能,况且"俾斯麦"号在战斗中也负了伤。德国海军情报部门的情报也不是很可靠,吕特晏斯已经不相信情报部门提供的关于敌方主力舰位置的情报了,几天前的情报还显示"胡德"号在北非的港口中呢。

此后,吕特晏斯指挥舰队,直接开火击退驱散跟踪的英国军舰,同时利用英国军舰的雷达探测范围,以及为躲避U型潜艇袭击采取迂回前进的航线,

> 描绘"胡德"号沉没的画作，近处为"威尔士亲王"号战列舰

调整航向摆脱了英国皇家海军军舰的跟踪。不过，不知道是取胜以后得意忘形，还是求死之心已定，吕特晏斯在此后的指挥中，昏招频出，甚至在领导方面出现了问题。

暂时摆脱英国皇家海军的跟踪后，吕特晏斯坚持打破无线电静默向巴黎发送广播。之前，上级曾要求吕特晏斯采用战术无线电进行联络，不要进行广播以免暴露位置，但吕特晏斯并没有遵守这一命令。此时的"俾斯麦"号在与"威尔士亲王"号的战斗中被击中，开始进水并出现燃油泄漏，使得英国皇家海军更易发现其踪迹。虽然英国皇家海军再次跟上来只是时间问题，保持无线电静默的意义也不大，但吕特晏斯的这条消息可以说毫无意义，只是汇报了击沉"胡德"号、已与"欧根亲王"号分开行动的情况，却没有汇报"俾斯麦"号的受损情况。这是吕特晏斯在"莱茵演习行动"中犯下的第三个错误。

与"欧根亲王"分开行动，令其继续完成破交任务的决策，确实保留住了"欧根亲王"号，避免其被英国皇家海军围歼。但对于当时"俾斯麦"号的情况来说，如果"欧根亲王"号留下的话，或许还能够保"俾斯麦"号平安。不汇报"俾斯麦"号受损情况，虽然避免英军获得这方面的情报，但也使得德国海军最高指挥部无法根据情况做出相应决策。

"俾斯麦"号这时已经大量进水，航速下降了2节，丧失部分电力，两部锅炉也已关闭。吕特晏斯计划驶往法国圣泽纳尔，而"俾斯麦"号舰长林德曼则希望经丹麦海峡返回挪威。林德曼认为应尽快返回德国控制下的港口进行维修，避免在实力不对等的战斗中白白牺牲，而吕特晏斯认为这条航线太靠近英国，英国皇家海军舰艇的密度会很大，交战的几率很高。两人因此关系恶化，他们之间的敌意甚至蔓延至两人各自带领的军官之中。

如果说吕特晏斯的上述决策虽然不够完美，但也有有道理的话，那么他之后对全体舰员的讲话则大大打击了士气，实在是莫名其妙，以下是他的讲话内容：

"俾斯麦号的全体官兵们！你们都已荣耀加身！击沉英国海军的骄傲"胡德"号不仅是军事上的重大成就，更是对英国人精神上的打击！但正因此，敌军将集中兵力反对我们。因此，我已经于昨日中午命令'欧根亲王'号离开我们，继续她对敌军商船的打击。她躲开了追击的敌军。而我们，因为受到重创，必须返回法国港口。沿途的敌人将会蜂拥而至与我们战斗。德国人民与你们同在，我们将一直战斗，直到炮膛闪耀红光，直到最后一枚炮弹离开炮膛！为了我们，官兵们，胜利，或殉国。"

吕特晏斯的讲话内容暗示了他们有可能全军覆没，这让舰上官兵大为惊恐，士气一落千丈。好在林德曼舰长发

> 从"威尔士亲王"号上拍摄的"胡德"号最后一张照片

现了这一问题，他也进行了讲话，告诉舰上官兵U型潜艇和空军会帮助他们安全返回港口，部分挽回了士气。

26日清晨，"俾斯麦"号被英国侦察机发现，随后英国皇家海军的"剑鱼"攻击机对其发起了鱼雷攻击。虽然没有造成太大损伤，但"俾斯麦"号的舵被击毁，而且无法修复，航速也下降到7节。当晚，英国皇家海军的驱逐舰继续对"俾斯麦"发起鱼雷攻击，而英国皇家海军的多艘战列舰和巡洋舰也在对"俾斯麦"号进行追击。

27日上午8时，"俾斯麦"号拉响了它的最后一次战斗警报。15分钟后，"俾斯麦"号被英国皇家海军舰艇发现，8时48分，"罗德尼"号战列舰向"俾斯麦"号开火，8时49分，"俾斯麦"号在最后一次还击后主炮沉默。在英国皇家海军的集中打击下，10时36分，"俾斯麦"号沉没，吕特晏斯在"罗德尼"号第一次齐射时就已阵亡。

有责任感的不合格舰队指挥官

冷战期间，联邦德国海军以吕特晏斯的名字命名了一艘驱逐舰，以纪念其责任感和使命感。这一做法在联邦德国内部是有争议的。客观来讲，吕特晏斯确实是一名有责任感的指挥官，坚持贯彻上级的命令，甚至不惜付出生命，但吕特晏斯并不是一名合格的指挥官。

纵观吕特晏斯职业生涯中指挥的战斗，年轻时的他不乏勇敢精神，壮年时的他，指挥虽不出彩，但也是中规中矩，完成了任务。反倒是到了舰队指挥官这一层级，有些畏手畏脚。

在"莱茵演习行动"之前和期间，吕特晏斯的精神状态或许已经出现了较大的变化，决策频繁出现问题，其表现看起来似乎是想在战斗中阵亡。这样的做法是极为不负责任的。作为舰队的指挥官，吕特晏斯应当率领部属去争取胜利，完成任务，同时尽力将他们平安带回家。但吕特晏斯想在战斗中阵亡，却毫不顾惜部属的生命，"俾斯麦"号的最后沉没，多多少少与其错误决策有关。"莱茵演习行动"中，吕特晏斯舰队能够在丹麦海峡海战中击沉"胡德"号也不全是吕特晏斯自己的功劳，也有德舰基层官兵的努力，况

> 战斗中，主炮开火时的"俾斯麦"号

且这一战绩多少还有运气的成分。如果吕特晏斯采取积极的决策，哪怕在奋战中全军覆没，或许部属们也是心甘情愿的，毕竟是积极求战而亡。但吕特晏斯的做法虽然是有责任感，但颇有些"愚忠"的意味，而且对部属不负责任，所以他并不是一名完全合格的指挥官。

真实的"猎杀U-571"
克雷斯维尔与缴获恩尼格玛密码机

在惨烈的战场之外,对战局走向影响极大的情报战场,虽然没有那么多的刀光剑影,但敌对双方的对抗同样激烈。第二次世界大战期间,为了破译德国使用的恩尼格玛密码机,盟军方面不仅进行了艰苦的破译工作,也通过各种渠道去获得恩尼格玛密码机的实机和密码本等,为最终破解恩尼格玛密码机,为盟军在战斗中获取先机做出了巨大贡献。曾经有一部电影《U-571》便以盟军抢夺德国潜艇上的恩尼格玛密码机为主线展开。而在真实的历史中,盟军确实通过俘虏潜艇获得了恩尼格玛密码机,这就是英国皇家海军驱逐舰舰长克雷斯维尔俘获德国海军U-110潜艇的故事,被公认为是电影《U-571》的原型。

陆军父亲海军儿

乔·贝克-克雷斯维尔1901年2月出生于英国,父亲是一名陆军少校。克雷斯维尔的哥哥同他一样加入了海军,但却在一起事故中溺亡。兄长的身故,并未让克雷斯维尔胆怯,他仍继续留在海军中服役。1919年,18岁的克雷斯维尔以海军军官候补生的身份加入了英国皇家海军。

　　克雷斯维尔一战后才加入海军，并没有什么实战经验。在海军中的升迁历程也很普通，先后在多种型号的军舰上担任不同的职位，至1937年，他已经被提拔为指挥官。

　　第二次世界大战爆发时，克雷斯维尔正担任参谋职务，但他很快就被派往前线。1940年，克雷斯维尔担任驱逐舰"箭"号的舰长，几个月后调任"斗牛犬"号驱逐舰舰长，并成为第3护航舰队的指挥官，而克雷斯维尔职业生涯中最大的功绩，就是指挥"斗牛犬"号驱逐舰取得的。

破解恩尼格玛密码机

　　盟军破解、获得恩尼格玛密码机，也许是第二次世界大战中最具神奇色彩的故事，使得恩尼格玛密码机颇具神秘色彩，但这种密码机并不是那么神秘，神秘的是破解它的加密方式。其实在第二次世界大战之前，恩尼格玛密码机就已经出现了。

　　同许多发明创新一样，恩尼格玛密码机一开始并未引起注意。1918年2月，阿瑟·谢尔比乌斯申请了一种转子密码机的专利，而这就是后来恩尼格玛密码机的雏形。起初，阿瑟和他的合作者向

> 一台4转子恩尼格玛密码机

187

海军和外交部推销这种密码机，但并没有引起它们的兴趣。最初的恩尼格玛密码机体积庞大，重量有50千克，这显然不适合军用，阿瑟与其合作者在后续的改进中，不断完善恩尼格玛密码机并减轻重量，1927年生产的D型密码机体积、重量都大大减少，得到了广泛应用。

而德国军队采用恩尼格玛密码机是在1926年，海军最先采用了恩尼格玛密码机，陆军于1928年采用。

恩尼格玛密码机是一种结合了机械与电子的信息加密和解密系统。加密，简单说就是将信息以特定文字、字母和数字等代替，收到加密信息的一方根据加密方式进行解密获得信息。如我们常用的汉字代码就是以数字代替汉字，只不过其对应方式是公开的。恩尼格玛密码机就是一种对信息进行复杂加密的机器，它的核心就是转子，转子上的管脚和金属触点代表着不同的字母，可将信息中的字母替换成其他字母。如果只有一个转子的话，生成的只是简单的替换式密码，通过不太复杂和繁重的数学运算就可破解，但恩尼

> 恩尼格玛密码机接线板

格玛密码机之所以难以破解，就是因为它有多个转子，在按下一个字母按键时，转子都会转动，即使连续按下同一个字母按键，生成的密码字母也是不同的。德国陆军和空军一开始使用3个转子的恩尼格玛密码机，之后使用5个转子的型号，而德国海军显然更为重视信息加密工作，最早使用的就有6个转子，最后增加到8个。

为了增强密码的安全性，恩尼格玛密码机之后还增加了接线板。接线板的作用等于增加了转子的数量，提高了破解难度。举个例子，操作人员在生成密码前，通过连接线将接线板的字母A与Z连接起来，那么在操作人员按下按键A时，电流不是从按键A直接流向转子，而是从Z流向转子，再由转子生成密码，这在转子生成密码前，又增加了密码的复杂性，接线板最多可以连接13条连接线。

恩尼格玛密码机所生成密码的解密，需要两台密码机的转子、转子排列顺序、起始位置、接线板连线都是相同的，才可解密信息。为了增强安全性，德国军队恩尼格玛密码机的设置一般一天更换一次，而海军还另外要求在用恩尼格玛密码机生成密码前，还需通过专用的密码本进行一次加密，然后再由密码机生成新的密码。海军使用的密码本是用水溶性墨水印刷，在面临被敌方缴获的风险时，可以直接扔到海里销毁，或者倒一杯水。

情报向来对战争的走向起着重要的作用，第二次世界大战爆发前，法国其实在破解恩尼格玛密码机方面有着不错的先发优势。1931年，法国情报人员就与纳粹德军通信部门长官鲁道夫·施密特的弟弟，汉斯-提罗·施密特取得了联系。汉斯-提罗·施密特看不惯纳粹的行径，他向法国情报人员转交了两份关于恩尼格玛密码机操作和转子内部线路的资料，这对于破解恩尼格玛密码机是非常重要的情报。不过，恩尼格玛密码机要求即使被缴获也能够保证安全，所以破解仍需要很大的努力，但并非意味着不可破解。当时的法国认为《凡尔赛和约》限制了德国军备的发展，破译密码对于战争也没有什么大的帮助，他们眼中弱小的德国军队是不敢挑战法国军队的，所以法国最后以无法破解为由搁置了对恩尼格玛密码机的破译工作。如此懈怠，法国军队在德国入侵时兵败如山倒一点也不奇怪。

反倒是波兰这个被德国和苏联两翼包夹的国家居安思危，早早地开始了

> 英国破解恩尼格玛密码机的布莱切利庄园

对恩尼格玛密码机的破解工作。根据两国的军事合作条约，法国将获得的恩尼格玛密码机情报资料移交给了波兰，波兰借此破译了商用恩尼格玛密码机，并于1932年破译了军用恩尼格玛密码机。1939年，波兰将破解方法移交给了英国和法国，但德国也在不断提高恩尼格玛密码机的性能和加密能力，而且法国也无法继续从施密特那里得到密钥，所以在法国沦陷以后，英国独自坚持对恩尼格玛密码机的破解，但即使有图灵这样的数学天才的帮助，破解工作也十分艰难，直到英国皇家海军俘获了U-110潜艇，才出现了重大转机。

抓潜艇的"斗牛犬"

1941年4月15日,U-110潜艇启航执行袭击英国船队的任务,由弗里茨·尤里乌斯·伦普指挥。伦普是德国海军潜艇部队的著名艇长之一,著名的原因是他指挥U-30潜艇第一次击沉了英国船只,不过这一战绩并不光彩,这艘船是一艘名为"雅典娜"号的英国客轮,造成了平民死亡。

1939年9月3日,伦普指挥的U-30潜艇发现了"雅典娜"号客轮。此时的"雅典娜"号上有乘客1102人,船员315人。伦普从潜望镜中观察"雅典娜"号,认为这是艘武装商船,便决定不经警告发起攻击。U-30潜艇发射了3枚鱼雷,其中1枚击中"雅典娜"号的要害,使之沉没,这次攻击造成112人死亡,其中85人是妇女和儿童。

> "斗牛犬"号驱逐舰

击沉"雅典娜"号后,伦普才发现这艘所谓的武装商船是一艘客轮,他并没有立即上前施救弥补过错,反而急忙逃跑,返回基地后,伦普要求艇员严格保密。获知这一消息的希特勒也下令封锁消息,并命令德国报纸指责英国阴谋策划了这次事故,诬陷德国。而击沉客轮的行径,也使得英美等国舆论展开对纳粹的口诛笔伐。此事件也成为大西洋海战的开端。而事情的真相直到1946年才被外界得知。

虽然闯下了大祸,但伦普的职业生涯似乎并未受到影响,很快调任新造潜艇U-110的艇长。U-110潜艇属于IX级潜艇,比U-30潜艇所属的VII级潜艇航程更大,远海航行能力更强。但伦普在U-110上的事业并未持续多久。

1942年4月15日,U-110潜艇在伦普的指挥下,离开基地出发。伦普作为U-110潜艇的首任艇长,这次是指挥该艇进行第二次出击。在该艇第一次出击期间,一次浮上水面准备用甲板炮袭击盟军船只,但艇员却忘了在发射前移除甲板炮的防水措施,造成了炸膛,3名艇员受伤,只能依靠37毫米和20毫米机关炮进行攻击,但这艘盟军船只还是顺利逃跑。

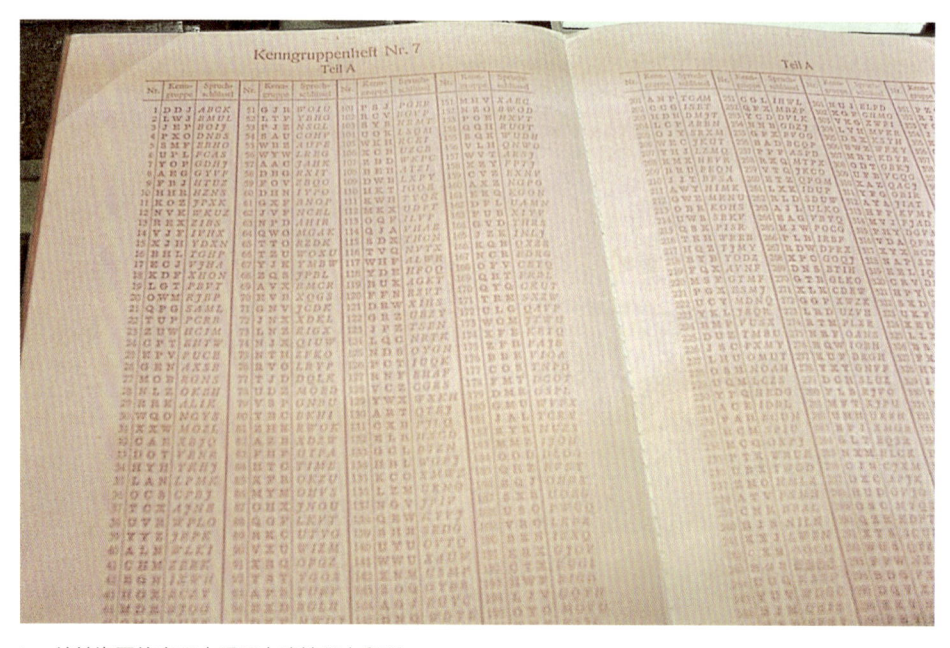

> 纳粹海军的密码本采用水溶性墨水印刷

> "斗牛犬"号驱逐舰与被俘的U-110潜艇

U-110潜艇的第二次出击起初比较顺利，连续击沉了3艘盟军船只，特别是第二次攻击，击沉了两艘盟军船只。但艇员们并没有时间庆祝胜利，因为英国皇家海军的护航船只发现了他们。

护卫舰"南庭霁"号的声呐发现了U-110潜艇，向海中投入深水炸弹对其进行攻击。虽然U-110潜艇在深水炸弹攻击中并没有沉没，但严重受损，驱逐舰"斗牛犬"号和"百老汇"号继续对其进行攻击。"百老汇"号扔出的两枚深水炸弹在U-110潜艇的底部爆炸，这使艇员们以为潜艇受重创，将会沉没，伦普便下达了弃艇的命令。U-110浮出水面，艇员来到甲板上陆续逃生。当时，"斗牛犬"号和"百老汇"号以为U-110潜艇将会利用甲板炮进行反抗，使用舰炮和轻武器对其射击。克雷斯维尔发现U-110潜艇已经被放弃，其艇员只是想逃生投降，果断下达了停止射击命令，他也意识到这是缴获一艘德国潜艇进行研究的最佳机会，上面肯定还有恩尼格玛密码机和密码本，而这两样东西的价值比潜艇还要重要。

就在克雷斯维尔下令组织登艇期间，跳海逃生的伦普发现

U-110并未沉没，而是继续浮在海面上。为了不让机密落入盟军手中，伦普又向潜艇游去，准备销毁机密，但据目击的德国艇员说，他看到伦普被英国水手的轻武器击中，但之后他的命运如何，没有人注意到。U-110艇员中，有15人死亡，32人被俘虏。

"斗牛犬"号派出了两组登船人员，将艇上的重要设备和信息等全部收集带回"斗牛犬"号，其中就包括恩尼格玛密码机和德国海军的密码本。

"斗牛犬"号本来想将U-110拖带回英国，但途中该艇就沉没了。

有情报敏感性的舰长

克雷斯维尔指挥"斗牛犬"号俘获U-110潜艇，以及潜艇上的恩尼格玛密码机和密码本，相比电影《U-571》并不刺激，也没有那么多精彩的情节，其本人的指挥似乎也非常简单，但克雷斯维尔能够取得这一战果，与其敏锐的意识有着紧密的关系。

除了在战场之外搜集情报外，战场也是搜集情报的一大来源，从缴获的资料文件、武器装备等，可以直接或间接地对己方的情报工作产生有利影响，而敌方的一系列表现，如果经过仔细的分析验证，也可成为情报工作的依据。破解恩尼格玛密码机是为战场服务，而破解的关键同样来自战场。

克雷斯维尔本来是指挥两艘驱逐舰击沉U-110潜艇的，但他经过观察，发现U-110潜艇还能维持漂浮能力，而且其艇员也没有以甲板炮还击的企图，果断将目的从击沉潜艇转为俘获之。伦普艇长在想要游回潜艇销毁机密时，被英国水手射杀，不知是否是克雷斯维尔的命令，此举可以说是英国皇家海军能够成功俘获U-110潜艇的关键。更为重要的是，克雷斯维尔还迅速组织了两批登艇人员迅速占领潜艇，而且在第二批登艇人员中，就有暂时在"斗牛犬"号上工作的英国情报人员，迅速将U-110上的恩尼格玛密码机和密码本带走。

由于成功俘获U-110，特别是其上的恩尼格玛密码机和密码本对英国对德情报工作的巨大作用，克雷斯维尔被授予杰出服务勋章。英国国王乔治六世对他说，俘获U-110及其上的纳粹密码机，是整个战争中海战方面的最重要事件。

　　可能是考虑到克雷斯维尔对情报有着敏锐的意识，俘获U-110潜艇后，他被调到联合情报委员会工作。虽然战争期间，克雷斯维尔还另有任用，但战争结束后他还担任了3年海军情报部门的二把手，可见上级对他情报能力的信任。

　　恩尼格玛密码机的破解是英国在二战期间最高等级的秘密，为二战的胜利做出了巨大的贡献，挽救了数以千万人的生命。

19 第一次航空母舰会战
尼米兹、弗莱彻与珊瑚海海战

航空母舰成为海战主战装备是在第二次世界大战期间，至今航空母舰都是海战中最为重要的武器装备。在第二次世界大战中，曾爆发了世界上第一次航空母舰之间的对决，敌对双方的美国海军和日本海军都是第一次使用航母及其舰载机与敌方航母及舰载机作战，所以整体来看双方的作战组织都存在一些问题。但在这第一次航空母舰会战中，美国海军虽然在战术上失利，但在战略上却取得了成功，其中负责宏观指挥的太平洋舰队司令切斯特·威廉·尼米兹和在一线指挥的北太平洋舰队指挥官弗兰克·杰克·弗莱彻的作用不容忽视。

相差两月，发展轨迹不同

切斯特·威廉·尼米兹生于1885年2月，弗兰克·杰克·弗莱彻生于1885年4月。尼米兹属于德裔美国人，其先祖是宝剑骑士团中的萨克森人，宝剑骑士团并入著名的条顿骑士团，后来又效忠瑞典王国。30年战争结束后，尼米兹的先祖在今天德国的西北部定居下来，放弃了贵族称号，开始从事商业，积累了相当的财富。不过，俗话说"富不过三代"，尼米兹先祖后来家道中落，最后移民美国讨生活。尼米兹的祖父自幼跟随其父在商船上工作，甚至后来开了一家蒸汽船造型的旅馆。尼米兹的父亲体弱多病，在尼米兹出生后不久离世，尼米兹母子搬回祖父的旅馆居住，其幼年受其祖父影响很大，后来尼米兹的母亲改嫁尼米兹的叔父。尼米兹家境并不优渥，8岁时就开始送货，15岁时就在旅馆里帮忙补贴家用。

然而，机会眷顾了尼米兹。尼米兹偶遇了两名刚刚从西点军校毕业的上尉，被他们的气质所吸引，所以决定投靠西点军校，成为一名陆军军官。尼米兹如果参加了陆军倒也对得起他的祖先，毕竟骑士团也是当年欧陆上的强大陆军力量。由于西点军校需要得到国会议员的推荐，毫无背景的尼米兹给众议员詹姆斯·卢瑟·斯雷登写信，希望他能够推荐。但斯雷登回复他说西点军校的名额已满，但还有一个海军学院的名额，尼米兹选择去考海军学院，只是不知如果当时尼米兹如愿去了西点军校，在陆军中是否还能取得后来如此大的成就。1901年9月7日，尼米兹考入海军学院。当时的美国刚刚在美西战争中打败西班牙，海军迎来了大发展的时期，士官、军官的数量一下子不够用了，所以当年的海军军校生的毕业时间都从原本的6月提前，1905年5月，尼米兹毕业成为海军见习军官，在"俄亥俄"号战列舰服役。"俄亥俄"号为当时美国海军亚洲分舰队的旗舰，尼米兹随舰前往远东执行任务。

当时的日本刚刚赢得了日俄战争的胜利，日本天皇举行庆祝会，也邀请了当时正访问日本的"俄亥俄"号战列舰，但高级军官们对庆祝会毫无兴趣，就将出席庆祝会的任务推给了尼米兹等6名见习军官，可见美国海军高级军官对日本的轻视。宴会临近结束时，尼米兹和他的战友临时起意，集体向东乡平八郎敬酒，东乡平八郎也友好地回应了他们。这给尼米兹留下了深刻

> 尼米兹

印象，即使后来在二战中美国海军与日本海军互为敌人，但战后尼米兹还是多次表示了对东乡平八郎的敬仰。

1907年，22岁的尼米兹开始指挥驱逐舰，相比同时代的海军指挥官们，尼米兹担任驱逐舰舰长时的年龄最小。但第二年，尼米兹就因判断失误使驱逐舰搁浅，在自救无望的情况下，尼米兹想起祖父的一句话，不要为你无能为力的事而担心，索性在甲板上搭床睡觉，也是颇有个性。在之后的军事审判中，由于事故主要是海图标识不清造成的，加上尼米兹在事故发生后的处理措施得当，而且还是初犯，尼米兹只受到了训诫，但也被解除了驱逐舰的指挥权，驱逐舰舰长当了刚好一年。

水面舰艇部队待不下去了，尼米兹被调到潜艇部队中工作。当时的潜艇还属于新生事物，各方面还很不完善，很多军官都希望在水面战舰上服役，而不是在潜藏水下、安全性还不高的潜艇上工作，当时的尼米兹也不例外，但他的事业在潜艇部队中却发展很快。在担任了一年多的潜艇艇长以后，尼米兹越过中尉，直接晋升为上尉，并且成为潜艇支队的指挥官，这时的他开始研究潜艇动力系统。由于当时潜艇使用的汽油机容易爆炸，汽油容易挥发引起事故，所以尼米兹力主将美国海军的潜艇动力更换为更安全的柴油，他协助了美国海军第一艘柴油机动力潜艇"飞鱼"号的建造。虽然尼米兹对潜艇作战颇有研究，但他认为潜艇适合用于近海防御，没有预见到德国后来将潜艇用于破交作战之中。

"飞鱼"号的表现令美国海军高层十分满意，开始考虑为水面舰艇引入柴油机动力，但当时的美国在这方面还十分薄弱，便选派尼米兹前往德国学习柴油机技术。回国后，尼米兹监督了美国海军第一艘柴油动力水面舰艇的建造。可以说，尼米兹是美国海军舰艇柴油机化进程中的重要人物。懂技术、留过学，尼米兹这样的人才引起了美国柴油机企业的注意，他们派人游说尼米兹从海军退役，到他们公司工作，并开出了2.5万的年薪和5年的合约等优厚条件。当时的尼米兹一个月算上工资和补贴，也只有280美元，但尼米兹以不想离开海军为由拒绝了。

在第一次世界大战期间至第二次世界大战之前，尼米兹历任舰队参谋、参谋长、副舰长、潜艇支队指挥官、海军院校教官等一系列职务，1939年已担任航海署署长。1940年，美国总统罗斯福因调防问题解除了当时太平洋舰队司令的职务，他选择尼米兹接替，但尼米兹以资历不够为由拒绝。不过一年后珍珠港事件爆发，尼米兹在形势的推动下，还是出任了这一职务。

珊瑚海海战中的另一重要人物弗兰克·杰克·弗莱彻与尼米兹同年出生，毕业则晚尼米兹一年，于1906年毕业。尼米兹毕业时，在114名毕业生中成绩第4，而弗莱彻在当年116名毕业生中成绩排名第26，而后来两人的发展也确与各自的成绩类似，尼米兹的军衔和职务都要比弗莱彻高，看来学习成绩还是反映出一些问题的。

弗莱彻的职业生涯相比尼米兹，较为平缓，他从未在潜艇上服役过，其任职的全部是水面舰艇，不仅有战列舰，也有巡洋舰和驱逐舰，还曾短暂在院校、舰队司令部和基地任职。珍珠港事件发生前，弗莱彻已担任第6巡洋舰舰队的指挥官。

> 弗莱彻

珍珠港事件的发生，太平洋战争的爆发，使得尼米兹和弗莱彻投身于太平洋的广阔战场，成为珊瑚海海战——这场人类历史上第一次航空母舰对决的重要参与者。

美日碰撞珊瑚海

偷袭珍珠港后，日本在西太平洋一时风头无两，接连攻占了菲律宾、新加坡等西方国家的殖民地。这一系列胜利，给了太平洋盟军以沉重的打击。日本向这些地区扩张，一方面是为了扩大其所谓的"绝对国防圈"，在盟军反击时，通过逐层防御体系，逐渐消耗盟军的力量，保证日本本土的安全；另一方面则是为了获取当地的资源，维持侵略战争。

在盟军节节败退、美国的国力还未完全调动起来的情况下，日本海军军令部提出入侵澳大利亚的设想。如果日本占领了澳大利亚，那么盟军将失去反击的重要基地，而获得澳大利亚资源以及战略之便的日本将更加难以克制。但日本海军的想法没有得到日本陆军的支持，陆军认为没有那么多的资源可供入侵澳大利亚。日本毕竟是一个小国，人力物力有限，大量的兵力和资源被牵制在中国，确实难以维持攻占整个澳大利亚这样规模庞大的战役。

此时，日本海军第4舰队司令井上成美提出，攻占所罗门群岛东南的图拉吉和新几内亚的莫尔兹比港，陆基飞机从这两地起飞就可威胁澳大利亚北部，同时可以为腊包尔这一日军的主要基地提供更大的防御纵深。这一方案获得了陆海两军的支持，它们还在井上成美方案的基础上，规划了一系列后续作战方案，如占领斐济、萨摩亚等地，切断美国与澳大利亚之间的交通线等。

1942年4月，日本陆海军提出MO作战计划，将于5月10日攻占莫尔兹比港。在3月的战斗中，井上成美所部就遭盟军空中力量的打击，日本攻占莫尔兹比港可以轰炸澳大利亚北部，而盟军飞机也可从澳大利亚北部起飞支援莫尔兹比港，所以井上成美向联合舰队提出请求，由联合舰队MO作战的部队提供空中支援。山本五十六正在策划引诱歼灭美国航母的中途岛海战，本需集中更多的兵力，但仍然为井上成美调派了"瑞鹤"号和"翔鹤"号两艘航母，还有一支巡洋舰编队和两支驱逐舰编队。

日本陆海军的MO作战虽然计划得很好，但却被盟军获知大部分内容。日本海军近半通信中所用的Ro电，在1942年3月已被美军破译了15%，至当年5月已破译85%。3月，美军就已得知日军有MO作战的计划，4月已获知将有1艘航母和多艘大型舰艇将接受井上成美的指挥。当月，英军将"瑞鹤"号和"翔鹤"号两艘航母从中国台湾出发的情报分享给美军，并推测MO作战的目标很有可能是莫尔兹比港。4月底，盟军方面已得到更多MO作战的细节。

得益于盟军效率更高、更成功的情报工作，美国海军方面能够提前着手应对。莫尔兹比港对于盟军来说同样重要，这里是盟军抵抗日军向西南太平洋进攻的重要支点，也是未来发起反攻的重要基地。况且，莫尔兹比港丢失后，日军很有可能进行更大规模的进攻，对美澳交通线也是一大威胁。在与参谋人员讨论商议后，尼米兹认为日军MO作战的目标极大可能是莫尔兹比港，围绕此地的防御工作开始紧锣密鼓地展开。

在与美国海军舰队司令恩斯特·金恩上将商议后，尼米兹决定将太平洋舰队所有4艘可用的航母投入到将要发生的战役之中。但太平洋舰队纸面上虽然有4艘航母，其时只有2艘航母可供尼米兹调遣，原因是另外两艘航母去支援著名的"杜立特轰炸"去了。

珍珠港被偷袭后，尼米兹开始组织指挥美国海军展开报复，他派遣最为熟悉的潜艇部队去袭击日本的海上交通线，却收效甚微，忙乎了近一个月，只击沉了1艘驱逐舰，3艘潜艇和20艘商船，在被击沉的日本商船中，只有4艘超过6000吨。相比在大西洋展开破交作战的德国潜艇，美国海军的这些战绩不值一提。总统罗斯福对尼米兹的潜艇反击十分不满，开始考虑使用飞机轰炸日本本土。海军因飞机航程不够，搁置了轰炸日本本土的计划，而陆军航空队则提出了在航空母舰上起飞陆军的B-25轰炸机，轰炸日本本土后，降落中国的计划，得到了罗斯福的同意。尼米兹调派了"大黄蜂"号航母用于搭载B-25轰炸机，"企业"号航母则承担护航任务，整个舰队由哈尔西指挥，被称为第16特混舰队。

在珊瑚海海战即将爆发时，支援"杜立特轰炸"的第16特混舰队刚刚返回珍珠港进行休整，在得到尼米兹的命令后，虽然第16特混舰队立即出发，但也没有赶上珊瑚海海战，所以此次海战中，只有第17特混舰队的"约克城"号和第11特混舰队的"列克星敦"号两艘航母能供尼米兹调遣。

珊瑚海上的"三岔口"

虽然美日双方都知道将与对方在珊瑚海海域爆发海战，但在茫茫大海上发现对方舰艇还是非常困难的，导致珊瑚海海战前期，双方花了很长时间去搜索对方，即使在发现对方的水面舰艇后，美日双方都出现了一些错误。

在海战还没有爆发的4月底，日本海军就派出了两艘潜艇对预定登陆海域进行侦察，但一艘盟军舰艇也没有发现。此后，日军开始对图拉吉和莫尔兹比港的攻击行动，其中"瑞鹤"号和"翔鹤"号所在的MO机动部队，是井上成美手中最强大的作战力量，位于日军其他舰队的最东侧，为登陆莫尔兹比港提供支援，同时在美海军进入珊瑚海后击退之。

为了向舰队提供早期预警，日本海军派出4艘潜艇前往瓜岛西南警戒，但弗莱彻的舰队在潜艇警戒线形成前就已进入，所以潜艇警戒线并未发挥早期预警的作用。日本海军的伊21号潜艇遭到了"约克城"号航母舰载机的攻击，但并没有受到伤害，也未察觉到自己受到了攻击。弗莱彻也派出两艘驱逐舰搜寻日本潜艇，却没有任何发现。

5月3日，日军攻占图拉吉，当地防守盟军部队早已撤离。5月4日，弗莱彻的第17特混舰队对图拉吉日军进行了空袭，MO机动部队得知这一情况后，开始搜寻美国舰队，但一无所获。5月5日，第17、第14、第44特混舰队在预定位置回合，同时击落了一架执行侦察任务的日军水上飞机。虽然这架飞机在击落前并未将情报传送出去，但该机的失联使日军判断该机应是被美航母舰载机击落的。

5月6日，弗莱彻的搜寻侦察行动没有发现日军航母踪迹，而日军却发现了第17特混舰队的踪迹。不过，由于气象条件的变化、双方位置的变化，美日双方都没有确定双方的准确位置。实际上，在当天晚上20时，两支舰队的距离只有70海里。双方此时处于一种我知道对方就在附近，但就是不知道在哪里的情况之中。

虽然珊瑚海海战在4日就已开始，但美日双方在开战前到开战第二天，就如同京剧《三岔口》中摸黑寻找对方的两个角色一样，眼前一抹黑，明明能感觉到对方的存在，却就是发现不了。

毕竟这是历史上的第一次航母对决，双方都没有什么经验可供借鉴。这一情况表明，航母作战中，侦察并发现对方航母位置是最为重要的一项工作，虽然双方采用了潜艇警戒线、水面舰艇和飞机等多种侦察手段，耗费了数天时间，但获得的敌情仍然十分模糊。即使到了军事技术相比二战时期已经先进很多的今天，在大海上发现航母也不是一件容易的事儿。可见，为了消灭敌方航母，除了不断提高侦察手段的技术水平外，还需合理调配侦察力量。

首日战斗

5月7日，美日双方舰队都感觉已经离对方不远了，所以都做好了战斗准备。一大早，双方都起飞了十多架攻击机进行侦察。不过，弗莱彻对侦察的组织不如日军。日军方面不仅出动了舰载机对美国航母可能出现的方向进行侦察，还利用水面舰艇的侦察机和陆基飞机、水上飞机对其他方向进行了侦察，这当然与日军在附近海域进行航空侦察的条件较好有关，但却是正确的做法。不过，虽然日军对侦察的组织较好，但却出现了严重错误。

"翔鹤"号航母的两架舰载机先后汇报发现了美海军航母，日军立即起飞大批舰载攻击机前往攻击，但那其实只是美国海军的一艘油船和护航舰只。在舰载攻击机群起飞后，日军水面舰艇的侦察机汇报在其他位置发现了美军航母，令日军大惑不解，高层们认为美军航母已经兵分两路执行任务。攻击机群抵达攻击位置后，发现只是1艘油船和它的护航舰只后，还继续在附近海域寻找美军航母。两架舰载机发回侦察情况是在7时以后，而直到10时日军才意识到他们的侦察出现了错误，在日军中一时引起恐慌，在留下舰载轰炸机对两艘舰只进行攻击后，日军急令鱼雷攻击机扔掉弹药和护航战斗机一起紧急返回。而两艘遭攻击的美海军舰只，在被击沉前给大部队发去的信息也是混乱不堪，连自己的坐标都是错的。

> 遭美舰载机攻击的日军"祥凤"号航母

日军这边侦察出了问题，美军这边的侦察也有纰漏。上午8时以后，美国海军的一架SBD俯冲轰炸机发现了一支日本海军的舰队，但并不是航母编队，由于发报系统接线板错误，传回的信息成了他们发现了日本海军航母。弗莱彻立即命令舰载机起飞攻击。这架SBD降落后才发现接线板出现了错误，发现的只是数艘巡洋舰和驱逐舰。在舰载机起飞前一分钟，美国陆军的B-17轰炸机在SBD发现日军舰队位置以南30海里处发现了日军舰队，其中有一艘航母。弗莱彻判断两者发现的同一支舰队，舰载机攻击计划不变。

10时40分，美军舰载机机群发现了日本的"祥凤"号轻型航母，遂发起攻击。在被命中数枚鱼雷和炸弹后，"祥凤"号于11时35分沉没。美军舰队取得了初步胜利，但弗莱彻并没有心情高兴，战役打响至今，美军都没有发现日军的大型航母，根据情报，日军可能投入了4艘大型航母。仅有两艘航母的美军击沉一艘轻型航母，对日军舰队实力的削弱十分有限。虽然没有发现日军大型航母，但弗莱彻也没有派出侦察机继续进行侦察，他认为即使发现了日军航母，时间也会很晚，根本不具备起飞舰载机进行攻击的条件。在当时的技术条件下，黑夜中舰载机是很难发现和攻击敌方舰艇的，同时起飞降落也非常困难，事故率很高，所以攻击一般都是在昼间。

在被击沉一艘轻型航母后，下午日军舰队的行动相比美军要积极。他们起飞了攻击机对美军的另一支舰队进行了攻击，但始终未发现美航母位置。急于找到美军航母的日军起飞了一批攻击机搜索，但被躲在雨云下的第17特混舰队的雷达发现，技术的优势帮助了美军，第17特混舰队转向躲避日军攻击机群，同时起飞战斗机进行拦截。这批没有护航战斗机保护的日军攻击机被迫撤离，但在日落后却将发出着舰信号的美军航母当成了自己的母舰，准备降落，而美军航母上空盘旋的美军舰载战斗机也将其误认为己方飞机。就在日军攻击机准备降落在美军航母上时，航母的防空火力向他们开火了，才急忙逃跑，避免了一场误降敌方航母的闹剧的发生。

入夜后，双方都抓紧时间休息，为第二天的战斗养精蓄锐。不过，这一天战斗双方的表现可谓错误频出，都不顺利，并未畅畅快快地打一仗，双方都感觉不爽。美军将领后来评论道，当时的珊瑚海是历史上最令人无所适从的战场，而日军方面，有人称，7日当天日本海军厄运连连，打算退出海军。

次日航母对决

8日一早，双方的战斗还是从起飞侦察机搜索对方航母位置开始的，双方都派出了十多架侦察机对可疑的方向进行搜索。这次双方几乎是同时发现对方的，8时20分，"列克星敦"号航母上的一架SBD俯冲轰炸机发现了MO机动部队，但误报了位置，不过美军派出一架SBD对MO机动部队进行跟踪以引导后续的攻击。在美军发现MO机动部队约两分钟后，日军侦察机也发现了第17特混舰队，不过美军截获了日军侦察机发回的电报，弗莱彻已经得知自己的位置被日军发现了。

"三岔口"的局面被打破了，双方都起飞大量舰载机对敌方航母发起攻击。这时的战斗已经不是弗莱彻和井上成美这样的舰队指挥官能够发挥巨大作用之时，此时的战局走向是由一线飞行员所决定的。

"约克城"号和"列克星敦"号两艘航母的舰载机并不是同时起飞的。由于"瑞鹤"号处于雨云的覆盖下，先抵达目标位置的"约克城"号舰载攻击机编队主要攻击的是"翔鹤"号，在SBD俯冲攻击机的精确轰炸下，"翔鹤"号虽然躲过了"约克城"号TBD鱼雷攻击机发射的所有鱼雷，但甲板被两枚1000磅炸弹命中，起飞、降落和停机的功能受到严重影响。"列克星敦"号的攻击机抵达后，"翔鹤"号又挨了一枚1000磅炸弹，已经无法继续执行任务，12时10分开始撤离战场。

在美军舰载机对日军航母发起攻击的同一时间段，美军雷达发现了日军攻击机群，并引导战斗机去拦截，但战斗机判断高度错误，没有拦截成功。日军鱼雷机的攻击技术要比美军鱼雷机高一些，两枚鱼雷击中了"列克星敦"号。1枚鱼雷击中了主水管，使前部3个锅炉舱因水压降低而停机，但"列克星敦"仍能凭借剩下的锅炉维持24节的航速。另一枚鱼雷卡在左舷航空燃油储存舱中，导致汽油蒸汽弥漫，当时并未有人发觉，而这直接导致了"列克星敦"后来沉没。

鱼雷攻击机之后，是日军的俯冲轰炸机机群，它们击中"列克星敦"号两枚炸弹和数枚近失弹，使该舰起火。"约克城"号被一枚250千克半穿甲弹击穿4层甲板，机库严重受损，其水下结构也因近失弹而受到破坏，锅炉还因

> "列克星敦"号航母发生爆炸

回火关机半小时。

一番交战后,双方指挥官都选择了撤退。

弗莱彻这边,战斗机损失严重,仅有的两艘航母也都遭重创,燃油也不足,加之情报显示,日军还有两艘毫发无损的航母,现在美军舰队显然无力再战。而日军方面,也出现了燃油不足的情况,飞机损失惨重,井上成美决定撤退,推迟MO作战,受重创的"翔鹤"号返回日本维修。

12时47分,"列克星敦"号因电动机的火花引燃汽油蒸汽发生爆炸,燃起大火,之后又接连发生两次爆炸,火势已无法控制,不得不弃舰。19时15分,美军驱逐舰向其发射了5枚鱼雷,"列克星敦"号于19时52分沉没。

转折点

珊瑚海海战是历史上第一次航空母舰大战，也是历史上第一次双方舰艇没有产生视距接触的海战。无论是对于美国海军舰队，还是对日军舰队，这都是从未见过的全新战争形态。双方虽然在战役前期都犯下了很多错误，但最后都成功发现并攻击了敌方航母，也是很难得的。

在战术上珊瑚海海战是日本一方获得了胜利，击沉了美国海军1艘航母，重创1艘，大大削弱了当时美国海军在太平洋上的力量，而自身仅损失1艘轻型航母。但在战略上，则是美国海军取得胜利。虽然美国海军损失较大，但一改珍珠港事件后的颓势，大大鼓舞了部队士气。战役中，美国海军还消灭了日本海军中大量有经验的飞行员，使其后继乏力，遭重创的"翔鹤"号错过了中途岛海战，削弱了参战日本海军的力量。更为重要的是，美军迅速从第一次航母母舰大战中汲取了教训，促使成熟的航母战术的出现。

虽然尼米兹没有具体指挥珊瑚海海战，但确实是这场海战的主要策划者，最重要的一点是，在实力不如日军，还有两艘航母没有到位的情况下，他仍坚持打这场海战，而这场海战则成为美国之后扭转太平洋战场局势的关键之战。尼米兹为人谦和，但在指挥上却雷厉风行、坚决，是打这场关键一仗的保障。

弗莱彻在历史上有很多争议，但在珊瑚海海战中的表现还算说得过去。弗莱彻在侦察组织方面虽然犯了一些错误，但敌对的日军指挥官也没有做得有多好。在战役的关键时刻，弗莱彻也做出了正确的决策，虽然一些细节也为美军的作战带来了麻烦。但指挥一场史无前例的新形态海战战役，表现中规中矩的弗莱彻，其指挥虽然不是满分，但也可以拿到80分。

"海军甲事件"
哈尔西与空中"斩首"山本五十六

威廉·弗里德里克·哈尔西是第二次世界大战期间无人不知、无人不晓的美国海军名将。他以无畏斗士的名声和硬汉形象赢得了"蛮牛"的绰号，同时还以对下属真诚的关爱和激发他们在太平洋战场上建功立业的激情而闻名。在他的指挥下，美军太平洋舰队节节取胜，最终击败了强大的日本海军。纵观哈尔西一生的战绩，给予日本海军乃至全体日本人最为沉重的打击之一，便是1943年4月18日击毙日本海军统帅山本五十六的所罗门海空伏击战。

"复仇行动"

在日本海军发展史上，山本五十六毫无疑问是标杆式人物，和美军在太平洋斗争多年也展现了他的实力，他对于航空兵的应用和指挥是非常超前，并且极具战略眼光的。之后日本陆军在中国取得了所谓的"辉煌战果"，使日本军阀的侵略野心急剧膨胀，要求和英美开战。然而曾经留学美国的山本五十六深知，日美之间的差距是非常巨大的，尽管山本五十六不止一次地表示过不希望同英美开战，但在日本政府做出开战决定后，自幼受到武士道精神洗脑的他还是把自己绑在了战争的车轮上。

作为摩洛哥赌场禁止入场的日本客人，山本五十六天生对赌博敏感，同时，他也深知持久战对日本不利，于是一个偷袭美国太平洋舰队基地珍珠港的计划在山本五十六心里出现了。1941年6月，山本五十六正式提出了自己的作战方案。方案一经提出，便遭到很多人的反对，他们认为让舰队横渡3500海里而不被发现几乎是不可能的，但是山本五十六以辞职为要挟，最终换来了方案的施行。

1941年12月7日凌晨，日本联合舰队在南云忠一的指挥下，成功偷袭了珍珠港，使美国太平洋舰队遭到重创。从战术上说，这是山本五十六的一次重大的胜利，但同时换来了美国的参战。甚至远在欧洲的希特勒都认为日本此举太"愚蠢"。山本五十六在此之后遇到了空前压力，他决心要通过一次决战彻底打败美国海军，早些结束太平洋战争。

1942年6月，山本五十六开始对中途岛发动进攻，但他的作战计划完全被美国情报部门破译，在这场大决战中，日本海军损失惨重，直接失去了在太平洋的主动权。中途岛战役结束后，日美双方海军在瓜达卡纳尔岛陷入激烈残酷的消耗战。双方历时半年多的争夺，均损耗了大量战舰、飞机，而日本的人员伤亡也远超美军。山本五十六所期待的决定性胜利一直没有发生，日本海军的精锐反而被逐渐消耗殆尽，士气日益低落。为此，在1943年4月中旬，山本五十六决定亲自到所罗门群岛北部的日军基地进行视察并鼓励士气。

对于山本五十六的视察行动，很多人都感到担忧，日军第八方面军司令今村均大将更是给山本五十六讲了自己在布干维尔附近曾遭到30多架美军战斗机的攻击差点丧命的经历。但山本五十六却坚持己见，连驻肖特兰岛的第十一航空战队司令官城岛高次少将也未能劝阻住。山本的亲信参谋渡边中佐只好按他的意思，亲手草拟了日程安排送到第八方面军司令部，他要求派专人把日程表送去，但负责通讯的军官却认为可以使用无线电发报。渡边起初表示反对，他认为美国人能截收到电报并有可能破译。可那位通讯军官却非常自信，声称新密码4月1日才刚刚启用，美国人不可能破译。渡边也就没再坚持。

1943年4月13日黄昏，位于腊包尔的日军第八方面军司令部，终于发出了绝密无线电波。电波飞越辽阔的南太平洋海空，到达了日军在北所罗门群岛的各部队。但正像渡边所担心的那样，电报发出片刻就被美国方面截获并破译。4月14日早晨，破译的电文便送到了美国太平洋舰队司令尼米兹上将的办公桌上。由于事关重大，尼米兹立刻向华盛顿请示。当天下午，尼米兹便收到了罗斯福总统的回电，要求他干掉山本五十六这个偷袭珍珠港的幕后真凶，并亲自给这次行动命名为"复仇行动"。

4月15日清晨，尼米兹便向哈尔西正式下达了截击山本五十六的命令。

哈尔西召集幕僚研究行动计划，大家讨论后一致认为：由于山本五十六此次视察的活动半径正好位于瓜岛亨德森机场最新式的P-38"闪电"式战斗机的作战半径之内，只有使用"仙人掌"航空部队的P-38战斗机，才能够干掉山本五十六。

很快，刚刚就任所罗门群岛美军航空部队司令官不过二十几天的马克·米切尔海军少将就收到了哈尔西的命令："山本将于4月18日清晨由新不列颠岛北端的腊包尔，去东南方最前线航空基地布干维尔岛南端的卡希利（日本人称布因），但不是直达卡希利，而是在巴莱尔机场降落，然后乘猎潜艇到达对岸的卡希利，预定到达巴莱尔岛的时间是上午9时45分。山本带领参谋人员，乘坐一式陆上攻击机，有6架零式战斗机护航……P-38机队要想尽一切办法击毙山本及参谋人员！山本以遵守时间闻名。总统重视这次战斗。结果速报华盛顿！这份电报不得转抄和保存，战斗结束后立即销毁！"在电报结尾处，哈尔西还以他那特有的幽默语言写道："看来孔雀会准时飞来，用鞭子狠狠地抽它的尾巴！"

> 哈尔西

接到任务的米切尔不敢怠慢，立即着手制定详细的行动计划。一年前，米切尔担任"大黄蜂"号舰长时曾参加过空袭东京的行动，但那一次是陆军飞行员杜立特在出风头，海军不过是将轰炸机运至日本近海而已。后来因为在中途岛海战中表现平平，之后相当长一段时期米切尔的日子一直过得很是平淡。凭借和哈尔西的良好私人关系，米切尔在3月刚刚到瓜岛出任所罗门航空队的司令官。这一次猎杀山本五十六的任务对他来说无疑是咸鱼翻身的绝佳机会。

4月17日傍晚，"仙人掌"航空部队第339战斗机中队P-38"闪电"式战斗机队队长、空军少校米歇尔接到要他和手下最能干的中队长托马斯·兰菲尔上尉一起前往瓜岛航空部队作战室的命令。当两人一走进那又霉又湿的指挥部里时，立刻意识到一定要有什么重大的行动发生，因为驻岛的高级军官几乎全在这里。这时，米切尔少将宣布了哈尔西将军要干掉山本五十六的命令，并特意说明了总统很重视这次行动。然后，米切尔便开门见山地命令道："无论如何也要抓住这只鸟，给我制订个行动计划！"

作战室中的人们立刻变得紧张和激动起来。山本五十六是太平洋战争中日军的直接指挥者，用哈尔西将军的话说，是"仅次于天皇裕仁和首相东条的第三巨头"，是日军中被公认为有魄力、有胆识、精明强干的指挥官。他建立了现代化的日本海军，奠定了海军航空兵的基础，并使这一兵种成为主要的打击力量。第二次世界大战中日本最优秀的飞机——零式战斗机，就是在他的协助下诞生的。他精心策划了偷袭珍珠港的行动，使美国太平洋舰队的战列舰几乎全部沉没，压得美国海军半年内喘不过气来。因此，美国人一直把他看作是太平洋上一个最难对付的敌手。此时此刻，干掉他的机会终于来到了。

"闪电"出动

但要达到干掉山本五十六的目的，并不是一件容易办到的事，必须进行十分周密的空战部署。由于布干维尔岛距离瓜岛有520千米，只有P-38"闪电"式战斗机才能参加战斗。

P-38"闪电"式战斗机是美国第一种双引擎战斗机，火力强劲，各项性能指标都胜出日军现役零式战斗机一筹。对之又恨又惧的日军飞行员称它为"双身恶魔"。P-38"闪电"式战斗机在8000米高空时速为732千米，最大载荷航程为3600千米，火力很强，机头有1门20毫米航炮、4挺12.7毫米机枪，射界宽阔，没有死角。每挺机枪配子弹500发，20毫米航炮最多配弹120发。机枪和机关炮都是直接前射，射击时不受交叉点的限制，因而拥有更大的射程，可以在1000码的距离上击落对手，与当时的其他战斗机相比，这是一个最大的优点，因为其他战斗机（包括日本零式战斗机）的机枪或机关炮只有当敌机在机头前方最远约250码时才能开火，这就大大限制了开火距离。另外，这种大型战斗机还能携带1颗450千克炸弹。

经充分讨论，米切尔少将决定在山本五十六降落前10分钟于机场北面56千米处的空中对其实施截击，由于距离日本人计划降落的那座机场只有约7分钟左右的航程，他决定将18架P-38"闪电"式战斗机分为2队，从瓜岛出发，截击山本五十六。美国军官们经过仔细分析判断后认为：若山本五十六完全按时到达的话，将在9时35分与其座机遭遇。到时具体任务是：由米歇尔少校

> 美军采用P-38战斗机击毙山本五十六

率领12架P-38"闪电"式战斗机负责掩护,在高空诱开并纠缠住山本的护航战斗机;兰菲尔上尉带领6架P-38"闪电"式战斗机组成打击机队,从低空出奇不意地对山本的座机进行空袭。

最后为了贯彻老上司哈尔西的指示,米切尔少将干脆下达了死命令:"无论付出多大的代价,多大的牺牲,也必须干掉这个家伙!"

在座的人都清楚,这是一道最严厉的命令,意为哪怕到时候与敌机冲撞同归于尽,也绝不能放跑那个被日本人誉为"功高盖世、名重朝野"的海军司令官。

1943年4月18日,黎明时分,天气晴朗潮湿。其实这一天对于日本和美国来说都是个难忘的日子。因为正是在一年前的4月18日,"大黄蜂"号航空母舰载着杜立特率领的B-25轰炸机群首次轰炸了东京。一年后,鬼使神差地竟然又赶上了这一天,似乎冥冥之中自有天意。

清晨7时30分,美军飞行员纷纷登机,P-38的引擎开始隆隆作响。因为飞机加装了副油箱,飞行员只能使用飞机的襟翼来帮助增加向上的升力。虽然经过了种种努力,飞机仍然滑行到了跑道尽头之后才勉力升空。每名飞行员都附带了一些英镑。一旦运气不好飞机被击落,这些钱可以用来买通岛上的土著,实际相当于危机时刻的救命钱。因为那里原属英国管辖,岛上土著认识英镑不认识美元。米歇尔少校的飞机最先起飞,7时35分空中编队完成。但狙击机队飞行员麦克拉纳赫的飞机的供油管阀门不知怎么松脱了,结果未能起飞,飞行员穆尔起飞不多时突然发现副油箱出了问题,无法供油,只能返航。这样狙击机队就只有4架飞机了,米歇尔用打手势的方式通知手下飞行员霍尔姆斯和海因各自驾机加入狙击机队。

也是这天一大早,山本五十六身穿雪白的海军新军装,左右胸襟悬挂大将胸章,做好了出发前的所有准备。但在临行前,他的副官出于安全考虑,劝他换下太过显眼的白色军服,穿绿军装,山本五十六考虑此行需要视察第十七军,为表示对陆军的尊重,便听从了副官的意见。换好衣服后,山本五十六便登上了他的座机——三菱一式陆攻机。

山本的座机于东京时间6时整准时离开腊包尔。同机的有他的秘书、舰队军医长和航空参谋。参谋长宇垣缠乘坐另一架一式陆攻,机内还有另外几位参谋人员。渡边中佐眼看着2架飞机消失在空中,对自己未能与司令长官同行颇感失望。

三菱一式陆上攻击机(轰炸机)是名噪一时的新型飞机,续航力约3700千米。几个月前,在远离日军基地的吉尔伯特群岛以西,美国人曾与这种飞机相遇,当时还以为这些轰炸机是从航空母舰上起飞的。然而,三菱公司的设计师们为了增大一式陆攻的续航力而牺牲了装甲防护,使它们变得不堪一击。日本飞行员们把这种飞机称作"飞行雪茄"。它有两部引擎,功率3000多马力,巡航时速315千米,最大时速440千米。

两架崭新的一式陆攻在3000米的高度向南飞去,相距之近以至使宇垣缠都在担心它们的机翼会发生碰撞。有六架零式战斗机在他们上空护航。经过3个多小时的飞行,布干维尔岛在左下方出现后不久,机群开始降低飞行高度,准备在巴莱尔机场着陆。

此时美军截击机群已经出发,为不被发现,飞行中规定一律不使用无线电,只用罗盘和速度表导航。从瓜岛飞抵目的地的直线距离是480千米,为了避开日军雷达网的探测,截击机群必须绕道飞行。因此,经过准确计算,双方将于9点35分在空中相遇。由于预先估计山本的座机飞行高度为3000米左右,因此,打击机队处在3500米高度,而掩护机队则在6000米高度。

就这样,16架P-38"闪电"式战斗机组成的机群在海面低空飞行了将近2小时。米歇尔少校看看手表:9时34分。他们在机翼上带着副油箱,只靠一个指南针和一个空速计导航,沿间接航线在海上飞行了近千千米,而且令人难以置信地准时飞抵预定迎击点。此时,只见打击机队穿过布干维尔岛绿色的海岸线,在一片丛林上空盘旋(他们只比山本座机的预定到达时间早了45秒)。

9点35分,"闪电"机群飞抵巴莱尔以北56千米处,米歇尔少校四下张望,很快便在左前方发现了目标——2架日本轰炸机(山本五十六的守时名不虚传)!看到出现了2架一式陆攻,他不免有些傻眼,因为他不知道山本在哪一架飞机上,也不确定打击机队的4架"闪电"式战斗机能不能把2架轰炸机都打下去。但这时零式战斗机腹部甩下来的银白色副油箱表明发现了这些空中伏击者,调整战斗计划已经来不及了。

空中狙杀

按照原来的计划，米歇尔迅速驾驶飞机向上爬升至6000米的高空，引诱日军护航的零式战斗机，日军战斗机果然中计，他们立即丢下山本的座机，一窝蜂地向美军飞机扑去。看到诱骗日机脱离保护目标的计策已然奏效，担任打击任务的兰菲尔机队迅速压低机首，4架P-38"闪电"式战斗机有如苍鹰捕天鹅般地从山本座机的右上方扑了下来，由于他们距山本座机只有500米的距离，只是一瞬间的功夫，兰菲尔和他的僚机巴伯中尉驾驶的战斗机就几乎和2架一式陆攻飞到一起了。这时上当的日本零式护航机才明白过来，发现不知从哪里悄悄飞进来的美军P-38"闪电"式战斗机，日本飞行员全都惊慌失措，赶紧全速向下进行俯冲，想要掩护山本的座机，但是一切都晚了。

兰菲尔已抢先一步，他和巴伯从3架零式战斗机的包围中杀了出来，他一直紧盯着森林上方的那个绿色的飘忽不定的影子，那正是山本五十六的座机，此刻它的高度已经降低到了不足60米，兰菲尔加速追赶上去，他向那架日本轰炸机一个俯冲，用机关炮向这架日本轰炸机发起长时间连续射击。这架日本轰炸机很快中弹起火。山本座机坠毁的一刹那，兰菲尔看得非常清楚，他永远也不会忘记，"轰炸机全身橄榄绿色，比树叶的颜色还深，擦得锃亮，在阳光下闪闪发光"。战后兰菲尔在回忆这关键时刻的一幕时说道："我扭转机身对准山本座机的前进方向连续地扫射，就在2架飞机即将错开的瞬间，我发现对方右发动机起火，接着右机翼也着了火。这种轰炸机一旦起火，就无法挽救，而且处于这样的低空，降落伞也无济于事。我的机头差一点撞在因起火而失速的山本座机的屁股上。"

"2架零式战斗机紧咬住我，向我反击。我只能听天由命，闭目把机头猛地拉起。就在这一刹那，我看见山本座机触到密林的树梢上，机翼卷入紫色火焰、火光和碎片当中，机翼脱落，机身像个红色火球钻进密林……我那九死一生心爱飞机的方向舵上，留下两道弹痕……"

当时乘坐2号机幸免一死的参谋长宇垣缠中将后来在其战地日志《战藻录》中对这段经历也作了如下记述："当我机降低高度紧贴原始密林飞行

> 击落山本五十六时的想象图

时，敌机与我护航战斗机展开空战，数量4倍于我之敌，无情地逼近庞大的我机。我机迅速来了个90度以上的躲避急转弯。1号机向右，2号机向左，两机分离开来，间距随即增大。做了两次躲避转弯之后，我向右方眺望，想看一看山本长官搭乘的1号机如何。哎呀，在距离大约4000米处，1号机紧擦着原始密林，喷着浓烟和火焰，慢速向南下方坠落。我脑子里想，完啦！飞行参谋站在我的斜后方过道上，我拉了拉他的肩膀，示意让他注意长官的座机。这是我们同他的永诀。这个过程只有20秒钟左右。因敌机袭来，我机又做了一个急转弯，这时再也看不见长官的座机了。我急切地等待恢复水平位置，心中充满了忧虑，担心事情的结果，尽管其必然结果是可想而知的。当我定睛再看时，座机已无影无踪，只见原始密林中升起了冲天的黑烟。啊，万事休矣！"

> 日军正在密林中搜寻山本座机残骸

差不多和山本五十六座机遭到攻击的同时，宇垣缠的座机也遭到了巴伯中尉的猛烈射击。巴伯没有理会回来救援的零式战斗机对他的扫射，紧紧咬住宇垣缠的座机，向其射出了一排密集的子弹。当他向日本轰炸机开火时，看到这架轰炸机在颤动，但仍然毫不手软地继续射击，一直把它的机尾垂直翼打断为止。宇垣座机的飞行员双手拼命板住操纵杆，仍不能制止住飞机往下冲，转眼间便掉进了大海。

仅仅过了3分钟，这场短促激烈的伏击战就结束了。布干维尔岛上空又恢复了平静，仿佛什么也没发生过。

美军截击机群凯旋后，欣喜若狂的米切尔少将迫不及待地向哈尔西发去了电报："9时30分左右，米歇尔少校率领的P-38机群飞到了卡希利地区上空，攻击了敌人，虽然有零式战斗机的严密保护，我们还是击落了2架日本轰炸机，以及3架零式战斗机。我们有1架P-38没有返航。4月18日真的是我们的节日。"

哈尔西对这个结果感到非常满意，立即回电祝贺胜利，他用幽默的语调在贺电当中表达了对胜利的愉悦和欣慰："祝贺你和米歇尔少校以及他的猎手们作战成功！在猎获的鸭子中，似乎还夹着一只孔雀。"从那时起，这次"斩首"山本五十六的作战行动便被冠以"猎获孔雀"之名。

美军奇袭山本五十六是太平洋战争中最富有戏剧性的事件之一。山本五十六之死对日本朝野震动极大，简直就是晴天霹雳。对东京大本营来说，这是自战争爆发以来，日本遭受的最为沉重的一次打击，因而被日本大本营称为"海军甲事件"。对于哈尔西来说，这一次他才是真正的为珍珠港事件中死难的美国海军官兵报了仇。

哈尔西豪爽勇猛，富有闯劲，擅长指挥航空母舰对敌军实施快速而连续的猛击，他指挥了一系列影响了整个太平洋战场的精彩海战，哈尔西虽然有"蛮牛"之称，但他指挥作战却并不莽撞，面对强敌不但敢打而且善战。伏击山本五十六的作战是哈尔西的指挥杰作之一。虽然后来他在莱特湾海战的指挥有失当之处，但仍然无损于他的威名和人们对他的崇敬。现在哈尔西已经成为美国海军的精神象征之一。

干净利落的"三比零"
"31节伯克"与圣乔治角海战

一个优秀的舰长或许可遇,一个优秀的舰队统帅也或许可求,但一个优秀的分舰队指挥官却绝对一将难求。因为他既需要具备优秀舰长的操舰经验,又需要具备优秀舰队统帅的运筹帷幄,做到其中任何一点都不容易,更何况同时做到这两点。而阿利-伯克却恰恰是这样的一个人。

投身大海的内陆农民的儿子

阿利·伯克1901年10月19日出生于远离海岸线的美国科罗拉多州伯德尔的一个瑞典移民农场家庭,作为家中的长子(老伯克夫妇总共生了六个孩子),自然被父母寄予厚望。然而家庭条件不允许他接受精英式教育,因此小伯克只能在家乡的一所公办学校读了八年后就读伯德尔高中,原本打算在高中毕业后回家接手老爹的农场当个"农二代"。但出生在内陆的伯克却生着一颗向往大海的心,1919年,年满18岁的伯克报考了著名的安纳波利斯海军军官学校,经过四年的学习,1923年6月7日,22岁、风华正茂的伯克以第71名(全班共413名学生)的优秀成绩毕业,成了一名少尉候补生(也就在这一天，伯克和大他两岁的"小姐姐"——来自华盛顿的罗伯塔-葛尔苏奇在海军学院的小礼堂喜结连理）。

毕业后的伯克先是在"亚利桑那"号战列舰上历练了5年。后又辗转在多艘舰艇上"熬资历"。其间他完成了军事工程研究生课程以及密歇根大学心理学硕士学位课程。1937年6月，36岁的伯克重新登上军舰，登上"卡文"号驱逐舰（DD-382属"巴格利"级）担任见习舰长。1938年8月，伯克晋升海军上尉。1939年6月，伯克晋升少校并被任命为"马格福德"号驱逐舰（DD-389属"巴格利"级）舰长，开始独当一面。在他担任舰长期间，"马格福德"号驱逐舰获得了当年举行的年度舰队炮术竞赛的优胜（优胜舰艇被允许在舰桥上刷上代表优胜的字母"E"），展现出了杰出的领导才能。1940年伯克调到了华盛顿海军工厂。1941年12月7日珍珠港事件爆发后，听闻自己曾经见习5年的"亚利桑那"号被炸沉的消息而义愤填膺的伯克反复申请调回军舰上开赴前线同卑劣的日本人作战。但他的申请被反复驳回，理由是海军工厂需要他这个炮术和鱼雷专家，伯克只能郁闷但又尽责地在海军工厂任职到1942年末。

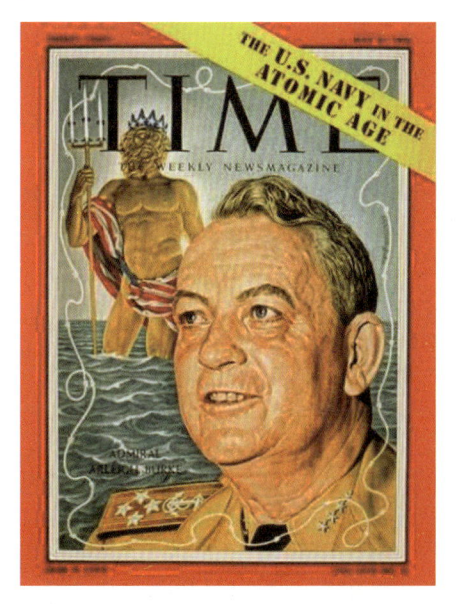

> 登上《时代周刊》封面的伯克

在反复而又坚决的申请下，42岁的伯克最终于1943年1月获准奔赴南太平洋前线并被晋升为海军上校，成为第22驱逐舰中队麾下第43驱逐舰分队队长。随后又先后担任第44驱逐舰分队、第45驱逐舰中队队长（其间还短期代理了第12驱逐舰支队队长）。在这期间伯克率队小试锋芒，击沉了一艘日本驱逐舰。1943年10月23日，伯克上校正式接任第23驱逐舰中队队长一职（并兼任第45驱逐舰分队队长），加入美国海军西南战区司令"公牛"哈尔西上将指挥的第三舰队，开启了他海军生涯中最辉煌的"刷舰之旅"。

> 晋升海军上将的阿利·伯克

接掌"小海狸"中队

第23驱逐舰中队（绰号"小海狸"）由第45和46两个驱逐舰分队组成，第45分队下辖"奥利克"号（DD-569）、"查尔斯·奥斯本"号（DD-570）、"戴森"号（DD-572）、"斯坦利"号（DD-478）和"克拉克斯顿"号（DD-571）；第46分队下辖"康沃斯"号（DD-509）、"富特"号（DD-511）、"斯彭斯"号（DD-512）和"撒切尔"号（DD-514）。除了"奥利克"号在伯克走马上任前的10月4日触礁受损前往后方修理而缺编外，其余8舰都齐装满员，随时可以投入战斗。所有8舰都属于新锐的"弗莱彻"级驱逐舰（排水量2050吨，最高航速35节，装备MK12型127毫米舰炮5门，双联装博福斯MK1型40毫米机关炮2-3座，厄立肯20毫米机关炮10门，五联装鱼雷发射管2具，深水炸弹发射炮6具，投放轨2条）。虽然相比日本海军驱逐舰不论舰炮火力和鱼雷火力均不占优，但凭借其庞大的产能（总共建成175艘）而成为太平洋战场美军的主力驱逐舰。

1942年到1943年，美国海军和日本海军在南太平洋进行了一系列的夜战，美国驱逐舰部队虽有雷达优势，但因为拘泥于敌我识别、护卫大舰等束缚因素导致美国海军败多胜少，在炮术精湛、夜战能力强的日本海军驱逐舰部队的对抗中（日本海军驱逐舰部队主力驱逐舰为"特型"和"甲型"驱逐舰，相对美国驱逐舰具有航速高、续航力大、主炮和鱼雷射程远、威力大等优势）损失惨重。伯克在执掌第23中队后主张革新战术，将驱逐舰队从战列舰、巡洋舰的"带刀护卫"角色中解放出来独立作战，充分发挥其雷达探测距离远的优势，配合美国驱逐舰舰炮自动化程度高、射速快，鱼雷齐射量大的特点，出其不意地对敌人进行重大杀伤（伯克的战术具体说来是将编队分成两组，利用暗夜先由第一组根据雷达探测突然袭击敌舰，不管得手与否立即退出战斗，当敌舰准备还击的时候，第二组又从敌舰另一方向进行攻击，使敌舰还击舰炮、鱼雷射击诸元的解算作业陷于混乱，而此时第一组又回过头来予敌再次攻击，循环往复直到消灭敌舰）。

1943年11月2日夜的"奥古斯塔皇后湾海战"成为伯克新战术的试金石，这场海战梅里尔少将指挥的美军TF39特混舰队（辖四艘"克利夫兰"级轻巡洋舰和八艘"弗莱彻"级驱逐舰）的巡洋舰和驱逐舰密切配合，对大森仙太郎少将指挥的日本舰队（两艘重巡洋舰、两艘轻巡洋舰、6艘驱逐舰）予以沉重打击，击沉了轻巡洋舰"川内"号、驱逐舰"初风"号（先被轻巡洋舰"蒙彼利埃"号、"克利夫兰"号、"哥伦比亚"号、"丹佛"号的炮火击伤，随后被负责打扫战场的伯克舰队发现并击沉），击伤重巡洋舰"羽黑"号、"白露"号。但第23驱逐舰中队损失也不小："富特"号被鱼雷击成重伤，"斯彭斯"号和"撒切尔"号因操作失误相撞，三舰均不得不退出战斗序列后送修理，整个中队仅剩下5艘驱逐舰可以作战。但伯克并不因为出现近一半的战斗减员而质疑自己的判断，反而更加坚定地认为自己的战法是行之有效的。毕竟相比之前的夜战中美军舰队被日方压着打的被动局面，如今美军至少具备了足够的还手能力。接下来将要发生在圣乔治角的一场双方驱逐舰部队之间的夜战将证明伯克是对的。

大放异彩的伯克氏战法

美军在布甘维尔岛登陆后，日方判断美军的下一个目标是该岛北部的布卡岛，于是决定增援该岛的防御。担任这次输送任务的海上部队为5艘驱逐舰：其中以"天雾"号、"夕雾"号（属特型"吹雪"级驱逐舰，排水量1680吨，航速38节，装备B型双联装127毫米舰炮3座，双联装25毫米机关炮4座，三联装610毫米鱼雷发射管3具）、"卯月"号（属"睦月"级驱逐舰，排水量1315吨，航速37节，装备三联式120毫米舰炮4门，96式25毫米三联装和双联装机关炮各2座，三联装610毫米鱼雷发射管2具）三舰所组成的输送队，由山代滕守海军大佐指挥；以"大波"号、"卷波"号（属甲型驱逐舰的"夕云"级，排水量2077吨，航速35节，装备C型双联装127毫米舰炮3座，双联装96式25毫米机关炮4座，四联装610毫米鱼雷发射管2具）二舰组成的警戒队，由香川清登海军大佐指挥。11月21日到24日，由山代胜守大佐指挥的"天雾"号、"夕雾"号和"卯月"号3艘驱逐舰装载物资和援兵在香川清澄大佐指挥的"大波"号、"卷波"号两艘驱逐舰的掩护下向布卡岛进行了两次增援（之所以选择用驱逐舰运输是因为驱逐舰航速高，容易突破封锁，俗称"东京快车"）。第一次于11月21日13时30分从腊包尔出发，当日20时15分驶抵布卡，22日5时3分安全回到腊包尔，前送陆军875人、物资30吨，后送海军417人、陆军238人；第二次于11月24日13时30分离开腊包尔，20时49分到达布卡，前送陆军810人、物资32吨，后送海军约600人。11月24日中午，正在库拉湾加油的第23驱逐舰中队接到第三舰队司令哈尔西的直接命令：立即全速前往布卡岛近海，拦截日军增援舰队。其实日军的第一次增援行动就被美军探知，这次命令第23中队的出击，就是为了拦截卸载物资后精神松懈的回程日军舰队。接到命令后的伯克不敢怠慢，立刻下令麾下的5艘驱逐舰（伯克亲自指挥45分队的"查尔斯·奥斯本"号、"戴森"号、"克拉克斯顿"号，副队长奥斯汀中校指挥46分队的"康沃斯"号和紧急抢修后归队的"斯彭斯"号）中断加油作业全速向布卡岛开进。途中因各舰的锅炉各有故障，只能维持30节的最高航速。在各舰锅炉兵的努力下，各舰勉强将航速提升到31节。当哈尔西来电询问舰队情况如何时，伯克回电："正以31节航速前进！"不满于这个速度的哈尔西（因为他知道伯克的舰队习惯于用最高航速前进）回复道："31节伯克，你立即横穿布卡——布甘维尔之间的日军撤退航线，如果遭遇敌军，你知道该怎么办！"从此，伯克有了"31节伯克"这个绰号。

伯克舰队1943年11月25日午夜时分到达了布卡岛和新爱尔兰岛圣乔治角之间的海域。1时41分，美舰的雷达发现了在2万米距离外的日军返航舰队中的香川大佐警戒队。立刻下令两个分队按照"伯克氏战法"交替攻击。1时56分，45分队的3艘驱逐舰在离毫无察觉的日军警戒队左前方5500米处呈扇形面齐射了15枚鱼雷（每舰射出5枚）后立刻转向脱离，四分钟后香川警戒队一头闯入了"鱼雷扇面"，警戒队旗舰"大波"号被命中两雷，当即断成两截沉没，香川大佐当即毙命；"卷波"号也身中一雷，立刻倾斜20度并瘫痪在了海面上，随后又受到第46分队的两舰的炮击，在挣扎了一个小时后最终也沉入大海。香川警戒队就此全军覆没，"伯克氏战法"初露锋芒。

在解决了香川警戒队的两舰后，第45分队3艘驱逐舰的雷达又发现了山代胜守大佐的运输队，伯克命令奥斯汀的第46分队两舰继续给当时被重创垂死的"卷波"号"补枪"，自己则率旗舰"查尔斯·奥斯本"号、"戴森"号和"克拉克斯顿"号向新的目标扑去。此时山代大佐也发现了伯克舰队，但无心应战的他命令麾下三舰高速北上退却，试图拉开与伯克的距离伺机发射威力巨大的"大杀器"——九三式610毫米远程氧气动力鱼雷。伯克自然不会让日本人得逞，命舰队加速到33节高速"贴"了上去，进抵到舰炮有效射程同日舰展开炮战。日本驱逐舰的50倍径127毫米舰炮和50倍径三联式120毫米舰炮虽然身管长、射程远，单发炮弹威力大，但在中等距离内这些优势不能发挥。反而美军驱逐舰的MK-12型38倍径127毫米舰炮射速极快（半自动装填的单门舰炮最大战斗射速可达到每分钟14发，而日舰的舰炮单炮射速理论上虽然也能为11发，但因为采用人力供弹，实际战斗射速最多也只能达到每分钟5发~6发），火控精良并有雷达控制，在有效距离内能在短时间内向目标泼去密集的弹雨。所以在双方的炮战中日舰一分未得，而美舰却连连取得命中，"夕雾"号和"卯月"号先后中弹，"夕雾"号仅能依靠漆黑的夜幕中时隐时现的美舰炮口闪光胡乱发射了9条鱼雷，因根本没有正经瞄准以及伯克舰队的及时规避，当然不可能指望能取得命中（日方听到了三声爆炸声，以为命中，其实是鱼雷受美舰尾流犁出的海浪干扰而提前爆炸所致）。山代运输队在炮战中渐渐不支，队形被伯克的45分队炮火完全打散，各舰只能自顾逃命。山代大佐所在的运输队旗舰"天雾"号和"卯月"号侥幸逃脱，而率

> 战斗中的第23驱逐舰中队

先被弹雨击伤的"夕雾"号则很倒霉地被伯克锁定,受到了3艘"弗莱彻"级的15门127毫米舰炮的穷追猛打,最终在11月25日凌晨3时支持不住消失在海面上。而伯克则召集麾下5艘驱逐舰继续在战场搜索了一个小时左右后于凌晨4时收队凯旋。

打得干净利落,赢得酣畅淋漓

这场被美国海军称为"圣乔治角海战"(日方称为"布卡海战")的战斗是第23驱逐舰中队取得的最干净利落、酣畅淋漓的胜利。凭借雷达优势、默契的交替掩护的"伯克氏战法",伯克取得了击沉3艘日本驱逐舰(两艘甲型驱逐舰、一艘特型驱逐舰)的辉煌战绩(3舰官兵和载员除了327人被救起外其余全部葬身大海),而自身的损失微不足道(只有伯克的旗舰"查尔斯·奥斯本"号的1号主炮塔因为受2号主炮塔的炮口暴风冲击而损坏,其余4艘僚舰完好无损,连块油漆都没掉,第23中队全体参战人员也无一受伤),伯克上校和他的"小海狸"中队凭借此战名声大振(到1944年3月27日调任第58特混舰队参谋长为止,伯克上校在第23中队长的任上指挥"小海狸"中队总共参加了22场海上大小战斗,取得了击沉击伤日本海军1艘轻巡洋舰、9艘驱逐舰、1艘潜艇、数艘小型舰艇以及击落大约30架飞机的显赫战果。"小海

> 出席"阿利·伯克"号导弹驱逐舰下水仪式的阿利·伯克

狸"中队成为当时美国海军中一颗耀眼的明星,成为美国海军唯——支获得总统集体嘉奖的"弗莱彻"级驱逐舰中队。而伯克也成为美国海军最著名的驱逐舰指挥官之一,获颁海军十字勋章、海军优异服务勋章、军团勋章等荣誉),成为美国海军驱逐舰部队的偶像。而海战本身更是被美国海军战争学院认定为是"一场完美的教科书式的驱逐舰战斗范例"。

扎实的"学院派"理论功底,丰富的舰上服役经历以及过硬的军械专科部门的服务资历再加上在战斗中大胆革新的战法、沉着冷静的指挥和勇往直前的作风让伯克从众多的驱逐舰队指挥官中脱颖而出。是伯克成就了第23"小海狸"中队的永恒,而"小海狸"中队也成就了"31节伯克"的不朽。

1991年7月4日,90岁高龄的退休海军上将阿利·伯克参加了以他名字命名的"阿利·伯克"号宙斯盾导弹驱逐舰(DDG-51)的服役典礼(按照美国海军的通常惯例,驱逐舰一般以已故历史名人来命名,而以当时尚且健在的伯克命名最新型的驱逐舰首舰,不得不说是对伯克的一种特殊礼遇),上将在典礼上对年轻的"伯克"号舰员说:"此舰为战而生,你们拥有的是世上

> "阿利·伯克"号驱逐舰

最好的战舰!"

而第23"小海狸"中队依然保留在美国海军编制序列,下辖四艘"阿利-伯克"级导弹驱逐舰:"希金斯"号(DDG-76)、"约翰-保罗-琼斯"号(DDG-53)、"平克尼"号(DDG-91)和"桑普森"号(DDG-102)。恰似"31节伯克"和"小海狸"肝胆相照、荣辱与共的真实写照。

"马里亚纳猎火鸡大赛"
斯普鲁恩斯与马里亚纳海战

有些海军历史上的著名将领，在军校学习时就表现出极大的天赋，但也有些在军校中默默无闻，毕业之后却展现出才能。雷蒙德·艾姆斯·斯普鲁恩斯就是其中的代表。斯普鲁恩斯虽然在指挥上受到了一些人的诟病，但其在关键时刻的正确决策，保证了美国海军获得太平洋制海权、击败了日本海军，将战火引向了日本本土，被称为"马里亚纳猎火鸡大赛"的马里亚纳海战就是他的代表战例。

受"蛮牛"赏识

雷蒙德·艾姆斯·斯普鲁恩斯出生于1886年，1903年考入美国海军学院，学习期间默默无闻，没有什么闪光点，这也许与其谨慎的性格有关，而这也影响了他后来的指挥风格，成为一些人指责他的关注点。

军校毕业后，斯普鲁恩斯按照正常的轨迹分配到舰艇上服役。1919年，斯普鲁恩斯在"蛮牛"哈尔西指挥的驱逐舰分遣队中任驱逐舰舰长，颇受哈尔西的赏识，而哈尔西也成为斯普鲁恩斯职业生涯中的重要领路人。哈尔西因其极具个性的行事风格而获得"蛮牛"的绰号，这种人属于本事大脾气也大的一类，看人用人自有一番独到见解，哈尔西并没有看错斯普鲁恩斯。

1926年夏，斯普鲁恩斯进入美国海军军事学院深造，他说这段深造经历，对他后来指挥舰队与日本海军作战有颇多帮助。为晋升前景良好，或者是即将晋升的军官提供深造机会，是各国军队的通行做法。一些军官长期在基层部队工作，缺乏对战略、战役的理解，所以这样的深造一方面能够为他们提供理论上的帮助，另一方面也能促使他们对未来的工作进行更多思考，毕竟战术层次与战略、战役层次的思维方式是不同的。

> 斯普鲁恩斯

1935年，斯普鲁恩斯担任海军军事学院战术系系主任，他培养的很多学生在第二次世界大战中任要职。1941年，斯普鲁恩斯担任分遣舰队司令，重新回到哈尔西麾下。

珍珠港事件爆发时，斯普鲁恩斯正率领所属舰队向威克岛运送战斗机，所以避过了这次事件。战争爆发后，斯普鲁恩斯跟随哈尔西执行了空袭东京等一系列任务。这些任务在军事上的意义不大，但对于提振美国的士气、加强宣传起到了很大的作用。

牛皮癣助上位

在第二次世界大战初期的战斗中，斯普鲁恩斯并没有崭露头角，但中途岛海战给了他这个机会，不过这个机会的到来却与"牛皮癣"有关。以"企业"号和"大黄蜂"号两艘航母为核心的第16特遣舰队本来由哈尔西指挥，但他却在临战前的关键时期得了严重的牛皮癣，不得不入院治疗。哈尔西推荐斯普鲁恩斯接替他的指挥位置，有人反对哈尔西的这一建议，他们认为斯

> 日军航母舰队正遭美舰载机攻击

普鲁恩斯之前指挥的都是巡洋舰舰队，毫无指挥航空母舰作战的经验，将第16特遣舰队交给他指挥十分不妥。但尼米兹还是支持了哈尔西的建议，但他也做出了保险措施，命令指挥第17特遣舰队与第16特遣舰队共同作战的弗莱彻负责整体指挥，这是因为弗莱彻指挥过世界上第一次航母间作战，具有更多的经验。但实际上，这两支舰队仍然是各自独立行动，由各自的指挥官独立指挥。

中途岛海战打响后，指挥日本海军航母舰队的南云忠一犯下了他那个著名的炸弹换鱼雷、炸弹鱼雷燃料堆放甲板的错误，而这给了弗莱彻和斯普鲁恩斯机会。虽然美国海军的鱼雷机没有取得命中，但随后的俯冲轰炸机机群取得了重大战果。斯普鲁恩斯第16特遣舰队的俯冲轰炸机击沉了"赤城"号和"加贺"号两艘航母，弗莱彻的第17特遣舰队的俯冲轰炸机则击沉了"苍龙"号航母。斯普鲁恩斯后来谈到这次对日本航母舰队的攻击，认为自己只是意识到需要发起出其不意的全力攻击，而不是像一些人说的那样选择日军航母出现混乱的绝佳机会进行攻击。

美国海军在击沉日军3艘航母后，自身也遭受损失，"飞龙"号航母上的舰载机重创了弗莱彻的旗舰"约克城"号航母，弗莱彻下令弃舰并将指挥权移交给斯普鲁恩斯。不知之前弗莱彻是否反对过哈尔西将指挥权移交给斯普鲁恩斯的建议，但在此时此刻，斯普鲁恩斯显然已经赢得了弗莱彻的信任。在击沉"飞龙"号后，斯普鲁恩斯不顾众人反对，坚持指挥舰队调转航向，向中途岛附近海域前进，直到午夜才调转航向继续追击日本海军舰队。这一决策使得美国海军舰队避开了山本五十六试图在夜间进行报复的计划。在追击过程中，斯普鲁恩斯又下令停止追击，避免进入威克岛日军陆基飞机的打击范围之内，使山本五十六依托陆基飞机掩护打击美军舰队的计划落空。

从中途岛海战的表现中可以发现，斯普鲁恩斯十分谨慎，但也很坚决。虽然海军和舰队内部将他的谨慎视作怯战，但客观来讲调转航向和停止追击两个决策都避免了美军遭受更大的损失，况且中途岛海战已经对日本海军造成重创，美国海军只有保持强大的实力，才能够消化战役胜利的结果。而对于已经做出的决策，斯普鲁恩斯也表现得很坚决，即使所有人都反对也不为所动。事实证明他的决策起码保存了美国海军的力量。

马里亚纳猎火鸡大赛

中途岛海战以后，斯普鲁恩斯调任太平洋舰队参谋长，可见他已经得到了尼米兹等人的信任和支持。斯普鲁恩斯反对进行马绍尔群岛战役，因为他认为美军情报不足、两栖战经验匮乏，这一建议得到了尼米兹的首肯。斯普鲁恩斯建议应先攻打吉尔伯特群岛。任参谋长期间，斯普鲁恩斯与尼米兹同吃同住，共同探讨各个作战行动。

1943年8月，斯普鲁恩斯开始担任中太平洋舰队司令。上任后的第一个任务便是发起吉尔伯特群岛战役。在这场战役中的塔拉瓦岛登陆战中，美军付出较大的伤亡代价才成功占领。战后，斯普鲁恩斯对作战中的经验教训进行

> 美日舰载机正在空中交战

了总结,促进了两栖战战术的发展,而这对之后的登陆作战是有帮助的,在随后的马绍尔群岛战役中,美军的表现就改善了很多。

战争进行到1944年,美军已经在太平洋上取得了优势,美国陆海军部队已经逼近日本的所谓"绝对国防圈",而马里亚纳群岛成为美日两国碰撞的焦点。美国希望占领马里亚纳群岛,打破日本的"绝对国防圈",同时以该群岛为基地起飞B-29轰炸机对日本本土进行大规模战略轰炸。虽然B-29轰炸机从中国西南部机场起飞也可以对日本进行轰炸,但因航程限制,只能轰炸日本的九州地区,无法轰炸东京等重要目标。日本则想加强马里亚纳群岛的防务,依托此处抵挡盟军的进攻,为日本本土的备战争取时间。

美军调动了15艘航母的强大力量,编入由斯普鲁恩斯指挥的第五舰队,进攻马绍尔群岛。日军方面也开始后知后觉地将航母集中使用,派出了9艘航母防守马绍尔群岛,日军大本营制定"阿"号作战,试图利用陆基飞机和航母舰队与美国海军进行决战,一转颓势。

在第五舰队和主要负责登陆任务的联合远征军部队进入马里亚纳群岛海域时,日军的航空兵力量根本无法与美军抗衡。6月13日,美海军潜艇传回了日军舰队出港的情报,斯普鲁恩斯判断在17日以前都不会与日军舰队遭遇,所以派出舰载机对父岛和硫磺岛上的日军陆基航空兵进行了打击,斯普鲁恩斯又一次破坏了日军的计划。

15日和17日,美海军多艘潜艇发回发现日军舰队的情报,这是由小泽治三郎指挥的第一机动舰队,不仅有9艘航母,还有5艘战列舰,其中两艘还属于世界上最大的战列舰"大和级"。斯普鲁恩斯分析认为,他们将很快与日军舰队遭遇,便开始排兵布阵。斯普鲁恩斯不仅将15艘航母全部投入与日军第一机动舰队将要发生的战斗中,还从联合远征军部队的护航舰队中抽调了8艘巡洋舰和21艘驱逐舰来加强力量,这支第五舰队的主力被称为第58特遣舰队。

在日军第一机动舰队进入菲律宾海后,双方都意识到对方就在附近。这次日军方面的侦察工作要比美军好。18日,日军侦察机就发现了斯普鲁恩斯舰队的踪迹。当天晚上,第58特遣舰队的部分高层指挥官讨论,形成了夜间继续前进、与日军展开夜战的方案,但此方案被斯普鲁恩斯否决。他命令舰队白天东进寻找与日军舰队作战的机会,晚上立即掉头撤退,且必须将塞班岛置于掩护范围内。

19日凌晨,小泽派出的侦察机再一次锁定美军舰队的位置,他命令从8时30分起,派出4波共326架舰载机,对美舰队发起攻击。而斯普鲁恩斯此时仍未发现小泽舰队的踪迹,继续派出舰载机去打击日军的陆基航空兵。此时,似乎第一机动舰队占据了先机,但美军舰队更强大的实力,使其在后来的战斗中,并未因没能及时发现敌人而吃亏。

9时50分,美军雷达发现了第一波日军飞机,第58特遣舰队在10分钟内起飞了240架舰载机迎敌,这一出动记录至今仍未被打破。虽然日军舰载机有先发优势,但在美军更强的技术面前,毫无作用。日本的零式战斗机在二战开始后的一段时间里,曾是战斗力非常强悍的舰载机,但却不是如今F6F和F4U

这些舰载战斗机的对手，被打得毫无还手之力。同时，美军舰队的水面舰艇大量使用配装有近炸引信的高射炮炮弹，大大提高了防空命中率。在舰载战斗机和高射炮的保护下，日军第一波机群中，只有几架飞机得以靠近美国军舰，只命中一艘战列舰1枚炸弹，根本没机会接近美军的航空母舰。

第一机动舰队的第二波攻击规模最大，有128架飞机，但仍被美军不费吹灰之力地击退，97架飞机被击落。在这场一边倒的战斗中，一名美军飞行员在无线电里兴奋地高喊："这真像传统的猎火鸡大赛啊！"因此，这场战斗也被称为"马里亚纳猎火鸡大赛"。

虽然美军舰队在防空作战方面取得大胜，重创了日军舰队的航空兵力量，但此时他们仍未发现小泽舰队的踪迹。不得不说，这是斯普鲁恩斯及其第五舰队在这一次战役中犯下的一个重大错误。如果采取积极的侦察，可能第五舰队能在战役打响后不久，就能重创第一机动舰队。好在美军舰队家大业大，无论是兵力还是技术，都比日军高出不少，才没有造成什么大的纰漏。在打击小泽的第一机动舰队方面，反倒是战争初期表现不佳的潜艇部队，取得了更大的战果。

19日，美日舰载机还没照面时，美海军潜艇"大青花鱼"号便发现了日军航母"大凤"号，由于故障和日军反击，发射的6枚鱼雷只有1枚击中"大凤"号，当时并未造成什么大的损伤。但运气这种东西，来了就挡不住。这枚命中的鱼雷恰好打断了"大凤"号的油管，油气在其舱内弥漫，而舰上人员又不小心引起了电火花，引燃油气，"大凤"号于下午发生大爆炸，18时28分沉没。

另一艘美海军潜艇"棘鳍"号则在中午时分，发现了正在回收舰载机无法进行机动躲避鱼雷的"翔鹤"号，3枚鱼雷命中，击沉了"翔鹤"号。

日军的第三、四波机群，不仅规模小，而且在对美军舰队的攻击中除了造成几艘美军舰艇轻伤外，没有取得像样的战果，自身反倒损失惨重，19日的战斗就这样结束了。

在19日的战斗中，日军损失两艘大型航母，派出的326架舰载机中，只返回130架，再加上跟着航母一起沉入海底的舰载机和关岛损失的飞机，日军在一天的时间里就损失了315架飞机。而美军方面，损失了29架飞机，其中23架是在空战中损失的，其余6架因操作不当损失。舰艇方面，只有各两艘航母、战列舰受轻伤。

20日，在昨天重创日军舰队的情况下，斯普鲁恩斯允许第58特遣舰队追击第一机动舰队。第一机动舰队也试图发起反击。当天15时40分，美军侦察机终于发现了小泽舰队。这是

> "瑞鹤"号航母正与两艘驱逐舰躲避美军舰载机的轰炸

开战一天多以来，美军第一次发现小泽舰队的踪迹。不过，由于时间已接近日落，且距小泽舰队距离达275海里，此时起飞舰载机发起攻击，美军飞行员将不得不面对危险的夜间降落，但美军最终决定冒险出击。在这次攻击中，由于小泽命令舰队舰艇各自机动，美军攻击机发起攻击仓促，所以只击沉了"飞鹰"号航母，重创了"瑞鹤"号航母。美军在进攻中，损失了20架飞机，却因夜间降落损失了80架飞机。

此役，美军仅阵亡76人，损失123架飞机，数艘舰艇受轻伤。日军则损失3艘航母，600架飞机，大部分飞行员阵亡。此后，日军航母舰队再也无力与美军抗衡，之后的莱特湾海战中，彻底沦为诱饵，悉数被击沉，此后日本再也无力抵挡美军的进攻锋芒。

谨慎而坚决

战后，因名额有限，斯普鲁恩斯并未晋升五星上将，但美国国会专门通过法案，给予其五星上将的薪金直到其逝世。1946年，斯普鲁恩斯担任美国海军战争学院院长，1948年退休。1952年至1959年，任美国驻菲律宾大使。1969年，斯普鲁恩斯去世。美国海军"斯普鲁恩斯级"驱逐舰首舰，即以

其名命名，"阿利·伯克级"驱逐舰的第61艘舰也以斯普鲁恩斯命名。2001年，斯普鲁恩斯被追授五星上将。

有人曾说，哈尔西能在一场海战中取胜，斯普鲁恩斯能在一场战役中取胜，而尼米兹能在一场战争中取胜。如此评价可以说很准确。个性鲜明、脾气暴躁的哈尔西，其气势能够极大鼓舞士气，这对于一场海战来说是十分重要的。尼米兹性格沉稳，极具战略眼光，他更适合在一场战争中，协调各方面的关系，保证战争的胜利。

斯普鲁恩斯则表现得谨慎而坚决，这使得他更适合指挥一场战役，能照顾战役的胜利，不会因一场战役的胜利而造成战略上的被动。虽然斯普鲁恩斯的谨慎，常常受到同僚和下级的不满和批评，但他性格坚决，一旦决定便绝不修改，这样的指挥风格，不仅有效控制了部队，也能将自己的指挥意图坚决贯彻下去。

在一些人眼中，谨慎也许就成了保守。斯普鲁恩斯在中途岛海战和马里亚纳群岛海战中的表现都十分谨慎，如在夜间拉大与日军舰队的距离，很少展开乘胜追击等。这些指挥决策使得一些人对其产生了一些批评，但客观来讲，斯普鲁恩斯的指挥谨慎而非保守，是避免无谓的损失而不是怯战。在日军仍具备一定实力的情况下，美日在太平洋的实力正处于此消彼长的过程中时，通过数次战斗、战役逐渐削弱其实力，同时保存己方力量，不失为一种稳妥的做法，毕竟日军方面在数次被斯普鲁恩斯击败的情况下，都拿出了新的作战计划试图翻盘。一旦日军抓住了机会重创了美军，也许战争又要延长一段时间。

在关键时刻，斯普鲁恩斯也会坚决发起主动攻击，如中途岛海战中果断派出飞机攻击日军航母。纵观斯普鲁恩斯的指挥，可以发现他从不打没有把握的战斗，在没有把握的情况下宁愿避战，再寻机会，也不会冒险。这样的做法，虽然没有扩大对日军的打击，却减少了自身损失，留得青山在不愁没柴烧。

不过，在马里亚纳海战中，斯普鲁恩斯也不是没有犯错误。这次战役中，斯普鲁恩斯并不具体负责一线指挥。由于小泽使用专门的战术躲避美军侦察，但此役美军的侦察工作做得并不好，直到战役结束当天才发现日军舰

> 正在降落的美海军舰载机

队位置,错失重创日军的大好机会。虽然这与第58特遣舰队指挥官有更直接的关系,但作为第五舰队司令和上级的斯普鲁恩斯显然应提醒其注意这一点。而在马里亚纳海战中,斯普鲁恩斯的指挥还是略显保守了一些,毕竟美军舰队实力占优,人员素质也强于日军,如果大胆发起攻击,虽然会蒙受一定损失,但击沉的日军航母也许就不是3艘了。

不管怎样,斯普鲁恩斯都可以说是世界海军史上的一位重要人物,虽然他的指挥受到了一些人的批评,但从美国海军以其名字命名军舰来看,他们对这位将领还是很尊崇的,而且他的指挥也确实保住了一些美国军人的生命。

特立独行的王牌艇长
亚历山大·马连尼斯科和他的两大战果

衡量一个王牌潜艇指挥官的标准，并不仅仅是看他击沉了多少艘、多少总吨位敌方船只，更要看其击沉的船只的"含金量"有多重。如果依照前一个标准衡量，苏联海军"S-13"号潜艇艇长亚历山大·伊凡诺维奇·马连尼斯科少校显然没摸到王牌潜艇指挥官的门槛；但要是以后一个标准衡量，马连尼斯科少校和他的"S-13"号潜艇绝对是当之无愧的"王牌中的王牌"。

特立独行的潜艇艇长

亚历山大·伊凡诺维奇·马连尼斯科1913年出生于乌克兰的敖德萨，十月革命和国内战争时期他正处童年，也许对塑造他成年后特立独行的性格有那么一点关系吧。成年后的马连尼斯科选择拥抱大海，首先加入苏联商船队作为水手，后被选中征召为苏联红海军的一员，加入黑海舰队服役，而后转入波罗的海舰队服役，从低阶水兵做起一点一点"提干"成了海军军官：1936年晋升为海军少尉，1938年晋为海军中尉。1939年夏，马连尼斯科因为技术能力优秀而被调入精英汇聚的红旗波罗的海舰队潜艇部队，被任命为"M-96"号潜艇（属

"婴儿"级小型近岸潜艇)艇长——这艘潜艇于1940年中期正式服役时,是波罗的海舰队中最好的潜艇,同年,马连尼斯科晋升为海军上尉。

1941年6月卫国战争爆发后,"M-96"号潜艇原本打算奉波罗的海舰队司令部的命令被派往里海,但由于此时德军已经完成对列宁格勒的包围封锁,因此"M-96"号未能成行。而且这艘小型潜艇航程短、火力弱(只有4具533毫米鱼雷发射管、4枚鱼雷和1门45毫米甲板炮),且波罗的海又被德国的水雷层层封锁,因此波罗的海舰队的潜艇很难出海作战,"M-96"只能系泊于泊位白

> 马连尼斯科

耗光阴。1942年2月12日,"M-96"在一次德军的炮击中挨了一颗重炮炮弹而损毁严重。马连尼斯科寸功未立反而丧失了座驾,但因祸得福的是在1943年初,他获得了更新更大的新座驾——成为"S-13"号潜艇(属"斯大林"级中型远洋潜艇:装6具533毫米鱼雷发射管、10枚鱼雷、100毫米和45毫米甲板炮各1门)的首任艇长。

在卫国战争的大部分时间里,红旗波罗的海舰队表现不佳,基本上都被德军用飞机和水雷死死地压制在波罗的海最东面的芬兰湾内,除了用舰炮支援守卫列宁格勒的守军阻止德军进攻以外作为实在有限。直至战争末期,随着德军在陆上的节节败退且芬兰与苏联签订合约退出战争,波罗的海的封锁屏障终于被打破,波罗的海舰队的活动范围才得以增大。

由于在1943年10月6日苏联海军在一天内一下子损失了"哈尔科夫"号驱逐领舰、"无情"号驱逐舰和"才能"号驱逐舰,被惨重损失震怒的"慈父"斯大林下令苏联海军中所有大中型水面作战舰艇没有他本人的特批指令禁止擅自出海作战。因而此时虽然波罗的海的封锁已经解除,但有这道禁令的缘故红旗波罗的海舰队的大中型水面舰艇依旧在喀琅施塔德基地"家里蹲"。在海上打击德军船只的任务落到了舰队航空兵和潜艇部队的头上,马

> "S-13"号潜艇邮票

连尼斯科证明自己的机会终于到了。

当战争进入1945年1月，德国在东线战场的局面已经全面糜烂不可收拾。苏联百万大军向西席卷，在东普鲁士和库尔兰半岛的数百万德国军民面临被包围的困境。为了拯救这些人，德国海军司令卡尔·邓尼茨元帅违反希特勒"死守原地，战斗到最后一人"的命令，发起名为"汉尼拔"的紧急撤离行动，使用各种可以动用的船只将库尔兰半岛、东普鲁士、但泽-西普鲁士等地被困德国军民经波罗的海撤往德国本土或德占丹麦，活脱脱的一场德国版的"敦刻尔克大撤退行动"。从1945年1月23日至5月8日德国投降，共有115万德国军民从东普鲁士和库尔兰半岛被顺利撤出，当然也有相当一部分船只在半路上被击沉，一部分是波罗的海舰队航空兵的战果，另一部分则是波罗的海舰队潜艇部队的成绩。

此时的马连尼斯科的处境非常不妙，虽然他业务水平精湛，但由于他棱角分明、锋芒毕露的个性导致他与上级和同僚的关系非常紧张，再加上他性格放荡不羁，想将他锁拿下狱交军事法庭法办的上级不止一个。还好他在他的艇员面前口碑还算不错，再加上苏联海军当时极其缺乏有经验的艇长，因此马连尼斯科暂时逃脱了处罚，继续担任潜艇艇长，但他的政委已经明确告知他：如果下一次出击再无斩获，潜艇回港之日，就是他被捕待审之时。马连尼斯科少校此时心情的郁闷可想而知。因此当1945年1月11日他指挥"S-13"号潜艇离开位于汉科半岛的基地后，一路向西南航行，于1月13日抵达波兰的科沃布热格和立陶宛之间的海域的预定巡逻区域开始来回巡逻，寻找他可以下手的猎物，从政委紧盯着他的眼神可以感觉到：如果这次巡航再颗粒无收的话，他的艇长也就当到头了。但是此处的可攻击目标已经所剩无几，因此马连尼斯科决心放手一搏，在未得到指挥部允许的情况下，不顾政委的反对利用自己在艇员中的威望强压了政委的抗议，带领"S-13"号潜艇于1945年1月30日黎明前独自前出到波兰海岸西南方向设伏，因为根据之前传来的情报，德国人在但泽湾有大行动，在这里蹲守说不定可以捞到"肥肉"。气急败坏的政委扬言回港就把"艇长同志"交给内务人民委员会的人，马连尼斯科对此不予理睬，至少在这个时刻，"S-13"潜艇上还是他说了算。

严重超载的"威廉·古斯特洛夫"号

此时位于东普鲁士的格丁尼亚港笼罩在一片惊恐的气氛中，成千上万的溃军和难民拥挤在码头上，争先恐后地登上前来接送他们的"威廉·古斯特洛夫"号（1937年5月5日在德国布洛姆·福斯造船厂下水，长208.5米，宽23.59米，时速15.5节，满载排水量25484吨。初始定位是为德国基层公务员及工人提供娱乐和文化活动服务的远洋客运邮轮，可容纳1465名旅客。有趣的是，这艘船最初准备命名为"阿道夫·希特勒"号，但德国纳粹党瑞士分部头子威廉·古斯特洛夫在1936年被一名犹太学生暗杀身亡后，希特勒在其葬礼上将这艘邮轮以古斯特洛夫的名字来命名。1939年二战爆发后，该船被德国海军征用，充作海军医疗船，正式名称为"D"号医疗船。1940年11月该船上的医疗设施被拆除，船体也被涂上德国海军的灰色涂装，改为驻波兰北部港市格丁尼亚的第2潜艇训练师的训练住宿船，供1000多名U艇受训人员训练和居住。一驻泊就是4年，直至邓尼茨发起"汉尼拔行动"后，这艘巨轮才重新启用作为运输船只，撤离被围的德国军民），哀怨声、尖叫声、咒骂声、哭泣声交织成一片。由于船少人多，设计搭载1465人的"威廉·古斯特洛夫"号严重超载，按照登船名单的记载总共有6050人登船，但实际人数还远超这个数字，因为有不少人为了上船各种"走后门"蒙混过关，这些人是不会出现在登船记录上的。据后来统计，当时船上共装载了10582人，包括173名船员、920名海军战斗人员、373名海军女辅助人员、162名伤员，8956名平民，平民中还包括盖世太保人员、纳粹党官员、武器研发技术工人及其家属。

1945年1月30日中午12点30分，超载了近8倍的"威廉·古斯特洛夫"号从格丁尼亚出发前往目的地基尔港。与之一道同行的还有另一艘同样满载撤离人员的邮轮"汉莎"号，以及2艘护航的雷击舰。但起航后没多久，"汉

> 作为医院船时的"威廉·古斯特洛夫"号

莎"号和1艘雷击舰就因为机械故障被迫停航修理,"威廉·古斯特洛夫"号在"狮子"号雷击舰的护航下继续航行。因为过于拥挤,很多乘客并没有穿戴救生衣(船上准备的救生衣只能供半数人使用)。但没人在意这点,相反船上充满了对逃离东普鲁士、逃离俄国人可怕占领的喜悦。但他们没料到的是:这艘船将永远不会抵达目的地基尔了。

在出港时,"威廉·古斯特洛夫"号上有4位船长:该船船长弗里德里希·彼得森、2名德国商船队的船长和U艇艇长威廉·察恩少校。这4人在沿途如何避免苏军潜艇袭击的问题上始终无法达成一致。威廉·察恩察恩少校认为应该紧靠海岸线,在浅水区域实施闭光航行,但"威廉·古斯特洛夫"号邮轮船长弗里德里希·彼得森最后却选择了直线距离最短但存在水雷隐患的深水区航线。不久,船长接到一份"即将有德国海军扫雷舰前来会合护航"的电报,为了避免双方在黑夜中碰撞,彼得森船长遂命令打开红绿导航灯。这就使得这艘邮轮在黑夜中异常明显。而恰恰是这一个开灯的命令,葬送了整条船。

大胆攻击

刚好在附近巡逻的"S-13"号发现了这一情况：夜幕里，一艘体型巨大的轮船大摇大摆驶来，船上的导航灯醒目无比，真是一个绝好的"靶子"。时间是1945年1月30日20时。

在发现"威廉·古斯特洛夫"号后，马连尼斯科指挥"S-13"号做出一个大胆的举动——上浮！因为"斯大林"级潜艇潜航速度太慢（水下航速10节），无法追上以12节航速航行的邮轮，在水上倒是可以开到15节，但是要冒着被德国人发现的风险。但此时老天爷眷顾了马连尼斯科，为"威廉·古斯特洛夫"号护航的德国雷击舰的反潜声呐因为结冰已经罢工，德国人根本没有发现"S-13"号，天赐的攻击良机。此时"S-13"号位于波兰弗瓦迪斯瓦沃沃和韦巴之间约30千米外的海面上，在当地时间晚上21时过后，"S-13"号用首部的4具鱼雷发射管对准"威廉·古斯特洛夫"号左舷先后射出了3枚写着俄文励志标语口号的533毫米反舰鱼雷。

第一枚击中了"威廉·古斯特洛夫"号的左舷船首，切断了船员宿舍区的逃生通道，大批正在宿舍区休息的船员就此被困；第二枚击中了船体中部的休闲游泳区（此处被改造为女海军辅助人员住宿区），373名德国海军女兵中的370人当场丧生，仅3人幸免；第三枚击中了邮轮的动力舱，直接将"威廉·古斯特洛夫"号击瘫在原地。

"威廉·古斯特洛夫"号被击中大约20分钟后开始向左舷方向倾斜，逃上甲板的幸存者们试图放下救生艇逃生，但因为天寒地冻，大部分救生艇被牢牢地冻在了吊艇架上，最终只有9艘救生艇被放到海面，由于救生艇不够，数以千计的人被迫跳进冰冷的波罗的海，由于海水温度低达零下18℃，所以大部分跳进海里的人被直接冻死。

遇袭不到40分钟，"威廉·古斯特洛夫"号完全倾斜在海面上，10分钟后完全从海面上消失。完成攻击、确认完战果后的马连尼斯科指挥"S-13"号潜艇下潜，带着卡在发射管中的"为了斯大林"鱼雷消失在夜幕之中。

德国海军的救援还算及时，"T-36"号雷击舰救起564人，"狮子"号雷击舰救起472人，"M-387"号扫雷舰救起98人，"M-375"号扫雷舰救起43

人,"M-341"号扫雷舰救起37人,"哥廷根"号轮船救起28人,"TF-19"号扫雷艇救起7人,"哥得兰岛"号货船救起2人,"V-1703"号巡逻艇救起1人,总共救起1252人。但救起的人中又有不少死于体温过低,最终只有996人生还,"威廉·古斯特洛夫"号的遇难人数最终为9343人。成为人类历史上单条船只遇难人数最多的海难事故("泰坦尼克"号和"卢西塔尼亚"号的遇难人数分别为1514人和1195人)。

1945年2月9日,又一艘满载着5200多人(包括64名船员,2800名德军伤员,800名平民,100名回国的士兵,270名海军医护人员,12名来自皮劳的平民护士,64名海军人员,160名海军商船人员)、超载5倍(设计额定搭载人数1100人)的运输船"施托伊本"号(原名"慕尼黑"号,1923年5月5日完工于司德丁的伏尔铿造船厂,满载排水量14460吨。作为北大西洋航线使用,航行于汉堡与纽约之间。1930年经过彻底修理与改装之后重新命名为"冯·施托伊本将军"号继续航运。1939年该船改名为"施托伊本"号,加入德国海军当运兵舰使用。1944年时,"施托伊本"号被进一步改装成伤兵运输舰)离开了在苏军炮火下危如累卵的东普鲁士皮劳港,前往此行的目的地斯维诺乌伊希切。

1945年2月10日午夜,"S-13"号的声呐操作员侦听到了"施托伊本"号的讯号,判断为一艘巡洋舰,马连尼斯科兴奋地指挥潜艇循声而去,此时距离击沉"威廉·古斯特洛夫"号只过去了11天。在耐心跟踪了4个小时之后,"S-13"号潜艇用艇尾的2具鱼雷发射管向"施托伊本"号发射了2枚鱼雷。不久,2枚鱼雷先后命中"施托伊本"号的右舷,"施托伊本"号仅仅只挣扎了20分钟就告翻沉(不到"威廉·古斯特洛夫"号坚持时间的一半),全船除了659人被护航舰艇救起外其余全部随船遇难,遇难人数超过4500人。

"S-13"号的此次出击取得击沉"威廉·古斯特洛夫"号和"施托伊本"号的战绩,加上早期的击沉战果,马连尼斯科的击沉总吨位达到42000余吨,一跃成为苏联红海军潜艇部队的头号王牌艇长。

有争议的英雄

英雄凯旋回港后，马连尼斯科原本以为"苏联英雄"称号和"金星勋章"已经是他的囊中之物，但最终等来的却只是一枚"红旗勋章"，在1945年9月，马连尼斯科少校被革去"S-13"号潜艇艇长职务，军衔被降为海军上尉，被发配到一艘"侏儒"型港湾扫雷艇上当艇长。1945年11月20日，马连尼斯科被强制退役。在一家航运公司担任了几年高管，但在民间岗位他的臭脾气照样让他干得很不好，甚至在1949年被迫蹲了三年大狱。

平心而论，击沉两艘满载难民的运输船固然是悲剧性的海难事件，但这个锅并不应该让马连尼斯科来背：无论是被他击沉的"威廉·古斯特洛夫"号还是"施托伊本"号，当时的身份并不是代表平民身份的"邮轮"，而是被德国海军征用的辅助舰艇。

> 2015年俄罗斯发行的马连尼斯科纪念邮票

"威廉·古斯特洛夫"号先后被德国海军当作医院船、运兵船和潜艇人员住宿船使用并搭载有3门105毫米高射炮和8门20毫米高射炮作为自卫武器；"施托伊本"号自二战爆发后就被当作运兵船使用，根据幸存者回忆，船上也搭载有数目不详的105毫米和20毫米高射炮。被击沉的当天，两艘巨轮上都搭载有大量随身携带武器的军事人员（尤其是"施托伊本"号上的军事人员还占大多数）。况且当时两艘轮船都刷上了代表军舰身份的海军灰色油漆，也并没有刷有表示和平的红十字标识，从马连尼斯科少校的潜望镜中看，对这俩大家伙的第一印象必然是运兵船而不是民用邮轮。

"威廉·古斯特洛夫"号和"施托伊本"号两船作为海军征用船只，搭载着火炮和军事武装人员，即为合理合法的攻击目标，至于造成庞大而惨重的妇孺老幼的伤亡，那也不该去指责马连尼斯科少校和"S-13"号潜艇，而是应该追究德国人为什么用军舰来运载平民这种本身就违反战争规则的行为。

1960年，疾病缠身的马连尼斯科得以恢复海军少校军衔和养老金。三年后的1963年11月20日，曾经的苏联海军潜艇部队头号王牌艇长马连尼斯科少校死于癌症，享年50岁，葬在列宁格勒的博戈斯洛夫斯科耶公墓。1990年，马连尼斯科被授予迟到已久的"苏联英雄"称号，同时，列宁格勒的建设者大街被重新命名为"马连尼斯科大街"。如今，圣彼得堡的潜艇博物馆也是以他的名字命名的，在加里宁格勒、喀琅施塔得、敖德萨都修建有他的纪念碑，一代王牌艇长终于得到了他应该有的荣誉和礼遇。